一起去看唐风华韵

陈华胜 著

新世界出版社
NEW WORLD PRESS

图书在版编目（CIP）数据

一起去看唐风华韵 / 陈华胜著. -- 北京 : 新世界出版社, 2022.1
ISBN 978-7-5104-7368-5

Ⅰ. ①一… Ⅱ. ①陈… Ⅲ. ①中国历史—唐代—通俗读物 Ⅳ. ①K242.09

中国版本图书馆CIP数据核字(2021)第232731号

一起去看唐风华韵

作　　者：陈华胜
策划编辑：冀　晖
责任编辑：冀　晖
特约编辑：叶　飏
责任校对：宣　慧
责任印制：王宝根　苏爱玲
出　　版：新世界出版社
网　　址：http://www.nwp.com.cn
社　　址：北京西城区百万庄大街 24 号（100037）
发 行 部：(010)6899 5968（电话）　(010)6899 0635（电话）
总 编 室：(010)6899 5424（电话）　(010)6832 6679（传真）
版 权 部：+8610 6899 6306（电话）nwpcd@sina.com（电邮）
印　　刷：天津旭非印刷有限公司
经　　销：新华书店
开　　本：880mm × 1230mm　1/32　尺寸：148mm × 210mm
字　　数：216 千字　　　　　　　　印张：10.5
版　　次：2022 年 1 月第 1 版　2022 年 1 月第 1 次印刷
书　　号：ISBN 978-7-5104-7368-5
定　　价：48.00 元

序

我是大唐人——梦回唐朝的N种活法

北周武皇帝宇文邕想起跟他父亲一起出生入死打天下的一班老臣，也就是声名赫赫的西魏八柱国，于是下令追封先烈，之后八柱国之一的李虎被追封为唐国公。

唐其实是一个古老的名称，上古时帝尧称陶唐氏，唐就是尧的封地，其遗址原在河北唐县一带，后迁徙至山西太原。周成王灭古唐国后，将古唐国故土分封其弟叔虞，后来又改称晋，所以，唐和晋几乎等同，就是以太原为中心的一片土地。

宇文邕追封李虎为唐国公时，当然没有想到李虎的孙子李渊后来开创了一个长达289年的大唐皇朝。

那真是一个万国来朝、空前强盛的帝国。直至今日，海外中国人聚居的地方还都称唐人街。

梦回唐朝，后世的中国人怀着光荣与梦想，缅怀这段绚烂璀璨的时光。唐朝的拥趸粉丝自然是无与伦比，连鲁迅先生都特地跑到西安去，想看一看长安的天空，写一篇以杨贵妃为主角的长篇小说。遗憾的是，他当时没找到我们。自从我们开启了“宋朝自由行”的定点时光旅行项目，带着大家“一起去看宋朝的活色生香”后，不少游客希望我们再推出一个“唐朝自由行”。好吧，当你翻开这本书，我们就一起出发！

你是时间旅行者，我是你的向导，幸会！每一站我们仍有一位唐朝的地陪，至于他们的名字，一个个都如雷贯耳，他们将现身说法，呈现一切，答疑解惑。至于穿越时空的原理，不要寄希望于虫洞、时空裂缝、电话亭、魔镜或是电视剧里展示给你看的那些设备。我们的时光机器藏在历史的肌理之中，你去触碰它，就能敏感地把握它。

我们的时光机器复杂多变，乘客无权指定降落地点，大家可能会被卷入大唐289年中的任何一个年份，因此本书的章节也不会严格按照时间顺序编排。这样跳跃的好处是，你会充满新鲜和乐趣，通过体验不同时期的大唐，发现一些意想不到的历史整合——它们交相辉映，远比循规蹈矩地读史更有妙趣。当然了，为了保持旅行的节奏和紧凑性，我们将主要范围限制在盛唐时期的长安中心。

我们跟以前一样承诺，确保目的地唐朝的生活真实不虚，同时也强调一下，行程中请自觉抛弃肥皂剧的某些根深蒂固的影响，须亲自体验真实的唐朝生活。另外，这次组团绝对是超值深度游，除了吃喝玩乐、衣食住行，我们会竭尽所能地介绍大唐的政治、经济、文化、风俗等各个方面，以便你全方位、无死角、零距离地真实体验一回做唐朝人的滋味！我敢保证这绝对是你最想体验的“爆款”生活、高光时刻、黄金时代。

时光旅行本身是一件令人异常兴奋的事情，但请记住它也有自己的哲学维度。通过游览不同的世界、倾听历史的回声，我们可以反观自己所处的时代，我们该如何生活、如何相互影响，我们相信什么、期盼什么。所以，它不仅仅是一场猎奇的旅行。

为了使旅行更圆满，出发前我们需要做一些功课，下面导游将发放《唐朝旅行攻略》，让你对目的地有一个大致了解，在感性接触之前先有一个理性认识。

我们先来看《唐朝旅行攻略》之“前言”——

到唐朝去，绝对需要足够的想象力！

这是中国历史上最辉煌的时代，疆域辽阔，国力鼎盛，政治、经济、军事、文化的影响力都令世界拜倒在脚下。一个唐朝人会身处怎样的世界观念和时代精神之中？所谓的“盛唐气象”究竟意味着什么？形成他们积极进取、开放包容的心态的源头何在？唐朝人的生活方式又是怎样的？

这一切需要你心游万仞、精骛八极地去驰骋想象，更需要你以一个唐朝人的心态、唐朝人的作为去体验，去感受。

这是一个意气风发的诗歌的年代。你如果是一个足够浪漫的人，那么你可以跟着李白去梦游天姥，跟着杜甫去夜宿石壕，跟着元稹去赴一场才女薛涛的流花诗宴，跟着杜牧去看一下扬州二十四桥的冷月波心。你可以在浔阳江头送客，听玉盘里的大珠小珠；你可以在落日楼头酣歌，看天际的一叶归舟。有多少诗歌就有多少故事，是英雄血，是离人泪，是司马青衫，也是司空见惯。四万九千四百零三首《全唐诗》，勾勒出唐朝文人生动的群像，作为一个诗人，再没有比唐朝更适合奔赴的朝代。

这是一个风姿绰约的进取时代。你如果是一个渴望功名的书生，有志向、有抱负，那么一年一度的科举考试为你打开了蟾台摘桂、南宫高捷的大门，“春风得意马蹄疾，一日看尽长安花”，红袖楼头银鞍白马，太宗皇帝正在宫阙之上看着你，拈须微笑——天下英雄尽入朕的大口袋里了——进士团的请柬里早已为你订下曲江探花宴的一个座位。

这是一个气势恢宏的征服年代。你如果像普希金诗里写的那样“崇尚战争的血腥的光荣”，那么，大唐广袤的边塞就是你书写的画卷。可以云中射雁，可以单车问边，可以挑灯看剑，也可以醉卧沙场。岑参、高适、王翰、王昌龄，那一个个课本里的名字也许就是你当年的战友，李勣、李靖、郭子仪、苏定方，还有那个北斗七星夜带刀的哥舒翰，就是你传说中的英雄统帅。

这是一个极尽奢华的富庶时代。你如果并不抵触朱门酒肉的生活，甚至有些艳羡日进斗金的感觉，那么，长安城里的东市、西市就是你大展宏图的商场，这里有你所能想到的世界各个角落的商品，大宛的宝马、波斯的魔毯、撒马尔罕的金桃，远方还有广州、明州、福州港湾里的船队等着启航和抛锚，四海拜服、万国来朝，来的都是财富和商机。

这是一个海纳百川的激情年代。或者你是个卿卿我我的爱情至上主义者，或者你是个玄异志怪的魔幻养生主义者，或者你只是女侠聂隐娘影子下的一个磨镜人；不管你是只羡鸳鸯还是只羡神仙，不管你是萍踪风尘来去无影还是待月西厢红袖揾泪，这里一定有一则属于你的传奇。它们将有一个统一的名称，就叫“唐传奇”。传奇的朝代里才有传奇的人生。

当然了，也许你只是一个闲来翻书的小女子，偶尔买了这本书，看看热闹而已，那么恭喜你，你买对了，也来对了！再没有比唐朝更适合女性的朝代。男女平等，那只是小菜一碟；呼风唤雨，也是唐朝女子才有的权利，从武则天到太平公主再到上官婉儿，你有多少野心就有多少天地，唯有唐朝的朝堂才是你们女儿的职场；当然了，你说你没有这般兴趣，你只是爱美、只想享乐，没关系，唐朝的女人爱美没有禁忌，满城尽带黄金甲！

好了，蝴蝶梦中家万里，往事越千年。我们的时光机器即将打开，请大家凝神屏气，充分发挥你的想象力，一起去体味唐风华韵。

目录

第九章

载歌载舞，打球击鼓，那都是大唐文化软实力

第十章

唐朝职场指南：当官是门技术活

第十一章

到边疆去，到祖国最需要的地方去

第十五章

游仙窟，平康里就是荷尔蒙

第一章

最多讲一次：怎样跟唐朝人打交道

各位团员都醒醒了！我们的时光机很快就要回到大唐，在“时光海关”入境之前，先把一些重要事项讲一讲，也就是告诉大家怎样跟唐朝人打交道。注意了，大家注意听了，重要的事情讲三遍，对不起，我可没那么多闲工夫，最多讲一次！

天字第一号，避讳顶重要

唐朝时期，四川有一位名叫韦有翼的官员，平生不喝酒、不玩游戏、不参加庆典活动，甚至从不哈哈大笑，老是板着一副脸孔、欠他多还他少的模样。见他冷若冰霜，不知道的人都对他敬而远之，然而知道的人才说他可怜！韦有翼不是不愿意与民同乐，而是没法乐！他乐不了，不能乐，法律不允许他乐！

还有这样的法律，规定一个人不准乐？

根据就是唐朝有关避讳的习俗和孝行的法律。唐人承六朝习惯，对父、祖名字忌讳不说，也不愿旁人说，称为避讳。因为韦有翼的老爸名字中有一个“乐”字，所以，他就不能乐得开怀了。

还有一位老兄也吃煞苦头，那就是有“鬼才”之称的唐代大诗人李贺。以李贺的才华，去参加科举考个进士捞个做官的资格那是不在话下的，但问题也出在他爸身上！偏偏老爸名字中有一个“晋”字，而“晋”与进士的“进”谐音，于是，法律就规定他永远不能参加进士考试。

我的那个天呐！连谐音都不行？不要说谐音，有走极端的甚至连偏旁部首都避讳。唐朝宰相李德裕的父亲叫李吉甫，为了讳这个“吉”字，他连姓周的人都不待见，因为“周”字里面有个“吉”字。谐音是当然不行了，不行就是不行，连韩愈出面来为李贺求情为李贺评理都不行，因为李贺字“长吉”。《唐律》有“十恶不赦”之罪，“不孝”可是列入十恶之一的，不避父讳就是不孝。所以后来李贺年纪轻轻就死了，实在是太郁闷、太憋屈了！直接把前程给耽误了。

哎，现代人流行“坑爹”，想不到古代还有坑儿子的！

不过，李贺算是被坑得厉害的，其实，避讳的标准也有松有紧，比如唐朝还有一个人叫贾曾，他被朝廷任命为“中书舍人”，而他的父亲正好叫“贾忠”，他怕“忠”字跟“中”字谐音，犯了忌讳。按照唐律，如果隐瞒不报，查出来不仅免官还要判一年徒刑。所以他老老实实地“自首”，请求不做这个官算了。但是后来，经专家审定的结果，认为“忠”“中”可不算是一个字，这个官可以做——这我就不明白了！“忠”“中”和“进”“晋”不一样都是谐音的吗？

算了，搞不懂也别去搞懂了，从严要求自己就行！要向杜甫学习，杜爸爸的名字叫“杜闲”，为了避“闲”字的讳，杜甫写了一辈子的诗，从没在诗里用过一个“闲”字。不信你去查，查出一个我请你吃饭！

好了，给父亲、给祖父避讳也就行了，还有皇帝的名讳你也得避，也就是说，皇帝叫什么名字，你就得避开这个字以及与这个字谐音的所有字。

天呐，唐太宗叫李世民，那我们世世代代都不能做人民了？可能是唐太宗自己也意识到他那两个字太普通太亲民了，所以下诏说除两字连用不允许外，单独使用不必避讳，也就是说，你要做人民，国家还是允许你继续做的。但尽管有这样的特赦令，太宗一死高宗即位后，马上让他的大臣李世勣也就是演义传说中的徐茂功，改名叫李勣了。好好的名字，拦腰被抽去一块，好像亚当被抽去了肋骨一般。当然了，为了方便大家避讳，后世的皇帝把自己的名字都取得怪里怪气，净用些冷门偏僻的字，也算是“人文关怀”为老百姓考虑吧。

避讳作为中华礼仪的一部分，其实历朝历代都有讲究，比如汉人在写孔丘的名字时就要把“丘”字的下面一横去掉不写，缺笔以示避讳；清朝的时候，政府会议决定：天下凡姓“丘”的一律带上耳朵改姓“邱”。

但是唐朝人似乎特别讲究这档子事，两个人正好好谈着话，一个人突然泪流满面、痛哭流涕起来，一问，原来是对方讲话不小心触犯了他父亲的名讳。这还是打脱牙往肚里吞，算文气的；碰着脾气暴躁的，直接挽袖子就跟你干架了。中唐名将马燧贫贱的时候寓游北京太原[1]，去拜访太原府尹。他寄居的主人恰是府尹手下的小吏，关照他说府尹对避讳之事特别讲究，要他千万注意。但马燧半信半疑，也没太当回事。结果，在拜访中触犯了府尹的忌讳，府尹竟派人来追杀他。幸亏那个小吏将他藏匿在粪车中，载出城他才逃得一命。

所以，我们在跟唐朝人打交道时千万记得事先做些功课，查查户口簿，搞清楚他的祖宗三代都是谁谁谁，比如人家的父亲叫“毕再遇”，你跟他告别时候就不能说“再见”；人家的父亲如果叫“元好问”，你连打招呼讲“你好”都不行。

“娘子不是你老婆，哥哥才是你爸爸”

娘子不是老婆，哥哥才是爸爸？什么乱七八糟的！

跟唐朝人打交道，称谓首先得搞懂。哎，你还别说，唐朝人的称谓跟我们现代人不一样，咱们还真得好好科普一下。

首先，“娘子”“小娘子”肯定不是你老婆，那是对别的女人的礼貌称呼；同样道理，“郎君”“郎”也不是用来叫你老公的，是对别的男人的尊称。那么，夫妻之间怎么称呼呢？你就叫“老

---

① 唐代以长安为西京，洛阳为东都、太原为北京。

公”“老婆”好了，这在唐朝可是个新潮的流行称谓，也就是说老公、老婆的叫法就是从唐朝开始叫出来的。

唐朝有个叫麦爱新的读书人——你看他的名字取得就有点儿喜新厌旧，这家伙十年寒窗考上进士后，摇身一变就动了休妻的念头。但由于妻子陪伴自己多年也吃了不少苦，心里多少有点儿不忍，同时也怕被社会舆论“人肉搜索”。正纠结着，就把这种矛盾的心情落到了笔下，写了一个上联：“荷败莲残，落叶归根成老藕。”妻子看后顿时就明白了，她很伤心但是却不甘心，于是提笔续了一个下联：“禾黄稻熟，吹糠见米现新粮。”“新粮”自然是与“新娘”谐音了。麦爱新读了妻子的下联，立刻被妻子的才思敏捷和拳拳爱心打动，想起与妻子一起度过的艰难岁月，他觉得很惭愧，终于放弃了休妻的念头。妻子见到丈夫回心转意，也很高兴，于是就挥笔写道：“老公十分公道。”麦爱新也挥笔作答：“老婆一片婆心。”从此，便有了“老公”和“老婆”这两个词。

夫妻之间这么叫，那么，称呼爸妈呢？一般情况下，可以叫“阿耶（爷）”“阿娘”，也可以管妈叫“娘娘”。注意了，唐朝人叫“娘娘”可不是叫皇后，而是自己的老妈！至于爸爸的另一种称呼就更要注意了，叫“哥哥”！比如唐太宗写给他儿子李治的一封信中就署名“哥哥”；玄宗当年做王子时，称呼自己的父亲“四哥”，当然，玄宗也称自己的长兄宁王李成器为“大哥”“宁哥”——怎么一会儿是爸爸，一会儿又成了兄长？

其实，我们现代人叫的“爸爸妈妈哥哥姐姐”都是外来词，“哥哥”这个词在唐代应该刚引入不久，可能是从少数民族那里学来的，所以使用还不是很规范。但一般情况下，唐人口中的“哥哥”多称父亲，至于兄弟姐妹可以称“阿兄”“阿姊”。

自己的父亲叫“哥哥”，那么岳父呢？总不至于是叫“弟弟”吧？——你这开玩笑了！当然不叫“弟弟”，你可以叫“泰山”，也可以叫“岳丈”，这也是唐朝人发明的新称呼。

话说当年，唐玄宗曾经兴师动众去泰山封禅。封禅结束后，照例设宴款待随从的各级官员和来宾。玄宗是个记性特别好的人，他在宴会上看到一个叫郑镒的官员身穿五品的绯袍官服，就觉得有问题。因为封禅之前，郑镒还穿着绿袍，只是个九品的小官，虽说按规矩封禅之后普天同庆，皇帝会给各级官员提升职级涨工资，但也不能提得这么快呀！唐朝的著名笑星、俳优艺人黄幡绰也看出了问题，他对玄宗说，郑镒之所以“跳级提拔”是由于“泰山”的作用！说着他把眼光瞄向郑镒的岳父、宰相张说，大家听了都心领神会，回家去当小道消息一传，这称呼就普及开了。一直到现在，我们还称岳父为“泰山”，只不过大多数的“泰山”都没法让你越级提升涨工资。

在一般口语称呼上，女婿、媳妇称岳父母和公公婆婆为“阿翁”“阿家”。唐代宗时郭子仪的儿子郭暧娶了升平公主，小两口吵架，结果郭少帅把公主给“家暴”了，这就是一出著名的戏曲《打金枝》。郭子仪当然很紧张，亲自将儿子绑了，进宫来请罪。唐代宗倒很大度，对郭子仪说：“俗话说：‘不痴不聋，不作阿家阿翁’，小两口吵架常有的事，我们做长辈的犯不着掺和。”

做女婿的要特别注意，你可以叫岳父为“泰山”，却不能叫岳父为“丈人”，因为“丈人”“老丈”都是对一般老翁的称呼。当然了，做媳妇的也要注意，舅舅、姑姑这两个词，你也别乱叫，那也是唐朝人叫公公婆婆的。唐代有个叫朱庆余的诗人，曾经写过一首诗：“洞房昨夜停红烛，待晓堂前拜舅姑。妆罢低声问夫婿，画眉深浅入时无。”——新婚卧室里昨夜花烛彻夜通明，我等待着拂晓去堂前拜见公婆。精心装扮好后轻声询问夫君：我的眉画得浓淡可合时兴？

不过，朱庆余这首诗的名字叫《近试上张籍水部》，是他参加进士考试前作的呈送给张籍的行卷诗。张籍也是一位大诗人，当时已经在工部下面的水部司做官。唐代士子在参加进士考试前，流行“行卷”，即把自己的诗篇呈给名人，请名人品评以提高自己的身价，就像我们今天作品出版要在腰封上题名人推荐差不多。朱庆馀临到要考试了，还怕自己的作品不一定符合主考的要求，因此写下此诗。他把自己比作一个新妇，也够谄媚的了。

唐朝女子对人讲话倒真是很媚，年轻的唐朝女子在对人自称时，总喜欢娇滴滴地说一声“儿”。天宝年间，有一个叫萧颖士的文人，天黑了独自在路上走，碰到一个二十四五岁的女子，红衫绿裙，骑着一头驴，对他说：“儿家直南二十里，今归遇夜，独行怕惧，愿随郎君鞍马同行。”——人家主动要求结伴同行。萧颖士问她贵姓，女子说姓胡。结果萧先生多疑了，以为她是狐狸精，大骂一通，自顾自鞭马疾走，活生生错过了一段艳遇。后来，萧颖士住进客店，过了良久，却见那个妇人也牵驴进来，原来妇人是客店老板的女儿，她把路上的经历跟老爸一说，萧颖士在旁偷听，悔得肠子都青了！

女人的自称这么娇媚，男人的自称就粗犷多了，不管年纪大小，成年男人都自称“某”。某吃饱了，某喝好了，某要跟你说再见了！当然了，“某”这个字比较中性，唐朝的女子也可以自称“某”，《太平广记》里记下的唐人笔记中就多有女子自称“某”的，这就看你爱不爱撒娇了。

家庭成员之间的称呼我们算是搞清楚了，那么，社会上又怎么称呼呢？碰到唐朝的官吏，你可以泛称“长官”——注意，不能称“大人”，在唐代“大人”是对自己父母的专用称呼；如果是宰相一级的大官，可以尊称人家“相公”——注意，宰相一级方可称“相公”，不是你老公都可以叫相公的——如果人家是奉了皇命的钦差，你可以称他为“制使”，如果是宦官，那就叫“中使”；称皇帝、皇后叫“圣人”或者“陛下”，没有叫“万岁爷”的；称太子就叫“太子殿下”，其他的王子一律称“大王”，不是山大王那个大王，而是要用戏曲的腔调，叫出“代王”这样的味道来。“大王”的儿子当然是“小大王”，“大王”的女儿呢？不是称“郡主”，那是宋朝的称呼，而要叫“县主”。

对官员的称呼可以用古称，如吏部尚书称太宰，刑部尚书称司寇，刺史称使君，节度使称连帅，县令称明府，县丞称赞府，县尉称少府——《送杜少府之任蜀州》，就是送一个姓杜的县尉去成都上任——总之要有古意，显得你很有学问，而且要级别从高地称呼，比如人家只是一个禁军军官，你称他“执金吾”，人家一定高兴，这种拍马屁的方法我们现代人都熟谙，不用我多讲。

熟悉的朋友之间称呼要讲“行第”。唐人习惯，很重视各人在家族兄弟间的长幼排行，对人尊敬时，往往询问对方行第，比如与人见面互相认识时，你可以这样问：“敢问姓氏行第？”他说排行第几，就呼为几郎，像唐玄宗李隆基排行第三，家里人都叫他“三郎”，后来杨贵妃不称他陛下也是娇滴滴地叫他“三郎”。强调一下，特别是奴仆对主人，一定要如此称呼，如果你家主人排行老二，一定要称他“二郎”，至于他“神”不“神”，你就甭管了。

称“行第”是在熟人之间，得看你们关系熟稔到什么程度，千万别跟人乱套近乎，武则天的时候，有一个叫韩令珪的小吏为此还丢了性命。说来这人也确实有脸皮厚、喜欢高攀人家的脾性。有一回，韩令珪参加吏部的选官，他看到两位吏部的长官就热情地乱打招呼：“啊呀！王五哥，好久不见！”长官还真给他蒙住了，特意下来跟他寒暄了半天。等韩令珪走后，两位长官互相询问，结果发现谁也不认识他。之后，韩令珪老是故伎重演，终于被人识破，判了杖刑。正要打板子时，他看到河内王武懿宗在旁边，就对着武懿宗大喊：“武大哥，您怎么不救救我啊！”武懿宗倒真跑过来看了，可看了半天也没认出是谁，心里一恼火，就吐出一句：“我不认识你！”并下令役吏狠狠地打。这“狠狠”两个字一加，就把我们的小弟韩令珪给打死了。

所以，尽管称“行第”听着亲切，但你也别乱攀亲朋。至于真正的朋友之间，称呼则还要随意，甚至可以省去“郎”字，以姓氏带行第，比如杜二（杜甫）、元九（元稹）、李十二（李白）、高三十五（高适）……慢着！李白、高适的妈妈就这么会生产？

不是啦！唐代的排行不是仅就亲兄弟范围内计算，而是“合曾祖所出以计也”，即同一曾祖的兄弟，甚至包括姐妹，都合在一起计算，比如公孙大娘、柳十二娘。也就是说，李白并不是他爸的第12个儿子，而是他爷爷的第12个孙子；高适也不是他爸的第35个儿子，而是他爷爷的第35个孙子辈。这样说，你明白了吗？我们去唐诗中找找，这样的标题比比皆是：《白云歌送刘十六归山》《送高三十五书记》《人日寄杜二拾遗》……

说到唐诗，就再来看几首吧。

开元通宝是硬通货，顺天元宝却不能用

李白诗曰：金樽美酒斗十千，玉盘珍馐值万钱。

杜甫诗曰：安得务农息战斗，普天无吏横索钱。

高适诗曰：卖药囊中应有钱，还山服药又长年。

岑参诗曰：人生不得长少年，莫惜床头沽酒钱。

白居易诗曰：卖炭得钱何所营，身上衣裳口中食。

钱，钱，钱……都是一个钱！

到了唐朝，我们当然得消费啊。唐朝消费用什么钱呢？诸位请把那堆明清影视剧组里搞来的碎银子收起来——银子在这里不

好用，唐朝货币以钱为主，布帛为辅，只有岭南偏远地区才使用金银作为货币。

那么唐朝人又用什么钱币呢？当然不是人民币，而是一种铜钱，叫开元通宝。

开元通宝是唐玄宗开元年间发行的吗？其实不是。开元通宝是唐朝的开国皇帝唐高祖李渊铸造的。难道李渊能够预知未来？晓得他的子孙要用“开元”做年号，就抢先注册了？当然不是。“开元”这个词就是开创新纪元的意思，汉代的班固早已经在用了。“开元通宝”是由唐初大书法家欧阳询制词并书写，“通宝”这个词倒是欧阳询的创造，唐以前从没见使用过，唐以后都沿用了这个名词。唐朝人有时候也喜欢把“开元通宝”读成“开通元宝”，这样就引申出了“通宝”“元宝”两个专用名词。这是唐朝人的发明，也是对中国文化的一大贡献。

开元通宝背面有一道月牙纹，传说当年李渊开模铸钱前拿钱模蜡样给他的皇后看，皇后不小心将指甲掐在上面留下了一道月牙纹。后世好事者既将“开元通宝”误作为唐玄宗开元年间的钱币，自然也就想当然地将这道月牙纹归于杨贵妃了，给“开元通宝”平添了几分香艳脂粉气。其实，钱币后面铸月牙纹也是古代铸钱的惯例，最早见于西汉的半两钱。古代开炉铸钱，对于原料的耗费、成品的质量、人工的多少都要进行核计，在钱背面添加标记，表示为某一部门所铸，以作检验时的凭证。简单来说你就这么理解：类似于今天的防伪标记吧。

开元通宝的铸造贯穿了唐朝三百年的历史，也就是说有唐一代大家都在使用同一种开元通宝。这倒方便了我们这些穿越客，用不着识别那么多年号，也不怕过期作废。不过，唐朝的有些皇帝也铸造过自己的钱币，比如唐高宗铸过乾封泉宝，唐肃宗铸乾元重宝、唐代宗有大历元宝，唐德宗铸过建中通宝，唐懿宗有咸通玄宝，但那些都不成气候，开元通宝才是大唐人民热爱的硬通货。

那么，唐朝有没有假币呢？

咦，你手头怎么会有一枚“得壹元宝”？刚才换钱的时候混在里面的？快藏起来，快藏起来！可不得了！这可是安史叛军用的钱币！是史思明当“皇帝”时铸造的，后来又改成“顺天元宝”了。虽说叛军声称“以一当开元钱百”，但这两种在唐代可都是伪币了。

安禄山和史思明其实都不是汉族人，他俩是来自中亚“昭武九姓”中的安国和史国，父系应该是属于伊朗系的粟特人。“禄山”是粟特语“明亮”一词的转译，最初译为“阿荦山”，如果按照今天的翻译方式，译成“亚历山大”似乎更合适。原来，安禄山的洋名就是亚历山大，怪不得他后来“压力山大”呢！

史思明的原名叫阿史那萃干，前几年有一首《忐忑》的歌，唱起来倒有点儿像，它的意思是“眼睛苍色的狼”。这些都是闲话，导游免费送你们的，听过笑过就可以。千万记住，可不能拿“得壹元宝”“顺天元宝”去唐朝的市集上用，否则你就是“附逆”了。不过，穿越回去后拿到收藏品市场去倒是奇货可居。

说到用铜钱消费，现代人总要替古人担心——这么重的铜钱怎么带在身边呢？其实，古人也有个不断革新的过程。战国时候的齐国刀形币每枚重达 40 克以上，那真叫拿不动；秦灭六国后一统币制，“秦半两”说是半两，其实只有 8 克左右；到了汉五铢钱，更是减到 4 克每枚。此后历朝历代，始终以此作为铸钱的标准重量。唐朝的开元通宝也是用的这个标准重量，每个钱重 4 克，1000 文钱穿成一贯，重 6 斤 4 两。

带着一贯钱上街，你已经很有消费力了，贞观年间一斗米才 3 到 5 个钱，天宝年间每斗盐也不过 10 钱，不过，这是在大唐的太平全盛时，到了后来物价就不得了了：肃宗乾元二年，米价涨到了 7000 钱一斗；到了黄巢起义的唐僖宗年间，更是飙升到 30000 钱一斗，这还让老百姓怎么吃饭？直接吃铜钱算了！所以说，宁为太平犬，莫作乱世人。我们穿越之旅当然是让你来体验最风光的大唐盛世，所以，你别担心吃不上饭，贞观、开元年间的一贯钱就相当于 100 元的美元大钞。

你也不用担心钱太重了上街带不动，如果是买卖大件商品，可以跟卖家商定，让卖家跟你回家去取钱；你也可以一半付钱，一半付绢帛，唐代规定，绢帛与钱一样都是等价交换的支付工具。当然了，还有其他的支付办法。

柜坊里究竟有多少钱？一根拐杖就可以叫“芝麻开门”

开元初年，有一个禁卫军[①]军官在华岳庙前救了一位北海“神女”，神女的父亲送他两匹绢作为谢礼，军官心里有些不高兴，觉得这份谢礼也太薄了。神女的父亲就对他说：“这两匹绢要两万贯才能卖，千万不能贱卖掉了。”军官将信将疑，因为长安市面上一匹绢只要200贯。为了验证神女父亲的说法，军官将这两匹绢拿到长安市场上去卖，市场上的人听到他2万贯的要价都笑他想钱想疯了，不着边际。军官在市场上摆了好几天也没有遇到买主。当他正要灰心之时，有一个男人骑着白马来买他的绢，并不讨价还价，爽快地出价2万贯。“不复踌躇，其钱先已锁在西市”。随后，男子与军官来到西市，将他事先存放在那里的购货款2万贯支付给了军官。

在这个故事里，白马男子其实只是一个代理人，真正将2万贯钱存在西市的是神女的父亲，他给军官的这两匹绢只是一个提钱的凭证。这就说明在开元初年，长安的东、西两市已经出现了替人存放现钱的机构，当时叫“柜坊”。

---

① 唐朝禁卫军分亲卫、勋卫、翊卫，统称三卫。

这些柜坊既可以存放商人的购货款，也可以存放商人卖货以后所得的现钱，相当于银行信用社，所以柜坊里的钱一定不会少。唐德宗时，朝廷与叛乱的藩镇开战，军费开支无法应付，有大臣建议向长安的商人借钱。于是，京兆尹、长安令统统出动，上门向富商借钱，跑了好几天，费尽心思却只借来 80 万贯。两位长官被逼急了，跑到柜坊去，将柜坊存钱的柜子、地窖都加以封存，以计算各家的现金情况，同时向柜坊的经营者承诺，只借他们四分之一的存款，这一下马上搜刮到了 120 万贯，说明柜坊的存款规模的确不小。

凡是在柜坊存放的钱必须持有特定的凭证才可以领取。前文中那个三卫军官的两匹绢一定是做了特定记号的，或者，白马男人来引他前去就是凭他这个人支付。故事里没有交代，但另外的故事里却有明确的说明。

《逸史》里有一则故事，说是有卢、李两位书生隐居在太白山读书，兼学道术。后来，李生耐不住寂寞，下山求仕，做了个管理橘子园的小官。不料，他被手下人欺骗，以至亏空了公家的数万贯钱。有一天，他在街上偶遇卢生，卢生见他落魄潦倒忙问情况，李生如实相告并且说如果还不上公款就要吃官司了。卢生问亏欠多少，李生说 2 万贯。卢生就将自己手中的拐杖给了他，说："拿着这个到波斯人开的店里去取钱。"李生拿着拐杖到波斯店，波斯商人很吃惊："这是卢二舅的拐杖，怎么到你手上了？"随后，波斯商人就收下拐杖，给了李生 2 万贯钱。

唐人的笔记小说里有很多这样的记载，取钱的凭证也五花八门，可以是一顶旧帽子也可以是一副金手镯，但没有以个人信函为凭的，大概信函容易做假，而约定的物件却是外人无法知晓的。

到了唐中期的宪宗元和年间，许多官商富户流行使用一种契券，买卖交易时到当地合券取钱，称为“飞钱”，也就是相当于今天的汇票吧！就是甲地交钱领取文券，在乙地凭文券取钱，这样就避免了异地经商携带大量现钱的风险。曾经有一位士人将外地的一处房产卖了，得了几百贯的巨额现钱，很担心带着这么多钱在途中遭劫，于是，他就托熟人找关系，将这笔巨款交给当地官府，换取了一张“飞钱”文券，然后轻装回到家乡，再去家乡的官府兑换这笔款项。

当然了，你如果缺钱花，长安城里还有很多“质库”，也就是当铺，武则天的女儿太平公主就开了许多家。白居易诗云：“走笔还诗债，抽衣当药钱”；杜甫诗曰：“朝回日日典春衣，每日江头尽醉归”——这两位老兄都去当过衣服，而魏征的后代甚至把先辈留下来的房产、地产都去质押抵典当卖掉了。不过，衣服可以质当、房产可以质当，甚至农具都可以质当，你手上的苹果手机人家可不要，没有网络信号，唐朝人也不会用；还有你脖子上的钻石项链也不行，钻石只是发光的石头，唐朝人不认这个。

宵禁很严格，回不了家要被打屁股

天黑请睁眼。

好了，我们的目的地到了！欢迎大家来到公元八世纪的长安。请大家抛掉随身物品，跟我一起做个纯粹的唐朝人！什么？药品要不要带？不带，不带！唐朝可是有药王孙思邈的，你还怕找不到药？你带着的这些头孢、阿司匹林，唐朝人可是没见过西药药片，还以为你贩毒呢！所以，赶紧扔掉，赶紧扔掉！再说一遍，请大家丢掉所有的随身物品！

时光旅行的好处是永远没有时差，也不用牵挂行李。但问题是，我们的机器似乎出了一点小小的差错，它把降落时间给搞错了。长安十二时辰，我们偏偏降落在子时深夜里。

来得不是时候，应该白天穿越过来，而不是在晚上。唐朝严格实行宵禁制度，政府明令规定，城、坊、市门必须在太阳一落山就关闭。看着这座巨大的城市漆黑一片，你们今晚的用户体验可能会差一点，我在这里再三向大家说抱歉！不过，我也趁此机会，把唐朝旅游的最后一些要点跟大家讲一讲。

唐朝的长安城规模空前庞大，大到你无法想象！我们说穿越来唐朝要有足够的想象力，怕就怕你连想都想不到！唐朝的长安是古罗马城的7倍、古巴格达城的6.2倍，当然了，这么说等于白说，你也没去过古罗马城，咱们还是这么解释吧：现在的西安算是个大城市了吧？唐朝的长安比它大7倍，还有的说9倍、10倍！反正大得离谱了。这是人类在历史上创造的最大的城市！而且，当时长安的人口已经超过百万，也是世界历史上第一个达到百万人口的大都市。

长安城呈长方形，整体布局上规规矩矩、方方正正，严格以中轴对称。东西14条大街，南北11条大街，经纬分明，将全城切割成规整的方块豆腐干。所有的道路都是笔直的，像一个格子状的围棋棋盘在平原上四散铺开，白居易诗里说的“千百家似围棋局，十二街如种菜畦”就是这意思。方格子共有108个，被称为长安一百零八坊。每个坊都像后世的那种街区、社区一样住满了住户，市井攘攘。每个坊与坊之间也都有门相通，但夜晚照例关闭，互相隔绝，整个长安城就成了一个大鸟笼。

长安的大街那可真叫大啊！25条大街中又以贯穿南北、东西的6条大街为主干大道，号称“六街”。六街中有5条大街的宽度都超过100米，相当于今天的双向30车道！位于全城中央、由皇城朱雀门到南面明德门的朱雀大街更是宽达155米，是今天北京长安街的2倍！这条一眼望不到边的大街就是城市的中轴线，将全城划为东西两部分，朱雀大街以东称万年县，以西称长安县。

特别要提醒大家的是，宫城严禁窥视。长安城内坊市百姓不能向宫城内窥探，违者至少判徒刑一年，游客也不例外。凡向宫城内投掷石块及翻越宫城、皇城城墙的，处以重刑，如果翻进去正好是大朝会的宫殿，对不起，即处绞刑，没有二话。否则，什么叫封建社会？怕了吧？

还有，走路也得小心，各个城门中间的道路大家千万不要去走，那是皇帝专用的御道，擅闯御道也是要被处以绞刑的。唐朝长安的道路交通由“左右街使”负责，下设左右六街巡警，凡违反规定要受到严惩，可不仅仅是交警叔叔罚款那么轻松哦。

不过，这些规矩倒还容易遵守，最麻烦的就是宵禁！

天宝年间，常州刺史的公子来到长安赶考。毕竟青春年少，禁不住荷尔蒙分泌旺盛，就一脚踏进了平康里。

平康里是朱雀街东面的一个坊，这里就跟民国初年北京的八大胡同一样，是青楼妓院的集中所在——什么？一听到青楼就来劲了，你们也想去平康里？连女生都觊觎？你们对“腐朽的事物”怎么都这么感兴趣？这是什么三观呀？好好好，拿你们没辙，这一站我们一定安排，不过不是在今天，不要急吼吼的性急，先听我把故事讲完。

话说公子来到当时平康里久负盛名的妓女李娃家。有富家公子上门，当然是招待周到的，李娃亲自替公子沏茶敬酒，言谈甚欢。他们在一起待了很久，太阳已经落山，鼓声响了四下。鸨母就进来问公子住得远不远。为什么要问呢？就是因为有宵禁的规定，鸨母要放长线钓大鱼，不肯让公子第一回就得手尽欢，所以要催着公子回去；而公子呢，也知道宵禁这回事，故意说了一个很远的地方，意思是路太远回不去了，希望留下过夜。鸨母却也不肯松口：“更鼓已敲过了，您应当赶快回去，不要违犯禁令。”

公子继续装傻，说："我有幸得到你们的热情款待，并和你们亲近谈笑，不觉时间已到晚上，归路遥远，城里又没有亲戚，却怎么办呢？"最后还是李娃说："您要不嫌这里冷僻简陋的话，先歇一宿有什么关系呢！"事到如此，鸨母也只好说："好吧，好吧。"

这个情节就出自白居易的弟弟白行简写的传奇《李娃传》，故事里再三出现的"禁令"就是每晚都会碰到的宵禁制度。

长安城有严格的作息时间，在通往十二座城门的大街上都设有街鼓，天将明时，击鼓三千声，坊市各门开启；日暮时，擂鼓八百声，各门关闭，所有行人都必须回到坊内，所谓"六街鼓歇行人绝，九衢茫茫空有月。"唯有每年正月的十四、十五、十六三天元宵佳节例外，夜晚可以开坊市门，街上点灯游行，所谓"金吾不禁"——什么？我有没有说错？没错，确实是早三千晚八百，长安城这么大，怕有些人耳背听不到，所以要多敲几下。

长安的坊也称里，每坊都设有里正，负责本坊的管理，掌管坊门钥匙，早开晚关。里正必须严格执行作息规定，否则要追究责任加以处罚，如不按时启闭坊门，要处二年徒刑；放任宵禁规定，则处杖笞三十。当然了，你如果违反宵禁规定，也是要被当街鞭打二十下的。

太平盛世为什么要实行宵禁？你这个问题问得好。宵禁当然不是为了省那几个灯火钱，而是源于一种根深蒂固的理念。古代的中国人向来有"日出而作，日入而息"的说法，老子更是提倡大家"鸡犬之声相闻，老死不相往来"，唐朝的皇帝奉老子为他们的先祖——尽管这个谱系有点儿渺茫——他们当然要遵循老祖宗的教诲了。当然了，从另一方面讲，宵禁也是为了保证帝国政治中心的绝对安全。

记住了，宵禁每晚都必须遵守，对于我们习惯了夜生活的现代人来说，确实有点儿难受，但换个角度来说，培养一下早睡早起的良好生活习惯，调整一个我们杂乱不堪的生物钟，倒也不失为一次好机会。好了，时间不早了，今晚大家就洗洗早点儿睡了——火烛小心，门户关好，窗帘儿拉拢！

唐朝礼仪很讲究，领导不喝我不走

各位团友，睡得好吗？拉开窗帘，迎接你们的将是崭新的一天，唐朝的一天！

这几位怎么着？急着要上街？不急，不急！唐朝人虽然没有什么夜生活，却也习惯睡懒觉，西市、东市都要到日上三竿才开市迎客。读过白居易的《卖炭翁》吗？“牛困人饥日已高，市南门外泥中歇”，为什么在市场门外的泥中歇息啊？就是因为来早了，市场还没开门呢。凡大城市都醒得晚，你去早上的纽约、巴黎街头看看，也都一样。所以，大家不用着急！

对了，先给大家介绍下我们这一站的地陪：王梵志老师！

今天的人也许对王老师的大名不是很清楚，可他的诗在唐朝初年却流传很广。王老师是唐朝初年著名的“白话诗人”。说他是“白话诗人”倒不是说他比胡适还早推广白话文，而是他的诗以“直说”见长，写得平平淡淡，简单直白，感觉好像是后世的打油诗。你可别看不起！宋朝的大诗人黄庭坚就特别推崇王老师，称他是“大修行人”。宋朝有一阵子很流行王梵志的诗，今天藏在巴黎国家图书馆敦煌卷子里的就有宋版的 5 个卷子是王老师的专著。传到后世，连王老师的身世都被神话了，有的说他是西域胡人，有的干脆说他是从一棵苹果树的树瘿里生出来的……

好了，别笑，别笑，严肃！

我们今天开始就要跟一千多年前的大唐人民来个亲密接触，唐朝人的社交礼仪还应该注意什么？请王老师来跟我们讲一讲。

唐朝人见面问候不说“你好”，而是互相作揖，一拱手一弯腰，倒也潇洒；如果是在家里，那就麻烦些：因为那个时候凳子还没有普及，大家习惯于跽坐，所以互相见面就得行跪拜礼，所谓“稽首”“顿首”，就是这个意思。考虑到女人身上戴的首饰多，尤其是头上，叮叮当当的，如果跟男人一样动辄跪拜行礼，把额头贴在地上，发型乱了不好收拾，因此女性见面倒只需敛容道个万福，两手相扣置于腰间，身体微微屈膝行礼就可以了。

碰到唐朝有人问，你幸福吗？怎么办？教你一句唐朝的口语：“赛口！”你就这么回答，意思是日子过得很快活！

好了，王梵志老师有一首诗说到人际交往中需要注意的事项，类似于今天的《社交礼仪大全》，我们来读一读：

主人相屈至，客莫先入门。

若是尊人处，临时自村门。

亲家会宾客，在席有尊卑。

诸人未下筯，不得在前椅。

……

概括起来就是以下几点：

第一，如果接到邀请去他人家里做客，为了表示对主人的尊重，客人不能够率先进门。因为进门之内的状况客人不清楚，所以一定要在主人的安排下登堂入室。当然了，家中如有客人到来，主人会提前洒扫庭院并在大门口亲自恭迎。做客时的进门之道，其实是宾主彼此互相尊重的表示。

第二，酒席宴会的座次是按照尊卑来安排的，不能随便坐。按照传统，席间最尊贵的位置是坐西向东，其次为坐北向南，最卑的是坐东向西，简而言之就是“东向尊，西向卑”，所以在唐朝的人家做客，一定要分清自己在席间的位置，避免闹出尴尬。当长辈或尊者站立起来时，你也要跟随着站起来，不要一副事不关己的样子。当然，更不能背对着他人坐，这是极不礼貌的。

第三，尊长没有动筷子就表示还没有开宴，你不要急吼吼地先动手。长辈或尊者与你对饮时，要躬身表示谦逊，不要东张西望。主人如果给你夹东西，千万不要推辞。当然了，你也不要贪杯多饮，醉酒失态毕竟招人嫌。

第四，向尊长敬酒要心诚，领导不喝你不能走。酒席间，如果尊长没有问你话，你就不要多说话，即便你有好文章，也要留到别处去宣扬。

第五，席间看到有人来需要赶紧起身，如果是长辈或尊者来了，应尽量离席远迎，以表示自己的敬重态度。

第六，待人之道应该是平等对待，无论贫与富，不能厚此薄彼。

王老师的诗看起来朴实无华，但其中记载的均是唐朝社会生活的真实写照。大唐朝虽说开放包容，但仍非常讲究礼仪之邦的传统，所以，咱们来到唐朝也千万别丢份儿。好了，祝大家有一次圆满的唐朝时光之旅！

第二章

金齑玉脍，吃出一个盛唐气象

下面的行程肯定是大家最期待的，我们将要考察的是——舌尖下的大唐。

人生就是一场觅食。我现在算是彻底相信这句话了——带着不同的团队跑遍了不同的朝代，大家共同关心的话题还真只有一个：吃。所谓爱江山，更爱美食，民以食为天，特别的爱给特别会吃的你！

本站的地陪导游是唐朝官二代的美食家兼烹饪艺术家、《酉阳杂俎》的作者段成式先生，段先生最早提出了“火候理论”，告诉我们烧菜重在掌握火候。在他的《酉阳杂俎》第七章“酒食”里面，段先生给我们讲了一个故事：

说是贞元年间，有一个将军在自己家会所里摆出饭菜宴请宾客，他常常对朋友说世上东西就没有不能吃的，关键在于掌握火候，善于调和五味。他家的大厨曾经取破旧的皮制垂在马背两侧的泥挡（障泥）以及装箭的皮匣子加工处理后做成美味可口的食物，据说味道还非常好——天呐！连这都能吃？我们只在卓别林的《淘金记》里看过他吃皮鞋，没想到障泥、箭囊也能吃？段先生的意思是这位大厨能够“化腐朽为神奇”，做出人间至味的美食，不过我们听着总有些恶心，麻烦告诉我们一下，这位将军姓甚名谁，下次他请客我们坚决不去！

好了，好了，不管这些了，咱们这一章的题目叫“金齑玉脍，吃出一个盛唐气象”——这“金齑玉脍”的名字是隋炀帝杨广取的，这是一位想象力超级丰富又颇有艺术细胞的皇帝。所谓齑，是古代把细切的腌菜、酱菜用杵捣碎，再加调料拌和。金齑玉脍，据后人考证，其实也就是以齑的手法烹制的鲈鱼脍。给一道鲈鱼脍取这么好听的名字，说明这个时期的饮食文化已经有了长足的进步。

隋唐时期，稻米成为中国人的主食，菌菇类食品也开始有了人工栽培。木炭已经普遍使用，大家读过白居易的《卖炭翁》，说明烧炭已经成为一种职业——是啊，卖炭翁当然以烧炭为职业，可卖炭翁会烧菜吗？这跟餐饮有什么关系？——关系大着呢！木炭作为燃料特别适宜于较长时间焖、炖和烙烤食物。有了木炭这种燃料，就可以讲究火候，烹饪所需的火力得到了提高。于是，从南北朝开始出现的“炒菜”技艺在唐朝得到了普及，也就是说唐朝人跟我们今天一样，以吃炒菜为主了。

还有一个重要的变化，那就是“胡床”演变为椅子，唐代有了高足的桌、椅、几、凳，大家都有了座位，不用再担心跽坐着身体吃不消，也改变了原先一人一案的分餐制，开创了中国式“圆台面”的局面。于是，延续至今的中国酒桌文化就好戏上演了——

烧尾宴：皇帝敲起了大臣的竹杠

盛世排盛宴，唐初盛行一种叫“烧尾宴”的宴席，你可以把它理解为唐朝的“满汉全席”。所谓烧尾宴，倒不是今天的年终打牙祭吃尾牙，而是泛指新官上任时的宴席、大臣进献皇帝的筵宴和新官宴请同僚的聚餐。烧尾宴的发明者是唐中宗李显。

李显可能是历史上最嘴馋的皇帝了，这跟他早年的艰苦经历有关。

作为史上最强女老板武则天的儿子，李显的前半生是在战战兢兢、如履薄冰中度过的。登基仅仅 55 天就迅速下岗，接下来是长达 14 年的流放软禁。那些年，“每闻敕使至，辄惶恐欲自杀”，朝不保夕，精神几乎崩溃，哪还有心思去讲究吃食。好不容易熬到武则天归西了，李显重见天日复位为帝，已经年届五十。考虑到当时的人均寿命，他老人家要再不抓紧吃恐怕也没多少机会了。李显暗下决心，要把失去的损失“吃”回来。他琢磨出一个办法，就是想个名头让大臣们轮流请他吃饭！

李显堂而皇之地下达了一道命令，要求大臣们有职务调动的都要向他献食或者是请他吃饭，美其名曰“烧尾宴”。据说，鲤鱼跃龙门，必定要有天火把尾巴烧掉才能变成龙，烧尾宴的意思就是脱胎换骨、升迁更新了。轮到请客，当然是因为你升官了，那么是谁让你升官的呢？当然是皇帝喽！你升官，你高兴，你请客，皇帝高兴，这不皆大欢喜嘛！

于是，李显不断地给大臣们升官，也不断地赴大臣们的宴会——皇帝馋成这样，也真是奇葩了！

很多事情最怕“攀比”二字，这烧尾宴既成定制，大家你追我赶，更上层楼，越搞越奢侈，也受到一些正直大臣的抵制。

景龙三年（709），李显一次性提拔了一大批官员，其中大臣苏瑰拜宰相，进封许国公。由于提拔的人数实在太多，来不及一家一家吃过来，李显来了个创新，要求被提拔的官员各自带好吃的来，大家众筹，举办一次集体自助餐大会。

到了开宴那天，众多新晋官员各自带着食盒，琳琅满目，争奇斗艳，唯独苏瑰两手空空。哎，拜托！你的官儿可是升得最高，你就这么不给朕面子，还好意思来吃白食？将作大臣宗晋卿把皇帝这点儿心思都说了出来：“拜了宰相还不请客，你可真好笑啊！”苏瑰却昂然说出一番道理：“宰相是辅佐天子治理国家的。如今粮食、物价居高不下，百姓衣食不足，连皇家卫兵都到了三天吃不上饭的地步，我实在是不称职，不敢烧尾。”

苏瑰的话当然让李显老大没趣。不过，一个吃货哪里会因为几句话而住嘴。李显是属于那种吃死不偿命的，最终也死在吃上了。他的老婆韦后和女儿安乐公主想过一把武则天的女皇瘾，于是联合起来，在给他的食物里下了毒。

这之后，李隆基起兵推翻了韦后和安乐公主，扶立他的父亲李旦即位，是为睿宗。到了李隆基自己当皇帝时，“烧尾”宴终于烧到了自己的“尾巴”：皇帝敲大臣竹杠，老板叫员工请客，实在太说不过去，玄宗开元年间下旨停止。

这烧尾宴一共才“烧”了20多年，但却烧掉了不少财富。宋人的《清异录》上记载了韦巨源官拜尚书左仆射，晋爵相位时在家中宴请唐中宗李显所留下的一份不完全食单，共列菜名58种，用料之考究、制作之精细，令人叹为观止。烧尾宴上已经开始普遍流行工艺菜，当时称为“看菜”，也即主要用作装饰和观赏的，这份菜单上的看菜就有70件，可见其奢华的程度。

其实，唐人是习惯这种奢华生活的，李白诗句里的“金樽美酒斗十千，玉盘珍馐值万钱”夸的是这种奢华，杜甫的“朱门酒肉臭，路有冻死骨”批的也是这种奢华。到底怎么个奢华？还是让我们继续去看一下——

曲江宴：新科进士的光明虾

唐朝的时候，还有一种筵席让每个人都向往，那就是为新科进士举办的“曲江宴”。

唐朝的进士很难考，每年到长安应试的举子有两三千，而进士及第不过二三十人，这样的科场竞争可谓激烈。然而一旦金榜题名，捷报飞至，正所谓“人生得意须尽欢”，当然要好好庆祝一番了。

曲江宴就是新科进士们在放榜之后举办的一次集体狂欢派对，派对的场地设在长安著名的曲江亭子。

按弗洛伊德心理学的解释，这场宴会本身就带有浓厚的性暗示。因为在宴会的准备事项中，有一个重要的活动叫“探花”，就是事先选派两名同科进士中的俊美少年，让他们骑马遍游曲江附近和长安各处的名园，去采摘各种名花。这两位美少年就叫探花郎。

探花，只是一种优雅的象征，而事实上，物色邀请才艺双绝的名妓参加宴会的选美工作也在紧张地进行中。长安的青楼妓女们也以参加这样的盛宴为荣，无不使出浑身解数以期获得一张曲江宴的入场券。诗人韩偓于昭宗龙纪元年中进士当了“探花郎”，与他相好的妓女便“以缭绫手帛寄贺”，潜台词当然是别忘了邀请我。

在这个狂欢派对上，有乐人演奏，有妓女侑觞，歌舞升平，通宵达旦。由于每次狂欢场面太过盛大，甚至还出现了专门筹办派对的民间中介机构——进士团。曲江宴的热闹引得皇帝也按捺不住，驾临参观。公卿贵族则忙着在这样的场合为自己的女儿物色东床快婿，甚至出现了专门的婚姻介绍所。

曲江宴当然极尽奢华，所谓“金樽美酒斗十千，玉盘珍馐值万钱”——李白的诗里是这么写的，尽管他还没资格参加曲江宴，因为没中过进士。

曲江宴里有两道保留菜目让人津津乐道。一道叫“光明虾炙”，就是把活虾放在火上炙烤，并保持虾的光泽透明度，足见其烧烤技术之高超。今天的宴席上也多炭炙烤虾，铁板上铺一层雪白的精盐，上面是烤得红亮透明的大虾，端出来让人食欲大增。今天的人当然不会联想到这是当年新科进士的待遇了，而透明的虾被烤成红亮，是否也寓意着新科进士们脱去布衣换红袍呢？所以它要叫“光明虾”，预示着前程光明。这么一比较，今天这个“铁板虾”的名字实在是太过一般了。

“光明虾炙”这道菜是进士们自己预备的，算是讨个彩头，而另一道菜是皇帝赏赐的，叫“红绫饼餤”。唐朝的僖宗、昭宗皇帝曾赐给新科进士每人一枚“红绫饼”，从此，这个食品就成了后来历朝的进士宴首选赐食。其实，它也就是用红绫包裹着一份猪油面粉烙饼，有人考证说，这可能就是唐朝的月饼，是今天月饼的老祖宗了。

“洛阳水席”竟然源自一根萝卜

武则天的时候，有一年秋天，河南洛阳的东关外一亩地里长出一个特大的萝卜，足足有三尺长，上青下白。这么大的萝卜哪里见过呀？这不是天降祥瑞又是什么呢？洛阳的地方官赶紧拍马屁，来哄女皇开心，将大萝卜当作吉祥物敬献给了伟大的女皇。

武则天收到这个大礼物也很高兴，龙颜大悦，重赏了献宝者，然后吩咐御厨拿去做菜，要尝一尝“祥瑞”的味道。

萝卜总是萝卜，要想做出别的味道来还真不容易；但如果只是萝卜的味道，哪还叫什么“祥瑞”呢？武则天的御厨们绞尽脑汁，科研攻关，总要把这个萝卜做出不是萝卜的味道来。经过群策群力，御厨们将大萝卜进行多道工序的深加工，掺入各种各样的山珍海味，终于烹制成了一道羹汤。

武则天一尝，果然香美爽口，居然吃出了燕窝的味道！她十分满意，觉得这天赐的萝卜毕竟不是等闲之物，如此，当然也不能再叫它萝卜羹了，于是女皇亲自赐名“假燕菜”。

其实萝卜毕竟还是萝卜，所谓的“假燕菜”也只不过是做法考究而已。大家虽然吃不到这个天赐祥瑞大萝卜，但用其他萝卜也一样可以做出“假燕菜”来。于是，上行下效，这个以假乱真的“燕菜”很快成了洛阳一带时髦的流行菜品。

之后这道“假燕菜”经过不断的改良，工艺越来越精湛，厨师们为了追求美观，干脆将萝卜雕成了洛阳牡丹的造型，于是，后世流传的洛阳水席中的头道菜“牡丹燕菜”就这么诞生了。

说到“洛阳水席”可是在唐朝久负盛名的，那是跟洛阳牡丹、龙门石窟、唐三彩一样出名的洛阳地方特色。所谓的“水席”有两层意思：一是全部热菜皆有汤，汤汤水水，清汁少油，清淡爽口，倒也符合现代营养理论；二是热菜吃完一道，撤后再上一道，一共有二十四道菜，像流水一样不断地更新。据说，武则天临死之前，吃的最后一顿饭就是“洛阳水席”，这个时候已经胃口不开，汤汤水水，倒符合老年人口味，而这“水席”以“牡丹燕菜”打头，最后一道却是“蛋花汤滚丸子”，武则天吃完也就“玩完”了。

灌血肠，灌的是男儿的热血

公元 752 年，大唐天宝十一年的一个冬天。

帝国的两位边防军大军区司令员罕见地坐在了一张酒桌前。如果没有朝廷的允许，像这样两位大司令员的私下聚会当然是犯禁忌的，官做得越大有时候也越不自由。然而，这次宴会却是皇帝暗中授意，宴请的主人是皇帝的私人代表、大太监高力士，而受邀的两位司令员则是帝国的栋梁：范阳、平卢、河东三镇节度使安禄山和河西、陇右节度使哥舒翰。

安禄山和哥舒翰都是出身突厥族的少数民族大将，但这两位司令员却素来不睦，谁也瞧不起谁，凑在一起也老是发生口角。玄宗皇帝有意调停他们两人的关系，便让高力士安排了这么一场酒宴。

按照大唐官方预先准备的新闻通报，酒宴应该是在“欢乐的气氛中进行”的，“宾主就共同关心的国际问题交换了意见”，可问题就出在高力士的菜品安排上。

本来，唐朝有一道军中名肴叫“浑羊殁忽”，是用羊肉和鹅肉制作而成。唐朝那会儿流行吃牛羊肉，再就是鸡鸭鹅鸽，猪肉还没有成为主要肉类。羊肉是唐代最重要的肉类，为了保证羊肉供应，政府专门在同州沙地设立了养羊机构沙苑监，还培育出大批的优良品种。这道“浑羊殁忽”的制作方法十分复杂：先是要将鹅宰杀干净，用五味调和的糯米饭进行酿制，然后再宰杀一头羊，将鹅放进羊肚子里，缝合羊肚子，进行炙烤。等到羊肉烂熟后，将羊肚子里的鹅取出来食用。这道菜肴在军中广受欢迎，高力士如果上这道菜，安禄山和哥舒翰也许就能吃得很落胃了，偏偏高力士是个创新意识很强的人，他想换份菜单让两位司令员尝个新鲜。

据《太平广记·御厨》上的记载，唐玄宗喜欢吃新鲜鹿肉，射手每射中幼鹿，随即割喉取血，灌入加热煎熬洗净的鹿肠中，待放凉后，切片置鹿汤内，煮热而食，滋味极为鲜美，特赐名“热洛河”。这种吃法前所未有，应该是唐玄宗或其御厨发明的玩意儿。作为京师刚刚流行的一道名菜，高力士倒也是好心，有意让两位边区的司令员也尝个鲜。问题是，这又是鹿血、又是鹿汤的，血性也太重了，这两位本来就都是血气方刚、飞扬跋扈的主儿，吃了这玩意儿，还不更加肝火旺盛？于是，好好的一场宴席，本来是想给两人和解，结果却闹得拍桌子对骂，就差一点儿没掀桌子了。

安禄山与哥舒翰为了一道菜又吵翻了，帝国的新闻通报当然没有播发，而小道消息却传得满天飞，大家对这道“热洛河”都大感兴趣，从此流行于宫廷及民间，也是后世灌血肠的鼻祖。只不过，后来人没有皇帝的条件，喝不到鹿血，只好用猪血将就着代替了。

不仅是鹿肠和鹿血，从唐朝开始，各种家畜的内脏杂碎都被视作食疗、食补的上佳原料，唐代的《食医心鉴》一书里就列有酿猪肚、羊肺羹、猪肝丸、猪肾羹等诸多名目，“杂碎们”不但烹制精巧，口味爽美，而且可以滋补身体、治疗疾病，这是唐人烹饪技艺与养生保健的完美结合。

当然了，安禄山与哥舒翰最终没能结合在一起。也幸亏他们没有结合在一起，否则，安禄山、史思明再加一个哥舒翰，你还让不让唐玄宗活了！安史之乱刚刚爆发的时候，哥舒翰被唐玄宗看作救命稻草，镇守潼关拱卫长安，挡住了叛军的攻势。当时的大唐人民都对哥舒翰寄予了极大的希望，长安的小儿唱的儿歌都是“北斗七星高，哥舒夜带刀”，就差没说他是人民的大救星了。

哥舒翰原本想依仗潼关天险，以逸待劳，坚守不出，但唐玄宗却一再命他主动出关迎敌。于是，哥舒翰只得“恸哭出关”，结果一败涂地，自己也作了安禄山的俘虏。唐玄宗呢？当然也只好选择出逃，于是又有了马嵬坡的故事。

安禄山抓到哥舒翰后当然不会再请他吃“热河洛”了，得意扬扬地问道：“你过去一直看不起我，现在怎么样？”哥舒翰此时也完全没有了英雄胆色，居然跪在安禄山面前，伏地谢罪。哥舒翰从此被安禄山囚禁，最后又窝囊地死在了安禄山的儿子安庆绪手中。唯一值得庆贺的是，安禄山也死在了自己的儿子安庆绪之手，两个老哥们儿、一对老冤家到了另一个世界倒可以去大嚼一顿“热洛河”了。

牛肉片中的灯影爱情戏

灯影牛肉，是四川达州的传统名食。牛肉片薄如纸，色红亮，味麻辣鲜脆，细嚼之，回味无穷。

灯影，也即皮影戏，用灯光把兽皮或纸板做成的人物剪影投射到幕布上。用“灯影”来称这种牛肉，足见其肉片之薄，薄到在灯光下可透出物象，如同皮影戏中的幕布。

说起“灯影牛肉”的知识产权，其实还要登记在唐代诗人元稹的名下。

元稹这个人没有李白、杜甫、白居易名气大，说起来你也许不知道，但他的名句“曾经沧海难为水，除却巫山不是云”仍旧是今天文艺青年爱挂在口头的，不过，这是用于一段爱情结束后旧欢难忘的，不可说给新女友或者新男友听，切记！切记！

事实上，元稹也是这么一位新欢旧爱不断的风流才子。大家都知道《西厢记》的故事，《西厢记》中张生的原型就是元稹！他把自己跟表妹“待月西厢”的经历写成了一篇传奇《会真记》，就是后来《西厢记》的原始版本，而现实版的《西厢记》其实是以元稹“始乱终弃”，最后主动抛弃表妹崔莺莺而告终。所以，爱情其实跟美食一样，往往都是粉饰后的故事，不能没有，但也不能天天下馆子。

不过，元稹离开了崔莺莺后并不寂寞，他很快来到四川，泡上了当地有名的交际花薛涛。

元和五年（公元 810 年），元稹以监察御史的身份来到成都。按照当时的官场惯例，成都的地方长官在为元稹设宴接风的时候要请官妓侑酒。考虑到元大才子的诗名已经誉满全国，地方官决定派出有“诗妓”之称的薛涛作陪。根据范摅《云溪友议》的说法，其实在此之前，元稹已经久闻薛涛的艳名，“常悄悒于怀抱”——害单相思多时了。这一趟成都之行，也是他自己请求来的，可谓是醉翁之意不在酒。

薛涛久经沙场，与她交往的风流才子多不胜数，白居易、牛儒孺、令狐楚、裴庆、张籍、杜牧、刘禹锡、张祜……收集扑克牌能凑上一整副。阅人无数的薛美女不比那些初堕情网的女性，给元大才子来了个欲擒故纵。但才子元稹更是情场高手，收放自如，他锲而不舍地给美人写诗，着实给了薛涛很大的刺激和幻想。他写道：“风花日将老，佳期犹渺渺。不结同心人，空结同心草。”这是说，我们将会是同心人，因为我们都爱诗。

后来，元稹又改授通州（今四川达州）司马，从中央派遣纪委考察组干部，干脆在四川落地扎根了。但薛美女追不到手，终究是心头一大憾事。有一天，元稹偶然来到一处酒家小酌。店家端来的下酒菜中有一种牛肉片，色泽油润红亮，看上去十分赏心悦目，尝一口，味道麻辣鲜香，回味无穷。更使他惊奇的是，牛肉片薄如纸，晶莹透明，用筷子夹起来，在灯光上一照，丝丝纹理可以在墙壁上映出清晰的影子来。他顿时想起了当时京城长安流行的新鲜事物“灯影戏”，也就是皮影戏。那个时候的皮影戏就像今天的电影，四川地僻封闭，还从来没有看到过。元稹当即将这道菜称为“灯影牛肉”，并盛情邀请薛美女共进晚餐……以下省略五百字。

元大才子泡妞泡出一道名菜，“灯影牛肉”此后就在达县（达州）见证了一代代的爱情故事。各位团友，千万也尝一尝哦，那可是爱情的滋味。

一只蒸饼“泡汤”了一位三品官

说了这么多皇亲国戚、达官贵人们的美食，那么唐朝人吃的主食又是什么呢？史书上记载说“史重饼啖”，唐朝老百姓的主食是饼。不过，这个“饼”跟我们今天的理解还有些不同，唐朝人把几乎所有的面食都称为“饼”，比如用蒸笼蒸的馒头，叫“蒸饼”；加入芝麻烤制的烧饼因为做法来自西域，就叫“胡饼”；放入水里煮的面条，叫“汤饼”；凉拌面叫“冷淘汤饼”。当然了，还有馄饨、饺子和锅贴[①]。

① 当时叫“毕罗”，另一说，“毕罗”是西域地区流行的手抓饭。

唐朝人的“饼”做得应该比我们今天的“饼”要好吃，《唐语林》中记载了平定安史之乱的名将马燧家里的一顿早餐，吃的就是当时富人家宴流行做的一种名叫“古楼子”的胡饼，这种胡饼的做法是：起羊肉一斤，用牛油拌好，一层层布于巨大的胡饼中，层与层间隔以椒、豉，再涂上润酥油，然后放置在炉中烤制，等到羊肉半熟时就可以食用了。怎么样，流口水了吧？

唐朝的饼卖得很便宜，据《云仙散曲》记载：“开元中，长安物价大减。两市卖二仪饼，一钱数对。”也就是说，一文钱可以买好几个“肉夹馍”。而且，卖饼的不但有固定店铺，也有流动摊贩，十分“方便群众”。不过，吃饼倒有些讲究，尤其是官员，你不能肆无忌惮、大大咧咧地当众吃，否则就会触犯纪律条例。

唐朝的官员有免费的工作餐，叫衙门会食，所以政府不赞成你们再自己去跟小老百姓一样买饼吃。但喜爱吃饼的官员实在是太多了，唐朝财政部的理财高手刘晏就喜欢在上朝路上叫人买来蒸饼，“以袍袖包裙帽底啖之”。你看他隐蔽工作做得多好，如果堂而皇之，就可能吃出问题来了。

武则天时期，有个叫张衡的官员——不是东汉发明地动仪那位——这位老兄虽然是胥吏出身，却已经官居四品，再升一级就可以进入宰执行列了（唐朝三品就可以是宰相，这个我们后面再讲），可没想到一枚饼却坏了前程！那天，他下朝回家路上看到路边的蒸饼新鲜出炉，闻着那香味忍不住就去买了一个充饥。他骑在马上吃得正欢，没想到被一位监察御史看到了。按说，张大人掏自己的钱买饼，还算是“促进消费”呢。可这御史却弹劾张大人“有失官仪”，你不该骑在马上张着大嘴又啃又咬，有伤官员光辉形象。女皇帝对官员的形象当然比男皇帝更讲究，要不她养张易之、张昌宗那几个小鲜肉干什么？结果，张衡升官的事就这么告吹了。

在官员的衙门会食中一般很少提供饼，而是开始吃米饭了。我们说过，稻米饭从唐朝开始成为我们中国人的主要饭食，唐朝的稻米总产量已经超过粟麦，占据主粮的首位。除了香喷喷的白米饭，你可能还会吃到黄米饭、乌米饭、菰米饭。杜甫诗里的“岂无青精饭，使我颜色好”，青精饭其实就是乌米饭；而唐传奇里著名的故事“黄粱一梦”，吃的就是黄米饭；至于菰，就是茭白，菰米是茭白的籽，从前的茭白有籽可以做饭就是菰米饭，现在茭白退化了，没有籽了。

在南方的官署里，一般还喜欢用鲜鱼佐饭。在杭州、苏州等地都当过刺史的白居易就在诗中写道：“红粒陆浑稻，白鳞伊水鲂。庖童呼我食，饭热鱼鲜香”——不过，吃鱼也有讲究，唐朝人吃鱼以鱼脍和鱼羹为主，鱼脍就是切割的生鱼片，类似于今天的日本刺身。唐朝的第一位太子李建成就最喜欢吃鱼脍，据说他去玄武门之前还饱啖了一顿生鱼片，总算不至于做“饿死鬼”了。白居易那个“鱼鳞伊水鲂”不知是怎么做的，至少不会是油煎吧！吃鱼的禁忌是不能吃鲤鱼，这一点一定要切记，因为唐朝皇帝姓李，李与鲤同音，所以，唐朝官方不允许老百姓随意捕食鲤鱼，唐朝的鲤鱼都去跳龙门了。

第三章

茶酒让人醉，皇帝万万岁

天宝年间，长安城里有一帮酒徒，个个生性豪放，嗜酒如命。一端起酒杯，直喝得“惊天地，泣鬼神”，果然是喝出了境界，有诗为证：

知章骑马似乘船，眼花落井水底眠。
汝阳三斗始朝天，道逢麴车口流涎，恨不移封向酒泉。
左相日兴费万钱，饮如长鲸吸百川，衔杯乐圣称世贤。
宗之潇洒美少年，举觞白眼望青天，皎如玉树临风前。
苏晋长斋绣佛前，醉中往往爱逃禅。
李白一斗诗百篇，长安市上酒家眠。
天子呼来不上船，自称臣是酒中仙。
张旭三杯草圣传，脱帽露顶王公前，挥毫落纸如云烟。
焦遂五斗方卓然，高谈雄辩惊四筵。

这八个人都是什么身份呢？

年纪最大的贺知章，时任工部侍郎，相当于建设部副部长，他的酒量稍微差一些，喝了酒后一匹马骑得像在风浪里颠簸的小船，弄不好眼睛一花还要跌下马掉水坑里；汝阳王李琎是这群人里身份最尊贵的，他是唐睿宗的孙子、当今皇帝唐玄宗的亲侄子，其最大志向是将自己的封地迁移到盛产美酒的酒泉去；饮中八仙中官做得最大的是左丞相李适之，天宝元年（742）他代牛仙客为左丞相，雅好宾客，饮酒日费万钱，看起来酒量也是最厉害的，豪饮有如鲸鱼吞百川之水；崔宗之是个官二代，宰相崔日用的儿子，典型的高富帅，时任侍御史，绝对是皇帝身边的人，所以也有些傲慢，对老天爷都敢翻白眼；苏晋虽然雅好佛禅，其实也是个官二代，他老爸是兖州都督，而他的官衔是中书舍人、崇文馆学士，负责替皇帝撰写制命诏书，也是一个牛人；李白呢，大家都知道，刚刚官拜翰林学士，正受着皇帝恩宠，据说他喝一斗酒就可以写一百首诗。唐朝的一升约为 594 毫升，十升为一斗，相当于现在 10 瓶啤酒的量。幸亏那个时候还没有蒸馏酒，喝的大多是米酒，要是 10 瓶茅台喝下去，我看也别作诗了。反正李白这个人出勤纪律一向不太好，领导叫他加班，他说“我醉欲眠君且去”，然后酒话梦话乱说，说自己是“酒仙”；书法家张旭的官职比较小，刚刚从常熟县尉调到中央来当左率府长史，这是东宫太子的属官，别看现在品秩不高，但应该是绩优股，前途无量。

以上各位其实都是跳过了龙门的“体制内”人士。唯一在龙门外的是平时口吃的焦燧，可能因为他的这一生理缺陷，与做官无缘（唐朝做官要讲“身言书判”，这个我们后面再讲），但这位口吃患者喝上 50 瓶米酒后，立即逆袭成为演说家，高谈阔论，语惊四座——也亏他能喝 50 瓶酒！

当然，这个数字是否准确，就得问本诗作者杜甫先生了，估计他也是信口开河。杜甫先生写这首《饮中八仙歌》时，也还是“龙门外”的布衣平民，他应该是怀着极其崇拜和羡慕的心情写下这首诗的，事实上，他本人也是一个不折不扣的酒客，但与“醉八仙”们的放浪形骸不同，杜甫总是很忙很累，他的喝酒就成了“借酒浇愁愁更愁”“众人皆醉我独醒”了。

现在，请我们这一站的地陪、酒仙李白先生出场！从前卖酒的酒旗店招上都写“太白遗风”四个字，李太白当然是最懂酒的！请他来介绍一下唐朝人喝的究竟是什么酒？

牧童的手究竟指向哪里？

唐朝的酒分为官酿、坊酿和家酿三种。官酿是由官方的“良酝署”负责酿制，主要供政府和皇家饮用。良酝署有163名酿酒师的编制，这163名酿酒师当然是当时酿酒行业的翘楚，而且良酿署又有资金、技术等方面的保证，所以，他们可以根据不同的季节和需求，提供不同种类的美酒，主要有春暴、秋清、酴醾和桑落酒。

在唐朝，酿造葡萄酒的技术从西域传入，唐太宗就曾让人在皇宫禁苑内栽种葡萄，并亲自钻研葡萄酒的酿造技术。据说，唐太宗的酿酒水平还不错，他酿的葡萄酒有八种颜色，而且“芳香酷烈，味兼醍醐”，总之是色香味俱佳。当然了，唐太宗亲酿的葡萄酒不是每个人都喝得到的，也就魏征、秦琼、尉迟恭这些人能喝到。

坊酿当然就是酒坊酿制用于出售的意思了，唐代坊酿的酒中以“杏花村”最为著名，“借问酒家何处有，牧童遥指杏花村”，杜牧的一首诗给它做了一千年的广告，但是，杜牧说的杏花村究竟在哪里，大家也争论了一千年。

南京人说在南京城西南的新桥西信府河、凤凰台一带，理由是杜牧曾数次到过南京，北宋的《太平寰宇记》上也记载：“杏花村在县理西，相传杜牧沽酒处。”不过，《太平寰宇记》上已经明确说是“相传”了，所以，安徽人跳出来了，说应该是安徽贵池的杏花村，理由是杜牧曾任池州（今安徽贵池）刺史整整两年，池州城西有杏花村，素产名酒。而且“清明时节雨纷纷”的景象，也跟江南的特点相吻合，江南、杏花、美酒，条件都对上了。但徐州人不服气，说杏花村应该在江苏丰城县东南15公里。他们也有根有据，说诗里写杜牧问路，可见他对周围的情况不太熟悉，如果是池州刺史出巡，还用得着问路吗？所以，他应该是路过的时候写的这首诗。查杜牧年谱可知，杜牧一生自外郡迁官赴京共四次，其中有三次过丰县境，丰县杏花村就在运河至宋州的道上，途中问路最有可能。《徐州府志》以及《丰县志》都将杜牧的《杏花村》一诗收入其中，以示正宗。当然，更多的人都说应该是山西汾阳的杏花村，因为汾阳从南北朝起就以产酒闻名，山西杏花村的名气也远远大于其他地方的杏花村。但问题是，历史上从没有杜牧到过并州（唐时山西）和边塞地区的记载，而且“清明时节雨纷纷”的景象跟爽朗高旷的晋中气候也大相径庭。还有人说，应该是湖北麻城的杏花村，因为杜牧曾任黄州刺史，他有可能到麻城饮过杏花村的酒，而且当地至今还流传着一首民谣：“三里桃花店，四里杏花村。村村有美酒，店店有美人。”醇酒美人，可都是杜牧的最爱哦！

哎，杏花村太多，搞不清楚，其实，唐代坊酿的酒也不是只有一个杏花村出名，长安西市出产的“西市腔”、常乐坊出产的“郎官清”、外地的“阿婆清”“九酝春酒”“宜城酒”“广陵酒”，还有保健类的松醪酒、椒柏酒、屠苏酒以及西域引进的“三勒浆”也很受欢迎。

至于家酿，当然是私房制作，用于自饮了。唐朝比较开放，对民间酿酒不加管制，不像宋朝那样实行茶酒专卖，所以很多家庭都会自己酿酒，其中也不乏名品，比如名臣魏征家里酿的酒在当时就知名度很高，甚至得了唐太宗的赐名“醹露翠涛”，还有中唐时名宰相裴度的家酿“鱼儿酒”也是一瓶难求。

饮中八仙喝的当然是以官酿为主了，有时候喝高兴了，酒供不上，也喝坊酒。唐朝的酒有许多种类，清酒、浊酒、甜酒、红酒、蚁酒、苦酒，还有西域来的葡萄酒，都是自然发酵，拿今天的标准来看酒精度不会太高。唐朝的酒喜欢用“春”来命名，比如金陵春、竹叶春、梨花春、瓮头春、石冻春……还有剑南春，这当然是今天的酒名了。

添酒回灯重开宴，行个酒令会不会

说到美酒，咱们团里几个酒鬼朋友已经垂涎三尺，恨不得跟唐人一起坐下来痛饮几杯了。喝酒谁不会呀！不过，唐朝人喝酒的规矩还是得跟你讲一讲。

喝酒嘛，不外乎几种情况：宴席上喝、几个朋友小酌，还有就是一个人喝闷酒。小酌跟独酌咱们不说，爱怎么喝怎么喝去，就讲讲宴席上的喝酒规矩。

唐朝人喝酒的次序跟今天不一样，我们今天是先喝酒然后再视情况来点儿主食，唐朝人倒过来，先吃饭，吃完了咱们开喝。唐传奇《虬髯客传》里，虬髯客夫妇请李靖夫妇吃饭，“遂延中堂，陈设盘筵之盛，虽王公亦不侔也。四人对坐，陈馔，次出女乐二十人，旋奏于庭，似从天降，非人间之曲度。食毕，行酒”。关键是最后四个字，吃完了再喝酒，说得明明白白。其实，这倒是符合科学，有利于养胃，就像现在我们已经将餐后水果改成餐前水果一样，相信来唐朝旅行的人越来越多，今后我们也会调整喝酒次序。

唐朝人对于养胃特别重视，天气一冷就要温酒喝，决不喝冷酒。这种“温酒”的习惯有诗为证：“林间暖酒烧红叶，石上题诗扫绿苔”（白居易）、“烧柴为温酒”（元稹），还有白居易那首有名的“红泥小火炉，绿蚁新醅酒，晚来天欲雪，能饮一杯无”，说的都是这个事。这样喝下去的酒可以温暖五脏六腑，使身体暖和起来，对健康大有益处。

另外，唐朝人喝酒是严格按“巡”来进行的，也就是分轮次、分回合，由尊长到卑幼，一个一个地饮，一人饮尽，再轮到下一人，酒席上大家都饮完一杯称一巡。唐人饮酒的巡数较少，一般为三巡，这也是我们今天仍在说“酒过三巡”的来历。

两次巡酒之间，要进行各种娱乐活动。唐代的歌舞伎可是经过教坊正规培训的，教坊制度直接传承于古代的“女乐”，发展至现代则称之为“艺妓”。平康里的妓女一般都隶属教坊，教坊教授妓女俗乐，以备节会筵宴之需。当时的青楼妓女几乎都颇晓音律舞蹈，传统的古筝、瑶琴需沐浴焚香后端坐演奏，自然很能营造氛围，演奏的女孩子纤纤玉指，手挥五弦，目送飞鸿，偶尔向客人瞟去一瞥，也是楚楚动人；鼓乐声起，接下来是歌吹杂作，于是轻舒广袖，云鬓步摇，营造出一种如梦如幻的氛围，让大家如痴如醉。

当然了，两巡之间，也可以主人或宾客自己表演。在唐代，酒席之上往往会有宾客亲自唱歌，以表示对主人盛情的感谢。当酒喝到兴致上来了，还会站起来跳舞，连帝王也不例外。《旧唐书》上就记载，唐太宗的长孙、燕王李忠出生时，太子李治宴官僚于弘教殿，刚刚当了爷爷的唐太宗很高兴，“酒酣起舞，以属群臣，在位于是遍舞，尽日而罢”。

三巡过后，就进入自由喝酒的阶段，这个时候往往会行令助觞，也就是行酒令。蔡宽夫《诗话》里说："唐人饮酒，必为令以佐饮。"唐代的酒令名目繁多，只可惜今天都已经不传，不过，最常见的还是"律令"，也就是作诗、对联了。人家说"桃红"，你说"柳绿"，可没那么简单！唐朝人不用学数理化英语计算机，全部时间都拿来读语文学诗作文，各种韵律平仄那是张口就来，你一个穿越者碰到这种场合可难免尴尬了。对不上怎么办？罚酒呗！

这个时候，侑酒的妓女又要派上用场了。唐朝的妓女不仅能歌善舞，在酒宴上谈吐言辞和机智应对的应酬能力也是一等，行个酒令，唱和一首诗什么的，都不在话下，拿今天的话说，很会调节气氛。《北里志》记载了平康里好几位妓女都是酒席上的高手："天水仙哥字绛真，住于南曲里。善谈谑，能歌令，常为席纠，宽猛得所。"唐朝人喝酒豪爽，执行酒令也挺严格的，每次行令都要请侑酒的妓女担任"酒纠""席纠"，你要不喝她可就给你灌了。歌妓崔云娘就是当时出了名的酒纠，别看她长得瘦骨嶙峋，可每次戏闹经常放肆地调戏客人，总要罚大家都得喝酒，又仗恃着歌声甜美，会唱几首小曲，自我感觉好得不得了。有一回，生性戏谑放浪的进士李宣古参加宴会，崔云娘又来发飙，李宣古便有心教训教训这位拎不清爽的陪酒女，于是当场赋诗一首："何事最堪悲？云娘只首奇。瘦拳抛令急，长啸出歌迟。只见肩侵鬓，唯忧骨透皮。不须当户立，头上有钟馗。"——这是把崔云娘丑化得像钟馗一样了。崔云娘听后羞得无地自容，从此再也不敢张扬，甚至不敢开口说话了。

总之，到了唐人的酒席上，你就“千金一掷为红颜，拼得一醉为红装，诗泉翻涌为红粉，执迷不悟拜红裙”吧！学者陶幕宁把唐代文人的才思比喻为汩汩的泉水，妓女的色艺便是酿制美酒的酒曲，没有酒曲的作用，再好的甘泉也成不了美酒。这是很好的一个比喻。

借问酒家何处有，喝完这杯再一杯

唐朝的长安没有像宋朝汴京的樊楼那样著名的大酒楼，因为唐朝实行严格的坊巷制度，作为居民区的“坊”与商业区的“市”彼此分离，各项交易多被限制在“市”内进行，所以城里的酒肆也大多设在东市、西市内，只有少量的酒肆分布在坊内。

设置在坊内的酒肆，也就是小巷子里的小酒馆却大多有些名堂，比如唐顺宗时，王叔文当政，求他办事的人特别多，要等着传见。据《资治通鉴》记载，王叔文住的坊里就开了很多家酒肆，以方便这些请托者等候。如果太迟了还没等到召见，而宵禁的时候又到了回不去，那么出个高价可以在酒肆里过夜。这个高价是多少钱呢？司马光说是每人一千钱。这可是不小的数目，为什么要这么多钱呢？因为唐朝的坊巷制度规定禁止店肆夜间营业，夜间卖酒非法，人家可是冒着违法的代价为你服务，你还不得多出点儿血？

唐中宗弘道二年（684），十几个禁军将士骑着高头大马飞奔出了皇城。他们很快拐入附近的一个居民坊中，并且熟门熟路地找到一条小巷，在一家小酒馆门前下了马，急急忙忙地进入酒馆。这些是什么人？为什么跑到这里来喝酒？

这些人的身份确实特殊，他们隶属于禁军飞骑部队，负责保卫皇宫。今天到这个小酒馆来喝酒，也确实是有一个重要的目的，就是商议发动宫廷政变。原来此时，武则天刚刚废黜唐中宗而改立他的兄弟李旦为睿宗，睿宗和中宗一样成为武则天的又一个傀儡，这些禁军将士不满武则天独断专权，密谋要发动政变将其推翻。

然而，他们系在门前的那一队马太过招摇，而且因为喝了酒，密谋的声音也过高，于是有人出首密报，这些人就在小酒馆里被当场逮捕，一场未遂的“小酒馆政变”以全部牺牲而告结束。

城内喝酒要受宵禁影响，还得防隔墙有耳，既然有诸多限制，还不如向城外发展。于是，长安城外的灞陵、新丰、渭城、冯翊、扶风，还有白居易笔下琵琶女曾经住过的虾蟆陵都有不少酒肆。其中，新丰市在临潼县东，在唐朝是著名产酒的地方，有很多酒店，长安人出郊春游，多在新丰买醉，唐诗中多讲到新丰，如王维的“忽过新丰市，还归细柳营”，都含有在此饮酒之意；而渭城、灞陵则是通往西域和巴蜀的必经之地，唐人送别故人，多在这里的酒肆中进行，也留下了许多折柳饯别的诗句，如王维的

“渭城朝雨浥轻尘，客舍青青柳色新。劝君更尽一杯酒，西出阳关无故人”；李白的“秦楼月，年年柳色，灞陵伤别”等。

在唐朝，还出现了许多西域胡人经营的酒肆，这些酒肆一般以西域的葡萄酒以及当垆的美女胡姬为吸引顾客的手段，长安东西两市以及城东的青绮门（简称青门）是酒家胡姬的集中之地。胡姬性格比较开放，作风也颇豪放，胡姬酒肆中不需要外来的歌舞伎侑酒，她们本身就是秀色可餐，因此，这些胡姬酒肆在传达异国情调和浪漫情怀的同时，也往往带着些暧昧的色彩。

唐代的酒肆除了现钱交易外，还通行以物换酒、以物质抵。天宝元年，李白刚刚来到长安。他在长安没有一个朋友，就孤身一人住在小客店里。一天，他在一座道观里碰见了著名诗人贺知章。贺知章读了李白的《蜀道难》后，钦佩得不得了，直呼李白是天上的“谪仙人”，并拉着李白去酒肆喝酒。到了酒店刚坐下，贺知章才想起身边没有带钱。于是，他把腰间的金饰龟袋解下来，抵押作为酒钱。李白连忙阻拦说：“使不得，这是皇家按品级给你的饰品，怎好拿来换酒呢？”贺知章却仰面大笑说：“这算得了什么？今日有幸与仙人结友，可要喝个痛快！区区金龟算得了什么？”这个金龟换酒的故事在贺知章去世后被李白再三怀念，后来，他自己也豪情万丈地喊出了“五花马，千金裘，呼儿将出换美酒，与尔同销万古愁”这样的诗句。那些酒肆老板对于质押物也真的什么都敢收，据《杜阳编》记载，一位公主的步辇仆佣曾经把宫里的锦衣偷出来质抵在广化坊的一个酒肆中，酒肆老板照收不误。

这是唐人的豪放处。

好了，来豪放一回，让我们背诵一下李白的《少年行》：

> 击筑饮美酒，剑歌易水湄。经过燕太子，结托并州儿。
> 少年负壮气，奋烈自有时。因击鲁勾践，争博勿相欺。
> 五陵年少金市东，银鞍白马度春风。
> 落花踏尽游何处，笑入胡姬酒肆中。

然后，我们也去找一家胡姬的酒肆，痛痛快快地喝一杯盛唐的葡萄酒！

陆羽的《茶经》里究竟喝出点儿什么

喝完了这杯，请进点儿小菜，接下去，我们的地陪导游也得换一个人了。因为李白先生“笑入胡姬酒肆中”后，他就喝醉了，而这位先生的禀性你们是知道的，“天子呼来不上船”，叫不醒他，我们只好临时换人，何况我们下面要讲的是茶，李白先生对茶似乎没多大感觉，在他的诗里从来没有提到茶的，所以，我们还是请来了《茶经》的作者陆羽先生，让他来给我们讲讲唐人喝茶的故事。

茶文化的历史当然没有酒文化来得悠久，魏晋的时候，大多数人还不习惯饮茶，把喝苦涩的茶水视为一件苦事，称之为“水厄”。到了唐朝，茶饮才开始普及，唐德宗时，国家正式对茶叶征税，一年的税收已经可以达到40万贯。可以说，中国人的喝茶之风起自唐朝，茶上升到与酒平分秋色的地位，也正是从唐代开始。

在唐人的家庭里，茶叶平日里都放在竹篮里悬挂在室内，而桌案上大多放着一副茶碾，要饮茶的时候先将茶叶取下，用茶碾将茶叶碾成碎末。受前代的影响，唐人饮茶还是以煮为主，而且煮的也不是纯粹的茶，而是加入了盐、姜、葱、香菜、木樨、青豆、樱桃、花瓣之类“加味盐茶”。不过，唐人已经抛弃了以往跟煮蔬菜汤一样的粗放型煮法，开始变得讲究起来，无论是器皿的选择、水温的掌握以及茶汤的调和，都形成了自己独到的规范，也就是所谓的“茶道”。我们看陆羽的《茶经》里，对煮茶的每道工序都有详尽的说明。

陆羽著《茶经》的地方一般认为是在浙江的湖州，唐时湖州是重要的产茶之地，阳羡的紫笋茶被列为唐朝的贡茶。

但也有说法是在杭州余杭的径山寺。据明代嘉靖年间的《余杭县志》记载，径山寺里有一口泉还因此被呼为“陆羽泉”。

陆羽这个人是个弃儿，被僧人收养，从小在寺院长大，在青灯黄卷、钟声梵呗中学文识字，习诵佛经，也学会了煮茶等事务，从此与茶结下了不解之缘。据说，陆羽《茶经》中载述的“煎茶法”就来源于丛林寺院，而他著《茶经》也颇得僧人皎然的启发。

皎然俗姓谢，是谢灵运的后人，曾在杭州灵隐寺受戒出家。

他是唐代的著名高僧，同时也是品位卓尔的茶人，学界公认“茶道”一词就是由他率先提出。陆羽与皎然结成“缁素忘年之交”后，就颇得这位前辈的指点。

事实上，最早的茶叶产于寺院，而最早的饮茶者当然也是寺院的僧人。在唐代的寺庙里，按时敲击茶鼓，召聚僧众喝茶，已经成为禅寺的制度。那个时候的佛寺中还专门设有茶堂，派茶头专管茶水，可见“茶禅一味”其实由来已久。在晨钟暮鼓的清修生活中，一壶茗茶也是一种心灵的净化和身体的滋养，既可补充体液，又可消除昏沉。当然了，对于世俗的人来说，酒使人兴奋，茶使人清醒。

陈炎先生认为，盛唐是酒的时代，酒的特性非常适合开放、发散、激情洋溢的盛唐社会；而中唐则是茶的时代，茶的功能使之在收敛、慎独、需要反思的中唐时代大受欢迎。“如果说开元盛世助长了人们豪放的酒兴，那么，安史之乱则使得酣醉之人顿然酒醒。”

这样的说法当然也有道理。不过，唐人的风格是“广较胜负”，喝酒要行酒令喝出个胜负，喝茶又何尝没有一争高下的意思。即使到了安史之乱后，这股争奇好胜、骚动不安的社会心理情绪仍然没有多少改变。

《唐语林》里记载了一则故事：与钱起齐名的唐代诗人郎士元恃才傲物，目空一切，曾经放出大话，点评三位当朝重臣说：“郭子仪不懂琴音，马燧不懂喝茶，田承嗣不懂朝仪。”郭子仪、田承嗣听了倒也不跟他计较，镇西将军马燧却不肯罢休了，对郎士元说：“你老先生说我不懂茶，请你到我家来喝一回茶，见识见识如何？”郎士元不好推辞，便依约来到马燧家。

当时的豪门早餐喜欢用胡饼，我们在前一章里也说过，马燧家的早餐就是用一斤羊肉打底的“古楼子”胡饼。马燧一边吃饼一边等郎士元来，等到郎士元进来，他已经吃得“喉干如窑”，于是立即下令烹茶。你说“马镇西不入茶”，可他马燧家收藏的茶叶品种还来得更多！两人一一品尝过去，各吃了二十多瓯。马燧武人出身胃口好，再加上口干舌燥，20多碗下去还不在话下；而郎士元已经老迈，虚冷腹胀，连连起身想要告辞。马燧却不饶了：“你不是说马镇西不入茶吗？为什么不尝尝而急着要走呢？”就这样，又上来了七碗茶。郎士元固辞而起，等到走到自己的马旁边时，已经小便失禁，气液俱下，回去后生病生了好几十天。马燧倒也有点儿过意不去了，送了他二百匹绢以示慰问。

谁是天下第一泉？拿枚铜钱来验证

喝茶要争胜负，当然是因为讲究，而唐朝人喝茶除了对茶叶讲究，还讲究煮茶的水。陆羽认为，以山间的水最佳，江河里的水次之，井水最差。他在《茶经》中对20种煎茶水做了排名，以庐山康王谷水帘泉为“天下第一泉”，以无锡惠山的惠山寺泉水为“天下第二泉”。然而唐人张又新煮《煮茶水记》却不同意他的排名，张又新将扬子江南零水列为天下第一，对于惠山泉的天下第二倒是没有异议。

中唐时期的名相李德裕不知是不是受了他们的影响，他家的煎茶水一定要用无锡惠山泉水。李德裕生活俭朴，声色犬马都不喜欢，也不爱喝酒，就喜欢喝个茶。但喝茶却喝得讲究了，用水非得用惠山寺的泉水。从无锡到长安，路程好几千里，李德裕煎茶用的泉水通过驿站一站一站地接力传递，千里送水，时人称为“水递”。

为什么用“天下第二泉”而不用“天下第一泉”呢？实在是因为“天下第一泉”的水太难取了，无论是陆羽说的水帘泉还是张又新说的南零水，一个在水帘瀑布中，一个在浩荡长江中，取水太困难了！

有一回，有个官员去南方出差，李德裕倒是吩咐他搞一瓶南零水回来。南零水位于镇江金山西面约一里的长江中，属于水下泉。据说取南零水必须用铜器，而且只有在每天的子时和午时这两个时辰才能取到，也就是要么半夜12点要么中午12点这两个时间段。而且，取水的过程也有相当的难度，简直就不亚于武侠小说里取宝的桥段：据说要先用浸过油的纸将铜瓶口封好，再将铜瓶绑在竹竿上压入水底，然后再用另一根竹竿戳下去将铜瓶的封口纸戳破，这时流入瓶子中的水就是南零泉水，而不会混杂着长江的江水了。

南零水取来后还有一个检验的办法，也就是取一枚铜钱轻轻放置于满杯的水上，杯子的水凸出杯子平面却不溢出，这才是正宗的南零水！

那位官员将水取来后，李德裕兴冲冲地拿来煮茶，结果却越喝越不是滋味：这天下第一怎么还比不过我喝惯了的天下第二呀？

验水实验一做，这哪里是什么南零水呀！

原来，那哥们儿从京城下派，一路招摇，沿途赴宴海喝，把取水的事给忘在了脑后，等想起来已经过了镇江到了石头城（今南京），于是就在江里胡乱灌了一瓶长江水拿来糊弄李德裕。

这个故事后来又被移用到宋朝的王安石和苏东坡身上，不管究竟发生在谁身上，反正就说明了一件事：古人喝茶有那么讲究！

当然也有不讲究的。除了煮茶法之外，唐代也开始出现了更为简便的沏茶法，这种冲泡的方法跟我们现代人喝茶的方式是一致的，虽然这种方法在唐代被陆羽先生讥笑为沟渠里的臭水，但不可否认，它却是代表着未来的方向。

不管是茶也好，酒也好，唐朝人的茶酒人生过得很滋润，所谓“小人日日醉，皇帝万万岁”“壶中乾坤大，杯中日月长”。

第四章

长安居不易，你想当白居易？

吃饱喝足，就想着求田问舍到处看房子，现代人啊，也就这点儿追求！心为形所役呀，没有办法。

前面跟大家交代过长安城的坊巷分布情况，总体来说，长安城的布局是“东贵西庶”“北实南虚”。东面地势高，而且离大明宫和皇城也近，上班比较方便，住的都是皇亲国戚、中高级官员，所以房价自然就贵了；西边住的大部分是中下级官吏和商人庶民，当然了，还有不少“老外”也都住在这里，西边的房价相对来说较低。还有东南角“曲江池”一带，这是长安城内的风景名胜区，也是富人、贵人的别墅区。

什么？你想在长安投资房地产？劝你死了这条心吧。

长安房产地王表让你“躺平”没话说

唐朝的限购政策太严了！家庭成分好、“良人”出身的平民百姓三口之家给地一亩，如果戏子演员之类的“贱籍”，五口人才给地一亩。宅基地就这么一点儿，而且，唐朝的《营缮令》明确规定：平民住宅不得有装饰。商人你就是再有钱，政府的“紧箍咒”给你戴着呢！

而且，长安城里的房产很大一部分都是政府配给的。唐朝有一个专门的官职叫“庄宅使”，管理长安、洛阳两京官府掌握的庄田、宅院、磨坊、店铺、菜园等产业。这是一个油水很足的差事，大多由宦官担任，大宦官鱼朝恩就曾担任过庄宅使。官员的房产就由庄宅使负责拨给，也就是说只要你发达了，做了大官，朝廷会给你赐宅第，解决你的住房问题。当然了，如果你跟这个世界说“拜拜”或者不做这官了，宅第也是要收回的。

有人给大唐三百年排过一张长安房产地王表：

第五名是中兴大唐的名将郭子仪，他的住宅在朱雀大街东南第三街的亲仁坊，占地面积达 11.4 万平方米，也就是亲仁坊的四分之一。由于面积太大，各个院落之间串个门还得骑马备轿；里面住的人也多，郭子仪有八子七婿，他老人家又长寿，活了 85 岁，四世同堂，好大一家子，连奴婢仆佣算在内 3000 多人，很多人互相面熟却不知道都住在同一个郭府里。郭子仪在自家大宅里通大路、开商店，“里巷负贩之人，上至公子簪缨之士，出入不问”，他们家女眷梳洗，路人都可以看得到——你以为干什么？这是郭老的聪明之处！高宅深院、内外不通，必然招来猜忌，他把自家那点儿事都暴露在群众眼皮底下，皇帝也就放心了。事实上也是，这张榜单上除了他一个姓郭的，其余都是李家人。你还想到长安投资房地产？你还是“躺平”吧！

好了，咱们继续看榜单。

第四名是唐太宗的宝贝儿子、魏王李泰。李泰在延康坊的宅邸原本是隋朝开国元勋杨素的府第，14.2万平方米，也是占了延康坊的四分之一，他老爸还怕亏待了他，把长安芙蓉园也划归了他。因为魏王府的装修搞得动静太大，噪音扰民，监察御史们还去太宗那儿告了一状，以善于纳谏著称的唐太宗这回可没听进去，为了表示宠儿子的任性，他甚至在东都洛阳又给李泰赐了一所宅子，占了洛阳惠训坊的整整一坊之地。怎么着？你们有意见？我给儿子的碍着谁了？

地王楼王榜单的第三名是相王李旦，也就是后来的唐睿宗——唐玄宗李隆基的老爸。他的相王府占了长乐坊的一半面积。长乐坊的旁边是永福坊，被16个王子瓜分，称为“十六王宅”。为什么相王一个人占了半个坊，16个王子却只能分一个坊？那就是嫡庶有别了，人家可是封了太子的。

第二名是长宁公主在崇仁坊的宅第，她是唐中宗和韦皇后的女儿。按理说一个公主原本“分配”不到这么大面积的住房，著名的太平公主在醴泉坊的住宅只有3.5万平方米，长宁公主的妹妹安乐公主在金城坊的住宅也只有5.1万平方米——天呐，说到3.5万、5.1万平方米，我居然用了一个“只有”，而我现在却连买3平方米、5平方米都难！但长宁公主仗着中宗、韦后的宠爱，连首都卫戍部队左金吾卫的营地都敢侵占，还兼并了住宅西边空地作为马球场，所以她的住宅总面积达到了21.4万平方米。不过，她终于没能保住这片领地，李隆基发动政变平定韦后之乱后，将长宁公主的驸马杨慎交贬为绛州别驾，命她一同前往，崇仁坊的房子也就充公了。

长安城里的绝对地王是晋王李治，也就是后来的唐高宗。贞观初年，他被封为太子后赐第朱雀街东面第一街的保宁坊，此坊东西 514 米，南北 477 米，面积 24.5 万平方米，整个坊都是他的宅第！里面光池塘就有 300 亩。当然了，李治当了皇帝后就把这片宅第上交，重新分配，否则如果每个亲王都占一个坊，长安城撑死也只能住 108 户人家了。

当然，我们排的“地王”仅就房子的占地面积而言，至于豪华程度那就“没有最好，只能更好”了。皇亲国戚、勋臣大员们的宅第不仅占地广，而且内部装饰也极其奢华，长宁公主失势落魄后房屋被充公变卖，光瓦和木料就卖了 2000 万贯，200 亿个铜钱！杨贵妃的三姐虢国夫人家中，光客厅的装修就花了 200 万贯，又是 20 亿个铜钱！还有一位老兄家里的装饰也以奢华闻名，后来这位老兄死了，长安老百姓为了去参观一下他的豪宅，居然有不少人冒充他的亲故去哭丧吊唁，搞得他家里人也惊呆了：他怎么有这么多的朋友！——还有一个“尽在不言中”的故事：据说武则天时期的宰相宗楚客因犯事而被流放，太平公主到他家去看。太平公主是武则天的女儿、唐玄宗的姑姑，什么大场面没见过，不料看后还是大发感慨：“看宗楚客家里这站的地方、坐的地方，觉得我们这几十年真是白活了！”

好了，你看看，这么大的手笔，这就是长安的房地产，你有多少资金可以投资？所以劝你死了这条心，努力搬砖吧。

长安居不易，要想易居还得白居易

当然了，能够被朝廷赐宅第的毕竟只是少数，广大中下级官吏、平头百姓还是需要自己购置住宅的。除了达官贵人们的廊院高宅，一般人家的房子都是平层建筑，木石结构、蓝绿瓦顶的已经算富裕的了，大多数穷人还跟杜甫一样住的是茅屋。

好在那个时候毕竟人口还少，贞观时期全国的户籍不到300万，算他平均每户6口人，也就1800万人口；长安城在开元全盛时期据说有200万人，但唐朝的长安比今天的西安还大7倍，所以，地广人少，土地还不是很值钱。

《唐人轶事汇编》上记载了一个会做地皮生意的宰相的故事：宰相窦璟，祖上是靠卖苦力干活为生的，没有什么家业，但也总算在京城还有一块空地，这块地当然也不值几个钱。正好有个有权势的宦官在旁边起屋盖房子，想把这块地也一起"吃"进去。窦璟脑子一转，干脆决定将这块地白送给他，但却提了一个条件：要几张去江淮一带的"关防"。所谓"关防"就是通行证，唐朝时出门旅行很不自由，要持有官府开具的通行证才行。宦官很高兴，一口答应，给了他几张关防，然后就收下了他那块地。

接下来是窦璟的商业运作了：他先把关防卖了，赚了不少钱，然后又去城东买了一块更大的地。那块空地地势很低，到处都是臭水沟，所以窦璟用很低的价格就买到手了。窦璟在空地上竖起一块纸招牌，让家里的老女仆拿着煎饼哄附近的孩子玩一个游戏：投石块掷纸牌，掷中了得一个煎饼。很多小孩都被吸引过来玩游戏，石块越扔越多，不久，臭水沟就都被填平，地势也抬高了不少。然后，窦璟就在这块地上盖房子开酒店，专门招待有钱的波斯商人，这么一来，他就发财了。

当然了，窦璟的故事只是特殊的个案，总体来说，那个时候还没有房地产市场，没人想着去做房地产生意，想做估计也做不成——毕竟人家窦璟是宰相，你能比吗？对了，还是让我们欢迎今日地陪、著名的大诗人白居易先生，让他以亲身经历给我们讲述一个唐代励志青年的鸡血奋斗史。

贞元三年（787），16岁的少年白居易第一次来长安应试，按照那时候的惯例，举子们在参加礼部的考试前，要将平日所作的诗文投献给主司考官及权臣名宿以作参考，谓之“省卷”“行卷”。白居易就去拜谒当时著名的诗人和鉴赏家顾况，求他品评。

顾况算是个老贵族了，贵族都是“凡尔赛”，顾况这个人名气很大，生性诙谐，一张嘴巴也是很毒的。有一次，他听到一个士子跑到山上来吟诗，念出第一句“驻马上山阿”后就卡壳了，顾况顺口就给他接下去了：“风来屎气多”——那个士子听到后当然觉得受了侮辱，上前理论，但当他得知眼前的人是大名鼎鼎的顾况时，就吓得落荒而逃。

顾况看到“白居易”这个名字时，毒蛇牙又露了出来，打趣道："长安薪贵，居不易啊！"——长安城里米粮薪柴物价都贵，要想站住脚跟可不容易啊！

其实，白居易的名字出自《中庸》里面的一句话："君子居易以俟命。"居易的意思是站在"易"的位置上，"易"又是什么呢？应该是中庸哲学吧。中庸哲学又是什么呢？你看，文言就是这么麻烦。顾况故意取其歧义，解读为"住下来很容易"，幽他一默，同时也对眼前这位后辈发出一个暗示：我也许帮不了你。

少年白居易被当头一盆冷水泼下，不禁脸上一阵发红。不过，顾况口中虽这么说，对于白居易投献来的诗文倒还是认真看的，当他读到"离离原上草，一岁一枯荣。野火烧不尽，春风吹又生"时，击节叫好，又调整说法："道得个语，居即易矣。"——能够写出这样的诗来，要想在长安居住也容易了。

白居易聪颖过人，读书也十分刻苦，史书上说他读得口都生出了疮，手都磨出了茧，年纪轻轻的，头发全都白了。但他终于在贞元十六年考中进士，开启了仕宦之途。

从贞元三年到贞元十六年，我看到有团友在扳手指头，算来白居易也已经29岁了。但在唐朝，这个年纪中进士已经很了不起了，唐朝的进士科每年只录取一二十人，有一句话叫"五十少进士"，意思是50岁考中进士还算很年轻呢！白居易自己也很得意，后来他写下了"慈恩塔下题名处，十七人中最少年"的诗句，以表达他少年得志的喜悦。

现在我们就跟随白居易去看一看他成家立业的情况。白居易这个人写诗很勤快，一生留下了2800多首诗，生活中有什么事他都要写诗记下来，他几乎是把诗当日记来写的，所以，我们从他的诗里可以看出清晰的发家历程。

人往高处走，白居易长安换房置业史

贞元十九年，白居易授秘书省校书郎（正九品上）。在唐朝正九品从九品谓之流内，九品之下有九级谓之流外，也即我们今天所说的“不入流”。白居易当上正九品的校书郎算是正式的官人——“入流”了，于是，在东市东门外的常乐坊租了一座院子。他在给一位刘姓朋友的诗里这样描绘他的长安新家：“……茅屋四五间，一马二仆夫。俸钱万六千，月给亦有余……窗前有竹玩，门外有酒酤。何以待君子，数竿对一壶。”房子不是很好，四五间茅屋，跟平民百姓差不多，但白居易已经很满足了，一匹马和两个仆人也是朝廷配给的，这是唐代低级文官的标配。

贞元二十一年（公元 805 年），白居易 34 岁。这一年，唐德宗龙驭归天，唐顺宗即位，旋即又内禅于太子李纯，是为唐宪宗。白居易将常乐坊的房子退租，住进了永崇里的华阳观。唐代的清贫读书人多喜欢在寺庙道观借宿，当然借宿也需要付一些费用，但一定比租房便宜。跟他一起寄居华阳观的还有好朋友元稹，两位诗人在这里写了很多赠答诗。

第二年，白居易罢校书郎，与元稹在华阳观闭门不出整整一个月，“揣摩时事”，寻找发展方向。也就是在这一年，他写了著名的《长恨歌》。

元和三年（808），37 岁的白居易已经当上了翰林学士，并与杨虞卿从妹杨氏结婚，有了自己的家庭。但也许是新婚的“家庭生活”太过繁忙，他居然忘了写诗，也没有告诉我们他的新房安置在什么地方。但这段时间，他的弟弟白行简也进士及第，步他的后尘当了秘书省的校书郎，估计他们两兄弟已经接了老母亲来长安住，住址应该是在东市正南面的宣平里。因为元和六年，白居易的母亲就卒于宣平里的家里。至于这个家是商品房还是租赁房就不得而知了，估计是租赁房的可能性大一些。

元和九年（814），白居易 43 岁，这时他丁忧三年回京，被任命为太子左赞善大夫（正五品上），他在昭国坊租了王姓人家的一处住宅。昭国坊也属于东区，在大雁塔所在的晋昌坊正北，华阳观所在的永崇坊正南，地理位置比常乐坊差一些，但居住条件有了提升。他在给好友元宗简的一首诗里说：“归来昭国里，人卧马歇鞍。……柿树绿阴合，王家庭院宽。”可见这时候的白先生活得已经比较有“尊严”了，家里有个庭院，也不用再住茅屋了。但太子左赞善大夫毕竟只是个闲官，我查了《新唐书 · 食货志》，搞到了他的工资表：正五品的岁俸 200 石，月料钱也只有 9200 文铜钱，外加还配给 6 顷职分田可以收些田租，除此之外就没有来钱的“外快”了。所以，白居易还是有些落寞，在另一首《昭国闲居》的诗里，他把这种情绪透露了出来：

贫闲日高起，门巷昼寂寂。
时暑放朝参，天阴少人客。
槐花满田地，仅绝人行迹。
独在一床眠，清凉风雨夕。
勿嫌坊曲远，近即多牵役。
勿嫌禄俸薄，厚即多忧责。
平生尚恬旷，老大宜安适。
何以养吾真，官闲居处僻。

但很快，他连这种闲居生活也过不上了，被贬官外放江州司马，跟浔阳江上的琵琶女“相逢何必曾相识”去了。

唐穆宗即位后，白居易被召回长安，这个时候他已经49岁了。大概是因为担任过太子属官的缘故，算是皇帝的旧人了，这之后白居易升迁很快，除尚书司门员外郎，改授主客郎中、知制诰。“知制诰”可是替皇帝起草诏书的职务，绝对的职场“潜力股”。

穆宗长庆元年（821），50岁的白居易终于在长安买了一套二手房。他的新居在新昌坊，与青龙寺和乐游原在同一坊，有30多间的瓦房，属于中级住宅了。白居易在一首《新昌新居书事四十韵，因寄元郎中张博士》的诗中，说自己这两年回朝后受到皇帝的恩宠三迁官职，个人账户里有了一些余钱，才买了这处宅第。不过，房子已经很破了，“新园聊铲秽，旧屋且扶颠。……”他不得不彻底搞了大扫除，换了新瓦和房梁，重新铺设了院子的道路，修漏补墙，大动一番干戈才搬了进去。白居易在新宅子里种了竹子，整修出一个小园子（唐代只要稍微大点儿的住宅都会有园林）。从此之后，我们的白乐天算是过上了乐天的生活。

从白居易的换房经历，我们可以看出，他的所有居住地均是在东区。就像今天买房首先是看地段一样，唐朝人也喜欢挑好地段，于是，东部的居民明显多于西部。由于东部房屋资源奇缺，房价太贵，商人无法找到合适的囤货场所，所以只好把商店开到西部去，所以，长安的两大市场中西市远远比东市热闹，不过，东市的东西要更高档一些，毕竟皇宫里的采购都在就近的东市。

大约从长庆四年（824）起，白居易便基本上离开了“居不大易”的长安，从大和三年（829）到会昌六年（846）去世，他一直居住在东都洛阳外郭城东南端的履道里。这个时候他已经是名满天下的大诗人，“江湖上的成名英雄”，经济状况自然今非昔比。他在一篇名为《池上篇》的文章里，讲述了住在履道里那个精神家园的幸福时光：

> 十亩之宅，五亩之园，有水一池，有竹千竿……有堂有庭，有桥有船。有书有酒，有歌有弦……

“有竹千竿”“有桥有船”，这些费用恐怕还不包括在购房的总价里面。这是唐朝房地产交易的一个特殊之处：唐朝人交易房屋似乎不包含庭院里的树木之类，也就是说，你得另外掏钱再付树木的费用。太宗时期有个叫王义方的读书人当上了御史台的侍御史，就买了一座宅子，款项都交割清楚了。几天之后，朋友们相约来庆贺乔迁之喜，他却忽然大腿一拍，指着庭前的两棵梧桐树说：坏了，我忘了付这两棵树的钱了。于是，急忙把四千钱给人家补上。两棵树要 4 贯钱？王义方还觉得很值，他说："这两棵树有灵性，非同一般无情草木。"那么房子要多少钱呢？书上没有记录。

唐朝长安的房价到底贵不贵呢？似乎也不贵，至少不像我们今天这么疯狂。《太平广记》中有一则故事，说是唐德宗的时候，长安有一位西域胡商米亮穷困潦倒，长安富商窦乂慷慨地赠他钱物。米亮是个知恩图报的人，有一天，他对窦乂说："崇贤里有一处小宅要出卖，卖主只要 200 贯，赶紧把它买下来，一定会赚大钱的。"窦乂听从了米亮的话，果断地买下了这处小宅，果然大大地赚了一票。

窦乂这个人的发家历史也挺奇特，简直就是一个经营神童：他 13 岁的时候，有个亲戚从湖北安陆带了十几双当地特产的丝鞋送给孩子们当礼物，窦乂也得到了一双。兄弟姐妹们都把丝鞋穿在脚上，又舒服又光鲜。可窦乂却私下把这双鞋拿到西市去卖，卖了 500 文钱。回来的时候路过一个铁匠铺，他又用这 500 文钱去打了两个铁插子。

春天的时候，长安满城的榆树上挂满了榆荚，窦乂就用他的铁插子打下榆荚来，收藏了很多。他的伯父在嘉会坊里有一处宅院，窦乂去向伯父借宅院说要读书学习，伯父当然同意了。于是，窦乂又带着他的铁插子在伯父的宅院里开垦隙地，种植榆树。到了秋天，榆树长个儿了，窦乂修理枝条，把一些长得不好的树枝砍伐下来，一束束捆好，收藏在宅子里。这一年的秋天，刚好霖雨不止，很多人家的柴火告荒，窦乂拿着他的树枝束薪去卖，每束十几钱，很快就被一抢而空，他又得了1000钱。第二年，他修理树枝砍下来的束薪捆了200多束，获利也涨了好几倍。五年后，那些榆树长大了，他又把大树砍下来卖木材，1000多棵榆树总共卖了三四万钱，而留下院子里的榆树还有1000多棵呢！

这是窦乂获得的第一桶金。后来，他又倒腾这倒腾那，还用3万钱在长安西市购得一块低洼地，将其平整后建造了20间商店，因为店的地理位置好，每天可以获利数千，这些商店就是长安著名的"窦家店"。窦乂也因此成了闻名京城的富商。

在米亮指点的这笔买卖中，窦乂当然是捡了个漏，估计白居易的几次购房交易绝没有那么便宜。但遗憾的是，白居易没讲他花了多少钱买房，只有这篇故事记载了房产交易的具体金额，因此我们还是要来分析一下这笔交易：

崇贤里在长安的西区，属万年县，房价虽然没有东区的长安县贵，但崇贤里距西市仅二坊之隔，也算是个不错的地段了。故事里说的小宅没有交代具体面积大小，但唐朝一般的宅子都带庭院，再小的宅子总也有两三间房吧。然而200贯是个什么概念？只是一匹绢的价钱！即使我们用现代的概念来套，一文钱算一块钱，那么也就20万。今天，你在北京的西城区花20万给我买个小宅看看？所以说，长安居不易，倒并不一定是房价太高，而是综合各项生活消费指标而言的。要想在长安炒房产，你还是省省吧，即使你有窦乂那样的经营头脑，也很难碰到像窦乂那么好的运气。

第五章

行路难，行路难，唐朝行路究竟难不难

金樽清酒斗十千，玉盘珍羞直万钱。
停杯投箸不能食，拔剑四顾心茫然。
欲渡黄河冰塞川，将登太行雪满山。
闲来垂钓碧溪上，忽复乘舟梦日边。
行路难！行路难！多歧路，今安在？
长风破浪会有时，直挂云帆济沧海。

这首李白的《行路难》相信各位团友都熟悉，其实，李白写过三首《行路难》，表达的都是一层意思："大道如青天，我独不得出。"这是他怀才不遇抒发内心苦闷的作品，并不是说唐朝的道路交通有多艰难，所以李白笔下的"路"跟唐朝老百姓脚下的"路"，不是一条路。

今天呢，我们要去切身感受一下唐朝的道路交通和出行情况，衣食住行，离开了这个"行"字还真不行！

我们有幸请到了大唐高僧玄奘法师，也就是《西游记》里唐僧的原型来给我们做这一站的地陪，大家热烈欢迎！为什么请玄奘法师？人家可是唐朝最著名的"驴友"，西游万里行，跑得够远的了！

唐朝的驴友能走多远

你如果是一名驴友，好不容易穿越来一趟大唐，一定想着去跑跑唐朝的名山大川。没问题，陆路水路两条路供你选择，其他就没有第三条路可走了。

我们先来说说陆路。

大唐朝的道路是以长安和洛阳为中心辐射展开的，据一些学者研究，唐代道路干线的总长度在七万里以上。唐朝的官道两边一般都会种树，一则是为了辨识方便，让大家知道这是官道，也可以让大家在树荫下休息；二则是为了稳固地基、减少风沙，因为唐朝道路都是泥土路，扬尘问题需要通过绿化植树来缓解。据日本入唐求法僧人圆仁记载，唐朝的道路上每隔五里还会立一个专门用来记程的标志，叫“候子”（堠子），也叫“里隔柱”，筑成四角的土堆，上狭下宽，高约四五尺。这样就能很方便你给自己“定位”。

唐朝的驿传制度比较发达，中央政府的兵部下面专门设有一个二级部：驾部，负责管理全国的驿站系统。据《唐六典·兵部下》记载：“凡三十里一驿。天下凡一千六百二十有九所，二百六十所水驿，一千二百九十七所陆驿，八十六所水陆相兼。”

陆驿配备马和牛等，水驿配备船和兵丁，一条驿船配3名兵丁护卫。每个驿站设驿长一人，并根据驿站的实际情况配备相应的驿马，如长安东去的第一个驿站都亭驿，因为来往官员最为繁多而配备了75匹驿马。

除了提供交通工具外，驿馆还负责吃住，馆内有客房、厨房、仓库、马厩，著名的马嵬驿里甚至还设有佛堂，供虔敬礼佛的客人使用，而且这一切都免费，由政府掏腰包。但这些驿馆都是专门为官员服务的，官员无论是公差或者年假因私出行甚至包括被贬官流放，都可以住驿馆，而没有官员的身份就恕不接待了。

我们看《隋唐演义》都知道秦琼卖马的故事，秦二爷其实是因公差去的潞州，但因为他只是个办事的吏员，不够官员的资格，所以他不能免费住驿馆，而只能住在王小二的旅店里因付不出房钱而被迫卖马。

不仅是吏员不能入住，甚至连官员的家属都不得跟着沾光“占国家的便宜”。《唐会要·馆驿》里规定：“如有家口相随，及自须于村店安置，不得令馆驿将什物饭食草料，就等彼供给拟者。”当然了，这一条执行起来并不严格，一是官员们没那么自觉，二因驿长们也都是“拎得清爽”的。

不过，《唐会要》的记载还是给我们透露了一点儿信息：凡驿馆旁边必有私营的旅店、客舍，也叫“逆旅”。你如果是布衣百姓，就可以去这些旅店投宿，这些营业性的旅店向所有客人开放，除了食宿之外，每个旅店都有一种交通工具可以租赁给客人骑乘，一般都是驴子。在唐代，驴是最普通的畜力交通工具，当然了，骑驴的也多是下层民众，所以今天骑电瓶车还被叫作“电驴”。唐玄宗的时候，岐王府有个姓张的官员，有一天曾经做了一个梦，梦见自己穿着绯色的官服却骑着一头驴，梦中他还纳闷着：我穿七品的绿色官服都能够骑马，怎么穿了四五品的绯袍反而骑驴了？可见，骑马还是骑驴关系到一个身份差别的问题。事实上，你只要做了官，朝廷会给你配置马匹，按照官品高低，一品官给15匹马，二品给10匹，最低级的九品官给2匹，方便你单双号限行换乘。

平民百姓只要有钱当然也可以骑高头大马，唐朝不像汉朝那样规定商人不得骑马，你要有钱家里养上百匹马也没人管你。如果你没有自己的马，却想租一匹来骑着充充门面，这就有点儿麻烦了，因为社会上没有这项服务或者说很少这项服务，要租只能租到驴子。驴子就是唐朝的共享单车，它的收费也是有明确标准的：当时的价格是骑驴行走二十里，给钱50文；租别人的驴一天，付三尺绢——这都是那个日本僧人圆仁给我们记录下来的。

这么看来，唐朝行路一点儿都不难，杜牧的祖父杜佑高度评价唐朝交通发达，他说商人外出经商时远行数千里可以“不带宿粮”“不持寸刃”。但问题是，唐朝人出行都得去官府打通行证，有了这个通行证你才可以四通八达一路通行，如果这个证明打不出来，那么你就“行路难”了！

唐僧居然是个“偷渡客”

唐朝初年，长安大觉寺里的僧人玄奘遇到了天竺来的高僧波罗颇蜜多罗。波罗颇蜜多罗是中印度摩揭陀国人，受学于佛陀曾经说法的那烂陀寺，也就是玄奘和所有中国信徒心目中的大雷音寺。波罗颇蜜多罗是那烂陀寺住持高僧戒贤大师的弟子。玄奘从他口中得知有一部普摄三乘的佛经，叫《十七地论》，也即《瑜伽师地论》，这部佛经尚无译成汉文的全本，而年已百岁的戒贤大师，正是《瑜伽师地论》作者无著菩萨的嫡传后学。

玄奘感觉到自己一下子豁然开朗，醍醐灌顶。他相信这部普摄三乘的经论，能够解决中原佛教界主要争论的问题。

“誓游西方以问所惑，并取《十七地论》以释众疑。”他当即立下了这个宏愿。

我们今天知道，玄奘西行的直接目的，就是为了求取《十七地论》即《瑜伽师地论》这部经。但在潜意识里，激于其时佛教义学混乱的他，根本动机大约还在于统一全体佛法的宏愿。他要为后来者指明一条正确的道路，他是带着这个使命来到人世的——

据说，玄奘初生时，其母曾做梦梦见他身穿白衣向西而去。

其母惊问："汝是吾子，今欲何去？"答曰："为求法故去。"

那么，就来一场说走就走的旅行如何？

说走就走？有那么方便吗？

语言不成问题，这位释门千里驹有着惊人的领悟力和记忆力，据现代学者考证分析，玄奘掌握和了解的各种语言及方言多达八九十种。但是还有很多事情需要准备，他甚至请术士占卜询问了西行事项，同时谢绝了长安庄严寺住持这一职务的提名。然而，最大的麻烦是他搞不到一份通行证。

唐朝以来，为严格控制人口流动、稳定社会秩序而设立的"过所"制度极为严密。所谓"过所"，即施行的通行证，凡非公务性的私人出行，均需申请过所。持过所、经勘验才能出入关津，否则若私度、越度、冒度关者，视其情节量刑各异。如《唐律疏议·卫禁》规定，无过所而私度关门，科徒刑一年；不由关门而由它处偷越，科徒刑一年半。这还是指内地的关津，若是越度隔华、夷的边关，即偷越国境，其罪罚更重。然而这个时候，唐太宗准备与突厥开战，更是下达了锁国政策，明令：谁要胆敢偷越玉门关，守卒奉旨可以格杀勿论！

这对玄奘来说，不啻是个致命的打击！

他几次上表要求西行求法，所有的表奏都石沉大海。

他向尚书省司门检判衙门申请过所，几次三番也都未获批准。

但是，玄奘是铁了心要去西天。为了实现自己统一佛法、普度众生的宏愿，他不惮冒偷渡的风险！

贞观元年（627）秋八月，因关东及河南、陇右沿边诸州出现大面积霜降，眼看要收割的庄稼被霜打坏，关中大饥。朝廷下敕，允许僧俗四出就食。玄奘利用这个机会，离开了长安，开始了他的万里征程。

他打点行囊，步出寺院，来到长安街头，夹在灾民的人流中，出了城门。

开始的路程倒还容易，因为有朝廷允许僧俗四出就食的敕令，在内地几乎没碰到什么麻烦。但是当他来到河西走廊上的军事要塞凉州（今甘肃武威）时，凉州都督李大亮居然把他当作盲流，派来兵卒强迫逼令玄奘返回长安。幸亏有一位老和尚秘密帮他逃走了。于是，玄奘昼伏夜行，来到了瓜州（今甘肃安西县）。瓜州刺史独孤达早就听到了风声，不仅不加以逮捕，而且特设素宴欢迎，并请玄奘为之讲经。

瓜州已是边陲，但尚不是国境。当时的国境还在伊吾（今新疆哈密市）。从凉州到伊吾，必须过一条水流湍急、深不可渡的瓠芦河（又名窟窿河），河的上游是春风不度的玉门关，关外有五座烽火台，相去各百余里，均有守军把守，中间绝无水草，五烽之外还得再过莫贺延碛，也即连绵八百里的戈壁沙漠。

此时，凉州都督李大亮的海捕文书也到了瓜州。幸亏州吏李昌也是一位虔诚的佛教徒，他当着玄奘的面将凉州发来的海捕文书一把撕毁，并且催促玄奘赶紧动身。此时的玄奘，终日忧愁，不知计将安出，倒真有点儿像《西游记》里唐僧那种担惊受怕的样子了。在国境的边上，他的内心经历着剧烈的矛盾。

万般无奈之下，他只得通过礼佛来汲取智慧和力量。他到所住寺院的弥勒像前祈祷，希望能够得到一个向导。恰巧，有一个叫石槃陀的胡人也来拜佛，并请玄奘为他受戒。受了戒，石槃陀也就成了一名僧人、一名玄奘的徒弟。作为回报，他自告奋勇愿意护送玄奘去西天取经。

第二天，玄奘买了一匹马，焦急地等待着石槃陀的到来。他本想买一匹枣红色的马，因为长安的方士何弘达曾经告诉过他，将是一匹瘦老赤马带着他前行，然而一时竟买不到，只得买了一匹白马。

黄昏的时候，石槃陀果然来了，还带来一位胡人老汉，牵着一匹枣红色的老马。老汉自诉往返伊吾已经三十余次，此去路途十分凶险，沙河阻远，鬼魅热风，成群结队的商侣都经常迷失方向，葬身沙漠，他劝玄奘知难而返，不要拿性命去冒险。但玄奘此时已经铁了心，他发誓说“不至婆罗门国，终不东归”。胡人老汉感佩眼前这位僧人的心志，就拿自己的枣红马跟玄奘新买的马作了交换。据说这匹马也曾经往返伊吾十五次之多，是匹识途的老马。玄奘更喜欢的是它的颜色，因为枣红色正是长安的方士告诉他的颜色，而且这匹马的漆鞍桥前有铁，也正如方士所预言。玄奘觉得，一切在冥冥之中似有神助。

在石槃陀的带领下，玄奘又开始了昼伏夜行的行动，三更左右到了玉门关附近。

汉代的玉门关遗址在今敦煌西北八十公里的小方盘城，而唐代的玉门关比汉时的玉门关向东移了两百多公里，在今安西县城东五十公里疏勒河南岸双塔堡附近。

这玉门关当时是建筑在一条河上面的，今叫葫葫芦河，系疏勒河的支流，形势十分险峻。作为一名偷渡者，玄奘他们不敢靠近玉门关。所幸他新收的胡僧徒弟很像一位走私专家，带着他绕道至关北十几里水浅河窄处，借着两旁有“梧桐”树丛作为掩护——这个梧桐当然不是我们熟悉的法国梧桐树，而是一种盘根错节的矮树，遍生于沙漠地带，今日新疆本地人仍称它为“梧桐”——两个人动起手来，“斩木铺草，驱马而过”。有人认为这个真实的胡僧就是《西游记》里的“猢狲”孙悟空的原型，但这个“孙悟空”并没有陪伴玄奘到底，过了玉门关他就决意要独自回去了，临行之时，他只是好心地告诉玄奘，前面还有五个烽火台，要小心才好。

现在又只剩下玄奘孑然一身地在漫漫荒漠中行走。他要孤身一人“过五关”了。

蒸腾的热气在光线作用下如同一块皱巴巴的薄膜，悬垂在荒日里，远处的山脉如同悬浮在空中，人影更是成了沾在上面的一个小泥点。他的渺小身影在透明尘霭中时隐时现，踩着裸露在沙土中的干枯尸骨和戈壁滩上残留的马粪，校正着行走的方向，一步一步地前行。

就这样走了八十余里，来到第一个烽火台。他原本打算夜间潜行，然而在烽火台西边取水时却被巡逻的士兵发现了。幸亏士兵没有将他乱箭射死，而是把他捉到堡垒里去了；更幸亏这个烽火台的守卫军官王祥也是一位佛门弟子，不仅不公事公办，而且还留他休息了一宿，又亲自送了十几里，并且指点了一条“终南捷径”：走小路绕开第二烽、第三烽，直达第四烽。第四烽的守卫校尉王伯陇是王祥的好友，也是佛门弟子，果然没有为难玄奘。王伯陇还送给玄奘一个盛水的大皮囊，指示玄奘不必过第五烽，只需自此去百里到野马泉，取水后再进入莫贺延碛。

莫贺延碛又名流沙河，横亘在瓜洲和伊吾之间，长八百余里，“上无飞鸟，下无走兽，复无水草”。野马泉是此去唯一一处水源，可以喂马，可以把喝干了的皮囊再行盛满。

可怜的玄奘走了一百多里路，不曾看见有野马泉。他又迷失了方向。更糟糕的是，一失手竟将皮囊倒翻，剩下的水全部倒光了。

现在最近的取水点就是折回去到第四烽王伯陇的守地了。但玄奘想起“不到天竺，决不东归一步”的誓言，宁当就西而死，亦绝不东归而生。于是，在已经没有一滴水的情况下，这位伟大的苦行僧继续向西、向西！

沙漠中一会儿狂风卷石，一会儿热浪袭人，有时还会出现各种海市蜃楼的幻象，瞬息万变，看了直叫人以为是魑魅魍魉。玄奘战胜着自己的恐惧和饥渴，一路上只默念着观音，居然又走了四夜五天。到了第五天的时候，他终于因为缺水而晕倒在沙漠上。沙漠上行走的人都知道，千万不能躺下，这一躺下去，也许就成“永久”了。

一直到半夜，一阵冷风把他吹醒了，玄奘说他是梦见一位执戟的大神把他叫醒的——在后来的诗话、小说里，这位流沙河的大神逐渐演变为深沙神、沙和尚，他浑身一阵清凉，居然又有了挣扎的力气。那匹识途的枣红马（我们真应该相信它就是《西游记》里的白龙马吧！）也如同大梦初醒，聪明万分，昂着头直向一处它要去的地方跑，完全不依玄奘的指挥，原来距离不远处有一片小小的绿洲。玄奘与马，死里逢生，痛痛快快地休息了一天一夜。

再经二日，终于走出了八百里荒无人烟的流沙河，到达第一个西域小国伊吾，挂单在一座庙里。庙里的三个汉僧听说万里外的故国有僧人到来，赤着脚跑出来，与玄奘抱头痛哭。

这是玄奘西行求法最艰难的一段路程。小说《西游记》里说唐僧是奉唐太宗之命以御弟的身份"公派"前去西天取经，然而事实上，玄奘当初去取经完全是一种个人行为，因为得不到过所关防，他只能当了一回不折不扣的偷渡客。

谁在乘桴浮于海

相传唐代的大历年间，有一天，洛阳慧林寺的圆泽和尚想要去四川峨眉山顶礼普贤菩萨。他原本是想一路云游挂单走长安至蜀中的陆路斜谷道的。圆泽师父在寺里有一个俗家的好朋友叫李源。李源的父亲曾做过朝廷的光禄卿，死于安史之乱那场著名的动荡中，李源于是立誓"不仕、不娶、不食肉"，一直寄住在慧林寺里。李源听说圆泽师父要去天下名山峨眉，便也很想一起去，但他想走溯江而上的水路，由荆州出三峡，这样可以饱览风光也不至于鞍马劳顿。圆泽其实有难言之隐，他甚至不想让李源知道他这一趟的行程，但既然李源已经提出了要求，他也拗不过好友的坚持，于是只好雇船西行，走了长江水路。

这是著名的“三生石”的故事，不清楚的团友回去可以找度娘问，我们这里不展开说了。我们要说的是，李源为什么坚持要走水路？唐朝的水路交通十分发达，坐船出行确实比鞍马劳顿要轻松得多，所以很多唐朝人喜欢选择走水路。

隋炀帝开凿的大运河让隋朝老百姓吃足了苦头，却让唐朝老百姓深受其惠，唐朝宰相李吉甫就客观地评价说：“隋氏作之虽劳，后代实受其利。”唐朝的时候，大运河就成了南北交通的主要通道，以这条大运河为中心，唐朝又开凿了不少水利工程，并连通了江南密集的水网，从而形成一张四通八达的水路交通图。

唐朝的造船业也已经十分先进，唐朝的船大多采用坚硬耐久的楠木，其次是樟木打造，代宗大历至德宗贞元年间，江南有一个叫俞大娘的女商人，她拥有一条超大型的航船，驾船的工人都达几百人，你想这是什么规模的船？在这么大的船上坐着，当然可以波澜不惊，还可以在船上饮酒作乐，那是多么的惬意且时髦。

你当然不需要自己拥有一艘船，这些船都可以租赁或者搭乘，日本僧人圆仁想要去楚州（今江苏淮安），遇到新罗（今朝鲜）人陈忠，陈忠的船恰好载着炭要去楚州，经过商议，圆仁付了五匹绢作为船钱就搭着陈忠的船去了。

唐朝人有一个习惯，开船启航前一定要祭船神，据说船神是孟公、孟姥一对夫妻。孟公孟姥何许人也？已无法考证，不过，孟公孟姥的“管辖”范围是在内地水路，到了海上则要求妈祖保佑了。

对于陆地的生存者来说，大海就是道路的终止，海岸即是山穷水尽之处。然而，自从有了船只，人们可以乘桴浮于海，在汪洋中开辟出一条水路来。

著名的海上丝绸之路，在唐代被称为“广州通海夷道”。从东南沿海的宁波、泉州出发，或者是从广州、从雷州半岛的徐闻出发，经琼州海峡、北部湾，进入越南、马来半岛、暹罗湾、孟加拉湾，到过印度半岛南部和斯里兰卡，与来自地中海的罗马、希腊商船相会，并进行交易。这条海上商道全长达 14000 公里，途经 100 多个国家和地区，一个往返就要半年多时间。

在唐朝的时候，朝廷曾经通过海运运输过军粮，唐僖宗就任命陈磻石为盐铁巡官，前往扬子巡院“专督海运”，结果广州前线的军队再也不缺军粮了。当然，从事海运的最主要还是开展国际贸易的商人们，开元年间，朝廷就设置市舶使主持对外贸易事务，皇帝总是委派他们亲信的宦官出任市舶使，这些市舶使的任务除了检查货物、征收“舶脚”（税收）外，还有两项就是“收市”（也即由官府优先购买外国的珍奇商品）和“进奉”（向皇帝进贡珍异物品），难怪皇帝要派心腹宦官去了。

除了博取巨额利润的商人主动出击、大胆走天涯外，在唐朝，还有一部分人是被迫走上海运道路的——

走到世界的尽头是天涯海角

各位团友都知道，今天海南是一个旅游的热土，它像一只椭圆形的大雪梨卧在南海上，吸引着众多旅游度假的人们蜂拥而至。可是在唐朝，这里可是一个流放犯人的地方，类似于沙俄时代的西伯利亚。

唐朝政治相对开明，在政治斗争中不轻易伤害对手的身家性命，而是大量地采用流贬之刑作为一种退出机制。在各派势力的较量与斗争中，此消彼长，此起彼伏，总有失败者黯然离开长安的政治舞台，踏上流贬的道路。然而在这条流贬的道路中，最遥远最漫长也是最艰辛的就是海南岛。在唐朝的政治生活中，被流放海南岛的官员有名有姓的就有近百位，其中有韩瑗、韦方质、敬晖、杨炎、韦执谊、李德裕等 14 位宰相，也有李渊第十九子、鲁王李灵夔等 5 名皇室宗亲成员。

唐代，海南设崖州、儋州、振州、万州和琼州五个州，今天的海口一度属崖州，一度又属琼州，而三亚就是振州。如今游人如织的旅游胜地、游客心目中天堂般的“天涯海角”，在唐朝，它的全部意义就是惩罚和改造政治犯及其家属。

这些罪臣们拖着一家老小身心疲惫地千里颠簸从长安来到雷州

半岛，看到的是波涛汹涌、一望无际的大海。海水翻腾如沸，永无休止，海平线下蕴藏着可怕的波涛，瞬间发作就可以吞没一切。这里已经是大陆的尽头，已经是天之涯、海之角！你们已经被这个世界抛弃！人生的旅程怎么会走到这一步来了呢？是后悔，是恐惧，至此都已经没有用了。风高浪急、涛雾蒸涌，一种不祥的预感使他们魂飞魄散，惊悚莫名，而这恐怕也正是对手们想要达到的目的。

建中二年（781）十月，杨炎在宰相的位置上屁股还没坐热，就接到了被贬崖州的圣旨。经过一个多月的南下跋涉，杨炎来到雷州半岛的一处隘口。时已冬日，落叶狼藉，两边的山坡阴森耸立，如两只巨大的怪兽瞪眼相向。他走下车去，走了数十步就看到一块字迹漶漫的碑石，三面勒刻的三个大字模糊可辨：鬼门关。当地人告诉他，这是汉朝伏波将军马援南征时立下的，鬼门关也即生死关，从这里过去的人，恐怕是九死一生了。杨炎环顾妻儿眷属，不禁悲从中来。这一天晚上，他挑灯披衣，写下了一首五言绝名：

一去一万里，千之千不还。
崖州何处在，生度鬼门关。

当年的逐臣们一般都在雷州半岛的徐闻港口渡船，而在烈楼港海滩登岛上岸。当然有一个前提是，他们没有被海浪所吞噬，也没有被海盗所袭杀。

唐朝的时候，海南岛上流传着一个说法，说是岛上的女人善用巫术迷住北方来的男人，让他们娶之为妻并生下孩子。倘若男人们抛弃她们回大陆去，那么她们的巫术可以让船只在大海里打转不前。有一个叫陈武振的海盗也不知拜了哪位邪师，学来了这一招。他打劫不仅使用武力，还披头跣足、仗剑作法使出令人可怕的魔咒。《太平广记》里专门记录了他的诡异行为，称其“家累万金，为海中大豪，犀牛玳瑁仓库数百”。

陈武振这类海盗的目标当然是以商船为主，那些清贫的逐臣贬官还不在他们的法眼里，但如果是家世巨万的贪官或者世家豪门，就要祈求妈祖娘娘保佑，千万别碰到这样的魔头了。

当然了，漂洋过海的危险不仅在于海盗们的呼啸往来，还在于海天之间潜伏着的风暴与暗礁激流，随时可能颠覆过往的船只。从赤道方向，每年都有多次台风卷扬而起，横扫南海海面，其威力不是古代帆船所能抵御的。据推测，在古代南海的航行中，平均每 30 个小时，就有一艘船沉入海底。李白是没有南海航行的经验，否则，他将写出比《蜀道难》更加险峻的文字，但是，僧人鉴真却饱尝了航海的辛苦。

> 从筑紫出海的头一夜起，海上虽无特大风浪，但船在外海的大浪中，簸荡着像一片树叶。船员以外，乘客全吃不下饭，像死人似的躺着。这状态连续好几天……

这是井上靖的小说《天门之甍》里的描写，这还是在没有特大风浪的情况下遇上狂风暴雨呢！各位自己去看书吧，我不来吓你们了。玄奘法师和鉴真大师都是出家人，出家人不打诳语。

第六章

女子小儿加胡人，大唐最炫民族风

大家熟悉的李白先生绝对是闯荡江湖的老司机了，连李老师都感叹“行路难”，可见唐朝的江湖还真不是那么好闯荡。人在旅途，有“三种人”你得特别当心，哪三种人呢？听我一一细表。

天宝年间，唐玄宗身边有一个十五六岁的卫士，每当唐玄宗和杨贵妃出宫游乐时，他总是骑着御厩里的骏马，走在仪仗队的前列，气概非凡。这个青年卫士，不读书，不识字，只会横行乡里，做种种违法乱纪的事。由于他是皇帝的亲随近侍，连主管京城治安的司隶校尉也拿他没办法。就是这个青年卫士，经过安史之乱的沉痛洗礼，一二十年后却成为了继王维、孟浩然、高适、岑参之后的又一位大诗人，在文学史上是一个奇迹。这位诗人，就是韦应物。

今天我们有请到韦诗人来现身说法，讲一讲他浪子回头的经历，也给我们科普一下长安城里“三种人”的情况——

小混混韦应物成长记

韦应物的生平资料实在是流传太少，连他的字也不见于记载。编《唐诗纪事》的计有功从《宰相世系表》中查出了韦应物的家世，又从韦应物自己的诗题中考证出他的历任官职，凑合了一篇诗人小传，大约也差不多就这样了。

有人说韦应物是唐中宗韦皇后的侄子，但韦皇后是被唐玄宗发动政变诛杀的，如果韦应物真是韦皇后的亲戚，唐玄宗似乎不会放心让他做亲随侍卫。所以，这里面要么有误会，要么有故事。但韦氏确实是唐朝的世家大族，当时有一句谚语："城南韦杜，去天尺五"，就是说住在城南杜陵的有姓韦的和姓杜的两大家族，这两大家族跟皇帝都很亲近。

安史之乱后的某一天，韦应物碰到一位知道他少年时情况的老朋友，这位老朋友姓杨，韦应物感念当年的浪漫生活，写了一首《逢杨开府》的诗，开府不是姓杨的名字，而是官衔，"开府仪同三司"，意思是可以设立自己的办公厅，称"杨办"了，这当然是很大的官了，应该是一品大员。这样一位大官朋友自然是世交了，彼此知根知底，韦应物写给他的诗应该确凿可信，可以看作是他的一个自传：

少事武皇帝，无赖恃恩私。

身作里中横，家藏亡命儿。

朝持樗蒲局，暮窃东邻姬。

司隶不敢捕，立在白玉墀。

骊山风雪夜，长杨羽猎时。

一字都不识，饮酒肆顽痴。

武皇升仙去，憔悴被人欺。

读书事已晚，把笔学题诗。

两府始收迹，南宫谬见推。

非才果不容，出守抚茕嫠。

忽逢杨开府，论旧涕俱垂。

坐客何由识，惟有故人知。

从韦应物的诗里可知，他在天宝年间充任“三卫”的卫士[①]，倚仗皇帝的恩私，成为一名横行不法的无赖子弟，结交的和家里窝藏的也都是一些亡命之徒。早晨就捧着赌具去和人家赌博，到了夜里还和东邻的姑娘偷情——京中治安官员看到我也不敢逮捕，因为我天天在皇帝的白玉阶前站班。骊山上的风雪之夜，跟随皇帝在长杨宫打猎的时候，我就是一个大字不识、只会饮酒赌博的问题少年。后来，玄宗皇帝归西了，我也失去了靠山，只好改行读书，这件事当然已经太晚了，但所幸还学有小成，居然由兵部的武职转到吏部

① 唐朝的禁卫军分亲卫、勋卫、翊卫三支，合称三卫。

的文官系统，派我去做安抚孤儿寡妇的地方官。韦应物最后的官职是苏州刺史，所以后世多称他“韦苏州”，当然，他也当过滁州刺史，他最有名的那首《滁州西涧》就是在任上写的：

独怜幽草涧边生，上有黄鹂深树鸣。
春潮带雨晚来急，野渡无人舟自横。

来，让我们为韦导的好诗鼓掌！韦导说了：别学我的样，哥只是一个传奇。是的，在长安城里，像韦应物这般有家世、地位却又浪掷青春的“官二代”“富二代”实在太多了，当时的人对他们有一个统称，叫“五陵少年”，比如白居易《琵琶行》里的“五陵少年争缠头，一曲红绡不知数”，说的就是这批人在青楼妓院里捧红粉佳人争相打赏一掷千金的情形。

五陵其实是汉代五位皇帝的陵墓所在地，到了唐时已成为热闹的街市，首都的副中心，当时称五陵原。五陵少年、五陵子弟或者是茂陵（汉武帝陵墓）子弟也就成了古代“官二代”“富二代”的专用代称。五陵原上这些鲜衣怒马的少年子弟，踏花赏春，酒醉千盅，一掷万金地恣情享受着人生的快意，跟今天的“二代爷们”开着兰博基尼带着漂亮美女招摇过市是一样的感觉。诗人李白就很羡慕这样的生活，他在《少年行》里满怀豪情地写道：“五陵年少金市东，银鞍白马度春风。”

不过，少年轻狂、飞扬跋扈在所难免，长安城里却有一些恶少年也加入到他们的行列，李白有时候又很看不起他们，他在一首《古风》诗中写道：

大车扬飞尘，亭午暗阡陌。
中贵多黄金，连云开甲宅。
路逢斗鸡者，冠盖何辉赫。
鼻息干虹蜺，行人皆怵惕。
世无洗耳翁，谁知尧与跖！

这里面还有一个故事：唐玄宗喜欢斗鸡，有一个专门饲养斗鸡的少年叫贾昌，很受玄宗的宠爱。贾昌其实是算不得出身世家的“五陵少年”，但他因为仗着皇帝的恩宠也高调横行，有一次，李白在路上遇见了贾昌出行的车队，这位“鸡童”的车辆冠盖华丽，声势显赫，他们打个喷嚏也可以使彩虹颤抖，路人为之战栗。李白很有些不平，愤怒于自己还比不上这样一位鸡童，便写了这首诗加以讽刺。

长安的恶少确实很让人头痛，《唐摭言》里有一篇《宣慈寺门子》，说的是唐僖宗乾符二年（875），韦昭范登科中第，在曲江亭摆酒宴庆贺，从他的亲戚、财政部官员那儿借了国库里的席幕器皿出来，“供帐之设，罕有伦拟”，搞得非常豪华。正在大家饮兴方酣之时，有一个骑驴少年不请自来，而且旁若无人地拿起东西就吃，还说些不堪入耳的粗话侮辱众人——跨驴而来，并且银鞍白马，可见只是市井恶少而非五陵少年，但一班书生从来没跟这么没有教养的人打过交道，大家瞠目结舌，不知所措，没有人敢上前阻拦。这时，一位宣慈寺的门子，也就是寺院看门人挺身而出，上前去就打了少年一记耳光，又夺过少年的鞭子狠狠抽了百余下。大家觉得很解气，也纷纷拿起瓦砾朝少年乱砸。眼看着少年被打得奄奄一息，与曲江池相连的皇宫花园芙蓉园紫云楼的门突然打开了，一个穿紫衣的权贵宦官带着很多仆从，上来阻止："不要打了！不要打了！"门子毫不畏惧，拿起鞭子痛击这群人，把他们个个都打趴在地上，最后全都吓跑了。

《太平广记》收录这则故事时把它放在"豪侠"类里。

由五陵少年、娈童恶少又衍生出另一类人，那就是以武犯禁的侠客。中国的史书上，虽然在秦汉时期就有大侠的记载，但那时的大侠像《史记》里的郭解之流，他们的主要行为是集聚门客、招徕人心，有点儿类似于前代的孟尝君或者后世的"山东及时雨"宋江，至于自身的武艺高下并不是主要的；而到了唐朝，才有了我们现代人理解中的侠客模样：仗剑去国，飞檐走壁，"十步杀一人，千里不留行"①。

这些人上承春秋战国聂政、豫让、荆轲等刺客死士的基因，下启金庸、古龙、梁羽生笔下刀客剑侠的事迹，最著名的有风尘三侠、聂隐娘、红线女、昆仑奴等，男女各占半边天。

唐朝初年是个豪侠冒险、英雄美人的时代，是勇敢决战，快意恩仇的时代。唐朝人的性情热烈奔放、豁达进取，更兼在尚武之风的影响下，很多唐朝人对侠客怀着浪漫的想象，唐朝也是一

① 出自李白《侠客行》。

个盛产侠客的朝代，侠客很忙，比杜甫还忙。

但不管怎么说，我们来唐朝旅行，总还是遵纪守法的好，尽量不要惹是生非，少跟这些豪杰之士不法之徒打交道，免得惹上麻烦。有几位团友说，来一趟唐朝结识几个侠客朋友，破解一下侠客密码也是蛮不错的，你不要想得太天真，小心密码没破解，反而被套牢。

《桂苑丛谈》里记载了一则故事，据说唐朝的诗人崔涯、张祜也颇向往侠客的生活，平日里他们使酒任性，自称豪侠。崔涯写过一首侠士诗："太行岭上三尺雪，崔涯袖中三尺铁。一朝若遇有心人，出门便与妻儿别。"诗写得很有豪情，跟贾岛那首"十年磨一剑，霜刃未曾试。今日把示君，为有不平事"有得一拼。张祜呢，"故国三千里，深宫二十年，一声何满子，双泪落君前"，一身而兼为才子、诗人、侠客、恶少，也是蛮有名，连杜牧都夸奖他："谁人得似张公子，千首诗轻万户侯。"

岁末的一天晚上，有一个侠客装束打扮的人来找张祜。这人腰间佩着剑，手里拿着一个皮囊，皮囊里还有鲜血流出。他对张祜说："我有一个仇人，我已经找了他十年，今天总算找到了，这个皮囊里盛的就是他的人头。"张祜听后对他崇拜得不得了，立即安排酒宴款待。席间，侠客又说："离这儿三四里路有一个义士是我的恩人，我想去报答他，如果完成了这个心愿，那么平生恩仇都了结了。我听说你很讲义气，能借我十万贯钱吗？此后赴汤蹈火，我都听你的！"

十万贯钱数目太大，不要说张祜这样薄有资财的诗人，就是大官僚、大富豪，一时也拿不出这么多钱来。但张祜已经被他迷了心窍，就着烛光把所有的钱都拿了出来，钱不够还将缣、绢以及能换钱的物品都拿了出来，如数作价，给了那人。侠客说声“痛快”，就留下皮囊，拿着钱财出去了，约定很快就回来。到了约定的时间，侠客没有回来；五更鼓响，天马上要亮了，那名侠客还是杳无踪迹。张祜终于等不住了，叫家人打开皮囊，一看却是个猪头！

张祜“由是豪侠之气顿衰矣”，恐怕也只有“双泪落君前”了。

这个故事后来被《儒林外史》照搬了去，其中一章“张侠客虚设人头会”就是脱胎于此。所以，远离诈骗，远离是非，给大家提个醒儿！

女人是用来浸而不是泡的

一千多年前，孔子就感慨：“唯女子与小人为难养也。”我们不知道孔老夫子说这话的具体语境是怎么样的，所以对它的解释也各有不同。为了这句话，孔老夫子得罪了全人类的一半人，现代女性更是因此对他横眉冷对，但不得不说，这句话在某些时候还是有些道理的，尤其是到了唐朝旅行，千万记住尊重女性！唐朝的妹子可不好惹！

对于女性来说，唐朝是个美好的时代。无论你的出身富贵或贫贱，你的相貌美丽或平庸，这个时代都给了她们绽放的可能。唐朝人崇尚女性，像贾宝玉那样推崇另一半的人比比皆是，当年林语堂用英文写作《武则天传》，最初用的书名就是《我崇尚女人》。

武则天当然是个神话般的存在，我们也不去多说她了。说到唐朝的女人，浮现在我们脑海里的是《簪花仕女图》里身穿轻薄纱衣、齐胸襦裙，面庞丰腴、体态华贵的贵族女性；是《虢国夫人游春图》里英姿飒爽、女扮男装的干练女性；是敦煌和唐墓壁画里的飞天舞女……现在，我们来到唐朝就可以近距离目睹接触，也不需要“浮现脑海”了。当然，有个别还是会浮现脑海，那是你个人的事。毕竟，人这一辈子，不能自拔的除了牙齿就是爱情。

唐朝的女性地位确实蛮高，历朝历代不能比拟。在日常生活中，唐朝女性并非守着深闺足不出户，她们有单独、公开的社会活动，甚至可以结社；在与异性的交往中，她们也相对自由，后妃女官可以不避外臣，像杨贵妃就可以让李白看个饱，平民女子当然也可以不避来宾了。与后来所谓“女子无才便是德”的思想观念不同，唐人主张女子读书，上层社会更重视女子的文化教育，所以唐朝女性的成就有目共睹：在政坛，有武则天、韦皇后、太平公主、上官婉儿；在军界，有平阳公主和娘子关；在诗坛，有薛涛、鱼玄机、李季兰……可以说，唐朝男人可以干的活没有女人干不了的，甚至还有女保镖。

是的，女保镖！不是非洲独裁者才有女保镖，我们的秦王李世民也有女保镖。在今天西安市考古研究所的文物库房中收藏着一方鲜为人知的墓志《太尉秦王刀人高墓志铭》，它讲述着唐太宗李世民当秦王时一位贴身女侍卫的事迹。

所谓刀人，原系隋朝宫廷内女官的名称。《隋书》上有“承衣刀人，趋待左右”的记载，其实就是女性侍卫武官守护皇宫，简单理解也就是带刀侍卫的意思。唐朝的官制中并没有“刀人”这一职务，但考虑到大唐开国之初一切多承隋制，秦王府里还保留着“刀人”之职也是情理中事。

根据这个墓志铭的记载，这位姓高的女侍卫名叫高惠通，是渤海名门士族的后代，父亲高士达曾当过隋朝的高密县令，也就是今天的大作家莫言家乡的父母官。陕西师大的葛承雍教授认为高士达与隋末唐初的重要人物高士廉应该是同宗本家。

高士廉是唐太宗长孙皇后的舅父，与其外甥长孙无忌一起密谋参与了玄武门之变，是李世民的重要臣僚；而高士达在隋末“七十二处烽烟，六十四位反王”中也是一位反王，后被隋朝镇压。就像李渊起兵后，女儿平阳公主拉起队伍成为赫赫有名的女将一样，高惠通估计也是在父亲的影响下“不爱红装爱武装”。

高士达死后，部将窦建德继续高举他的旗帜，成为反隋的一支重要力量。只不过，窦建德后来跟大唐为敌，被李世民擒杀，所以在这篇墓志铭中，对高士达起兵的情况避而不谈，只称颂高惠通“三从既备，四德无亏”——事实上，光靠“三从四德”是做不了“刀人”的。

高惠通于唐高祖武德五年（622）入选秦王府刀人时已经 26 岁，比李世民还大一岁。这一年恰好是高士廉入朝进长安的时间，高惠通应该是在窦建德兵败后刚刚被收编入秦王府，至于她当上“刀人”是否系高士廉极力推荐和保举，墓志铭上语焉不详没有交代。但让她担任这么一个重要岗位的职务，她应该是一个武艺高强并且深得李世民信任的人。

李世民在武德五年已经心存异志，一心要跟太子李建成分庭抗礼一决雌雄，那么，高惠通也应该是黑裳橡衣、佩刀持剑，时刻警觉、侍卫左右的形象。

可惜的是，武德九年四月十日，30岁的高惠通病死于秦王府，四天后即被埋葬于长安龙首原，而此时正是李世民、李建成双方水火不容的关键时刻，此后不到两个月就爆发了"玄武门之变"。高惠通在此期间担任李世民的女侍卫，是否参与了政变密谋，或者也曾做过传递情报、联络接应甚至是像红拂女、聂隐娘那样飞檐走壁的工作，墓志铭里讳莫如深。但在这么千钧一发的时刻，秦王府还要为这样一位女侍卫发丧、立墓志铭，可见她是李世民的心腹，其地位应该在一般人之上。

女刀人高惠通的故事从墓志铭上看只能讲这么多了，有兴趣的团友回去后倒可以信马由缰地写一篇传奇，或者可以与《聂隐娘》相较量也说不定。

当然了，唐朝有这么丰富的女性个体存在，跟开放包容的社会风气分不开。李唐王朝和鲜卑有着千丝万缕的血脉联系，鲁迅说"唐代帝王，大有胡气"；南宋的朱熹更是说"唐源流出于夷狄，故闺门失礼之事，不以为异"，他的意思是，唐朝本来就是胡人血统出来的，所以男女关系观念放荡并不奇怪。

据史家考证，隋唐皇室确实有浓厚的异族血统：隋炀帝、唐高祖的母亲都出自拓跋鲜卑的独孤氏；唐太宗的生母出自鲜卑纥豆氏；唐太宗的长孙皇后父母两系都是鲜卑人，故他们的儿子、唐高宗李治的汉人血统只占四分之一。有人甚至认为，隋唐时期的汉族是以汉族为父系、以鲜卑为母系的“新汉族”。①

由于唐朝政权有北方游牧民族的基因，而游牧民族在男女关系上较汉族更为平等、自由，也较少思想束缚，所以朱熹老夫子会认为她们“闺门失礼”。不过比起现代女性来，她们也许是小巫见大巫了。

好了，就让大巫们去见见小巫吧！还有跟在“大巫”边上的男团友们注意了，千万不要拈花惹草地轻易去泡唐朝的妹子，唐朝的妹子是用来“浸”（敬）的而不是“泡”的，这是唐朝的女权主义宣言！你要真想泡，我们后面要带大家去青楼参观，你带好铜钱银子就好！

长安是世界的长安，胡人是天下的胡人

从兴庆宫出来，穿过春明门，一匹银鞍白马直奔灞桥飞驰而去。

春明门是长安城里最热闹的一座城门，连接长安与东都洛阳、

① 选自王桐龄《中国民族史》。

北都太原的交通，也是唐朝的朝廷仪仗队迎接外国使臣入城的地点，此外，到地方上赴任的官员也都从这里出城，西域的骆驼商队和日本、高丽的遣唐使、留学生们由此入城。

这里从晨鼓敲响起就人群熙攘，到了傍晚暮鼓沉沉却依然车水马龙。

白马在灞桥的一处并不起眼的酒楼前停了下来，前面一树古槐，黄叶斑斓，槐树枝上挑出一个浅绯的酒旗，上面用突厥文字和汉字写着“高昌葡萄酒”字样。

本来嘛，长安城内的东西两市和城东面的青绮门一带也有专卖西域葡萄酒的胡人酒肆，当垆售酒的也多是胡族女子。但城内喝酒总受宵禁影响，根据宵禁法案，城内店肆禁止夜间营业，夜间卖酒被视为非法，所以，要喝得尽兴、玩得痛快总还是得出城来，城外的灞陵也有很多胡姬当垆的酒店。这些胡姬多是很开放的，恐怕也不仅是喝酒那么简单。《太平广记》上记载，一个李姓官员到一家胡饼店里碰到一位对眼的胡姬都可以“因宿其舍，留连数日”，后来又以十五千钱将这胡姬买了下来。

这时，马上跳下一个身穿日本翔鹤裘服、头戴红玉高冠的学士，口里还哼哼唧唧地吟唱着：“……玳瑁筵中怀里醉，芙蓉帐里奈君何……”古槐树下早候着一个汉族打扮的人，迎上去挽住来人的胳膊：“李十二，你可让我好等了！”

穿日本裘服那位似乎还残留着些许醉意，争辩道：“朝卿，我可是宣召陛见一结束就赶来了，你看，我还特意穿了你送我的裘服。”

那个被叫作朝卿的人仔细打量对方，竖起拇指夸道：“果然是天上谪仙人！”

这样的当面称赞让穿日本裘服的那位很受用。

两人将各自的马匹交给僮仆，大笑着执手进入酒楼，拣一个向阳的桌子，向当垆的西域胡姬要了一壶葡萄酒、牛肉和果子。青黛画眉的胡姬操着不标准的汉语柔声答应，大大方方地走过来轻舒皓腕，给两位客人斟上鲜红鲜红的高昌葡萄酒……接下来，就要描写胡姬的身材了……

胡姬貌如花，当垆笑春风。
笑春风，舞罗衣，君今不醉将安归！

各位看官，“天上谪仙人”自然就是大唐朝鼎鼎大名的诗仙李白了。另一位穿汉服的是日本国的留学生阿倍仲麻吕。落花踏尽游何处，笑入胡姬酒肆中。唐人以模仿胡风为时尚，来胡姬的酒肆中喝酒，李白就特意穿上了日本的翔鹤裘服，那是阿倍仲麻吕送他的，后来李白还写了一首诗：“身着日本裘，昂藏出风尘”，在“日本裘”旁他自注道：“朝卿所赠”。他称阿倍仲麻吕为“朝卿”。李白头脑中当然没有世界地图的概念，所以他搞不清胡姬跟日本国之间的关系，反正都是胡嘛！

为了跟上这“最炫胡风”的节奏，替自己增添一分异域的神秘感，李白也一再说自己出生于中亚的碎叶①，其实，更有可能的

① 今吉尔吉斯斯坦境内。

是他的父、祖辈或许曾到过那边，而他本人却是生长于四川绵阳。李白是浪漫主义的大诗人，但浪漫主义有时候会信口开河。我们无意在这里详细论证李白的身世，在大唐三百年中，长安就是世界的长安，这里聚集了全世界各地来人，唐朝人早已见怪不怪了。像阿倍仲麻吕就是跟着日本遣唐使来的留学生，他 19 岁就来到了中国，与他同行的这一批遣唐使队伍里有 557 个人。

他在长安的国子监里享受着唐朝政府为全体留学生提供的九年制义务教育全额奖学金，并且通过了唐朝的进士考试，唐玄宗亲自给他赐了一个中国名字：晁衡，并擢任他为门下省左补阙，可以出入宫廷，随侍皇帝，所以现在他应该算是李白的同僚了。在唐朝政府里，像晁衡这样的外籍官员还不在少数：来自朝鲜半岛的崔致远、大食商人的后裔李彦升都在唐朝考中进士做了官，唐朝大将高仙芝也是高丽人，至于少数民族裔的那就更多了，唐朝《宰相世系表》记载了宰相 369 人，其中为异族者有 11 姓 23 人。当时就有个叫崔慎猷的感慨："近日中书，尽是蕃人。"至于军队里的藩将那就更多了，安禄山、史思明、高仙芝、哥舒翰……一大批司令员都操着天南海北的各族语言，连平定安史之乱的大将李光弼其实也是契丹族的。

《旧唐书》上记载，从唐初到玄宗开元年间，唐朝曾与 300 多个国家和地区相互交往，唐太宗更是被周边的各国尊为"天可汗"，意思是像天神一般存在的皇帝哥哥或者皇帝爸爸。对此，诗人王维不无骄傲地在诗里写道："九天阊阖开宫殿，万国衣冠拜冕旒。"有人统计，长安城里的外来人口应该在 20 万人左右，占到总人口的十分之一，其中绝大多数都是各国各族的胡人——唐朝人把大唐之外的人一律称为胡人。

在唐朝统治的万花筒般的三个世纪里，几乎亚洲的每个国家都有人曾经进入过唐朝这片神奇的土地，当然还有更远的，从欧洲、非洲而来。这些人怀着不同的目的来到唐朝：他们中有的是出于猎奇，有些是心怀野心，有些是为了经商牟利，而有些则是出于迫不得已。但是在来唐朝的外国人中，最主要的还是使臣、僧侣、商人和留学生这四类人，他们分别代表了当时世界各国在政治、宗教、商业和文化方面对唐朝的浓厚兴趣。在前来唐朝的使臣中，最显贵的人物是波斯王的儿子卑路斯，而来得最多的使臣是日本的遣唐使，当然了，最善于学习的就是日本人。

日本奈良时期曾发起一场“不遗余力向唐朝好好学习，唐朝的今天就是我们的明天”的运动，一批又一批的遣唐使漂洋过海来到中国，少则 100 人，多时达 500 多人，一共派出了 19 批，从政治、军事、经济、文化、宗教、建筑、艺术、餐饮等各个方面全方位学习唐朝。在此之前，唐朝其实跟朝鲜半岛的新罗关系更近，中国的文明也都是通过新罗转手再传到日本，但是通过这 19 批遣唐使，日本抛开“中介”开始直接学习唐朝，迅速超过了朝鲜半岛的同学。

当然了，由于大海航行存在诸多不确定因素，这 19 批遣唐使并没有全部来到唐朝，据说有的居然漂到菲律宾棉兰老岛去了，那些倒霉蛋除了学会摘椰子之外啥也没学到，而根据唐朝和日本国有国书记录的正式遣唐使团队一共是 12 批。这也够厉害了，

“拳头”被偷去不少，不过，也替我们保存了不少好东西，很多宝贝后来都是从日本出口转内销的。

海上风暴确实是让好学的日本人吃足了苦头，晁衡后来回国途中据说也遇到了海难，李白以为他葬身鲨鱼腹了，伤心得不得了，痛哭流涕地写了一首《哭晁衡》：

> 日本晁卿辞帝都，征帆一片绕蓬壶。
> 明月不归沉碧海，白云愁色满苍梧。

李白哭过也就算了，没有继续关注海难事件的后续报道，后来证明这是一场乌龙：晁衡他们的船在归国途中遇到了风暴触礁，与其他三船失去联系，被吹到越南的驩州海岸。登陆后，又惨遭横祸，全船170余人大多遭当地土人杀害，只有晁衡命大，跟十余人逃生。天宝十四载（755），晁衡历尽艰险再次返回长安。王维等好友们见他脱险归来，不胜为之惊喜，而李白此时已经离开了长安，鉴于那个时代落后的通信服务，两个人后来再没联系上。晁衡终于在72岁时死于长安并葬于斯，唐代宗追赠他为二品潞州大都督，而此时距李白去世已经整整八年。

除了政府使节和留学生外，就是来做生意的胡商了，所谓“天下熙熙皆为利来，天下攘攘皆为利往”。胡商的人数有多少呢？那个时候没有出入境管理，没有人口统计，也不搞暂住证，唯一的记载是贞元三年（787），宰相李泌奏请检括滞留长安的西域“胡客”，结果发现有4000多人。这时已经是安史之乱后繁荣不再的中唐时期，有人说开元、天宝年间的胡商应该十倍于此。

天宝年间，有个叫何明远的人承包了官府的三个驿站。驿站只能接待来往官员，虽然有政府拨款，但利润透明，赚得有限。何明远这个人脑子特别灵光，他发现这些驿站都位于交通要道，来来往往的人络绎不绝，其中也不乏各地的胡商。于是，他就在驿站旁边盖起了自家私营的旅店和商店，专门接待胡商。胡商们见有这样的涉外民宿，当然也宾至如归。仅仅一年的时间，何明远就发家致富了。你说，这来来往往的胡商该有多少？

胡人除了来学习大唐的先进文明外，也给大唐人民带来许多新奇的事物，由于文化上的差异，大唐人民像看“西洋镜”一样地看待这些胡人。吴郡有个举子叫陆颙，到长安赶考没有及第，入太学当了一名太学生。这个陆颙特别喜欢吃面，然而吃得越多人却越瘦，他也没太当回事。有一天，有几个胡人拿着酒菜上门来找他，说是看他风度翩翩有大国衣冠的气宇，想跟他交个朋友。陆颙倒也喜欢交朋友，于是他们酣饮一场，尽欢而散。过了十多天，这群胡人又来了，这一次还带着绢缯衣料和黄金，说是要给陆颙做寿庆生。陆颙也有些担心起来，怀疑他们有什么企图，坚决不肯接受这么贵重的生日礼物。

胡人说，我们是朋友，看你独自在长安，手头也不宽裕，“惶惶然有饥寒色”，因此才拿这些金缯，送给你供你做一日的消费之资。在胡人的再三坚持下，陆颙不得已只好收下了金缯。

这些胡人离去后，太学里的同学都来警示陆颙，说胡人爱利不顾其身，为了争蝇头小利不惜性命相搏，哪里会肯出金缯为朋友祝寿？再说了，太学里这么多学生为什么偏偏对你这么好？你有大麻烦了！还是赶紧去躲躲，免得他们再来。

陆颙被说得心慌慌，就去渭水旁一处偏僻地躲了起来，杜门不出。仅仅过了一个多月，这群胡人不知怎么又找上门来。陆颙大惊失色，而胡人却高兴地说："以前在太学宿舍里人多眼杂，说话也不方便，现在好了，你退居郊野，正合我心！"

陆颙壮着胆子问："你们到底想干什么？"

胡人终于说出了原委。他们说，陆颙好吃面是因为肚子里有一只消面虫，这只虫是天下之奇宝，胡人想让他卖这只虫子，就给了他一粒药，让陆颙吃下去。果然，吐出一只二寸长的虫子，形状像只青蛙，据说这只虫子能帮人探宝，胡人用数万金买下，而陆颙凭地致富，食粱肉、衣鲜衣，成了长安的豪士。

这样稀奇古怪的事情每每成为唐朝人民茶余饭后的谈资，而《太平广记》上说，按照"胡商法"，胡商们每年要举行一次赛宝、斗宝的大会，所有胡商都带上自己贩卖的珍宝陈列，宝物多者被拥戴坐上宝床，其余分别排座次，坐宝床者拿出尺寸最大的明珠，光芒四射镇服四周，其余胡商皆起立稽首，表示敬佩。据说唐代大画家阎立本还画过一张《异园斗宝图》，可惜已经散佚了。《安禄山事迹》里也有记载，安禄山担任范阳、平卢节度使时，曾在幽州举办过斗宝大会。

事实上，胡商当中最富有的当数波斯商人。波斯商人在西市里开的都是专卖店，称"波斯店""波斯邸"，按照《大唐疏议》的解释："居物之处为邸，沽卖之所为店"，店是商店，邸相当于存放货物的货栈。波斯商人财力雄厚，他们的店里往往还兼营金融业务。《太平广记》里收录了这样一则著名的故事：

有个叫杜子春的人，少年时纵酒闲游，不事产业，很快将资产荡尽。他去投奔亲友，亲友们因为他什么正当事务都不肯做而拒绝收留他。当时正值隆冬，杜子春饥寒交迫走在长安街上，天色已晚也没能吃上一口饭。他不知不觉走到东市的西门口，回想往日的富贵不禁仰天长吁。正在这时，有一个老人拄着拐杖过来问他为何叹息，杜子春把自己的遭遇都跟老人讲了，老人问：“你要多少钱才足够用？”杜子春说：“三五万则可以活矣。”老人让他再多说一些，杜子春又说了个十万的数，老人还说不够，杜子春就干脆说一百万了，没想到老人却说：“三百万！”然后他从袖子里先取出一贯钱给杜子春，让杜子春明日午时到西市的波斯邸来，千万别迟到了。次日，杜子春依约前往，老人果然从波斯邸里取出 300 万钱给了他。

杜子春脱贫返富后故态重荫，整天吃喝玩乐，乘肥衣轻，一两年时间就把这笔钱挥霍一空，从骑马到跨驴再到步行，终点又回到起点。无奈之际，他又到市门前去叹息，没想到老人闻声而来，听了他的情况后对他说：“我将再次接济你，这回你需要多少钱？”杜子春羞愧难当，不敢回答。老人让他明日午时再来波斯邸取钱，这一回老人给了他 1000 万钱。

杜子春也真是个活宝，“钱既入手，心又幡然”，一两年间又贫过旧日，最后只好跟着老人进山学神仙去了。

从这则故事里可以看出，波斯邸的现金流有多么充足，300

万、1000万，随到随取，比今天的银行VIP还气派。

长安人对外来居民的称谓中有许多俚言俗语，比如“富波斯”（因为他们富有，所以他们是受人羡慕的）、“黑昆仑”（因为他们肤色黑，但未必就一定是非洲黑人）、“裸林邑”（来自热带地区，喜欢裸身赤膊），等等。除了波斯人被高看一头外，中亚的琴师和舞女也在长安受到热情欢迎，然而最不受待见的是回鹘人或者叫回纥人，因为他们大多从事放高利贷的行当，这个行当虽然有钱，但被人看不起，就像《威尼斯商人》里的夏洛克。

长安城内的衣冠子弟甚至军人、商人、普通老百姓都曾从这些胡商手中借过高利贷，后来由于物价上涨，再加上利滚利的缘故，许多汉族官员和商人只好将自己的土地、财产、奴仆甚至文物、传家宝抵押给回纥人，借贷不还更致使“蕃客停滞市易”，引起严重的社会矛盾。胡商起诉借贷者久而不还，迫使朝廷下诏禁止长安城内蕃客胡商举贷放债，从事金融业务。所以，我们的团友们也要注意了，千万别去碰这些胡商高利贷者。

唐朝的时候，咸海以东、锡尔河以南、阿姆河以北的广大地区，分布着康、安、石、曹、米、何、史、火寻、戊地9个小国，合称“昭武九姓”。安史之乱的两个祸首安禄山、史思明都是昭武九姓的，昭武九姓人非常善于经商，安禄山就曾经当过市场管理员（互市牙郎），通晓6个民族的语言。朝廷借回纥人的力量平定了安史之乱，回纥人不可一世，昭武九姓的商人也经常假冒回纥之名在长安经商，他们与回纥商人联合起来，在长安市场内为所欲为，“共为公私之患”，京兆府也对他们无可奈何。

其实，这么多胡商云集长安，治安问题早就暴露出来了。《大唐新语》中记录了一则案件：贞观年间，金城坊有户人家为胡人所洗劫，久捕贼不获。时杨纂为雍州长史，判令勘察京城坊市诸胡，要求对城里的胡人进行一次筛沙子似的过滤，一个都不能漏。但司法参军摇头说做不到，因为胡人戴着汉人的帽子，汉人又喜欢穿胡人的衣衫，哪个是胡人，还真不好分辨。他建议只追查西市诸胡。后来，这则案子有没有破，书上没有记录，但一伙胡人明火执仗地在京城洗劫一户富户人家，也够耸人听闻的了。

另外一个突出的社会问题是这些胡商大多是不带家眷只身来捞世界的，如何管住他们尤其是保证我们大唐女性不受婚姻诈骗的严峻课题。为此，唐朝政府也出台了一些保护本国居民的政策和措施，比如外来居民娶了唐朝的妇女为妻，或者是纳了唐朝妇女为妾，他就得留在唐朝境内，绝对不允许外国人携带唐朝妇女一起返回其故土。这是在贞观二年（628），由“天可汗”大帝颁布的一道诏令中规定的，目的主要是保护唐朝妇女，以免她们被外国渣男骗婚。另外，还要求“诸胡在京师者，各服其服，不得效华人”，意思是严禁以任何方式冒充唐朝人。

好了，胡人不许穿唐人的服装了，那我们21世纪的唐人毕竟还是唐人，我们应该不受这个限制。明天就带大家去买一身唐人的服饰装扮起来，以便我们更加沉浸式体验这趟穿越之旅。

第七章

衣着多开放，唐朝就有多开放

要跟唐朝人打交道，首先要把自己打扮得跟唐朝人一样，这一站的地陪是“云想衣裳花想容”的杨玉环小姐，大家掌声欢迎！——哇，果然是光彩照人，不愧是大唐时尚教母。各位少安毋躁，人家可是皇帝的女人，刚刚讲过的纪律都忘了吗？擅闻御道者怎么样？最多讲一遍，我可不多讲了。

现在，还是让杨玉环小姐带着我们去添置几套唐朝的穿着行头，让大家一起做回唐朝人吧。

哥穿的不是衣裳，是身份

唐朝男人的服装大致可分为冠服和常服两大类，聪明的你一听就明白了，冠服相当于礼服，常服就是日常生活中所穿的休闲服饰。

冠服又分为冕服和朝服。中国人说“冠冕堂皇”，可见冠冕是最隆重的服饰，一般在祭祀活动的时候才穿。唐朝的冕服依旧沿袭了汉代的基本款式，皇帝头戴冕板冠，前后垂 12 条白珠穿成的旒，身穿绘有五爪金龙和十二章纹的龙袍，脚上穿一种前面翻翘的鞋子，那叫“赤舄”，与影视剧里看到的样子基本不差。这样的穿戴其实很麻烦，别的不说，眼前垂着那么多障碍物，对视力也不好。所以，冕服是不常穿的。需要说明的是，冕服并不是皇帝所专有，皇太子、文武百官在祭祀等重大礼仪场合也都有合乎规程的冠冕。

当然了，一个大男人这样装扮起来恐怕半天时光就没了，除了祭祀之外，平时不能这么讲究，于是又有了朝会时穿的朝服，相当于今天公务员喜欢穿的便西装。唐朝公务员穿的朝服叫“袴褶”，这是一种起源于少数民族的服装，经过魏晋南北朝数百年的演变，在隋唐时成了一般朝参的礼服。最初，这种窄袖袍服只有武将喜欢穿，唐太宗下令，无论文武百官，参加朔望朝会时都需穿着袴褶，而在地方的官员，在公衙办公时也需如此穿着。

至于唐朝男人的常服，究其来源，其实也是在鲜卑族服装的基础上发展来的，上至帝王将相、下至平民百姓都穿这种日常服饰——大家都是“打工人”嘛——其经典造型就是头戴幞头，身穿圆领袍袴，腰间系革带，脚穿长靴。这个幞头的原型就是鲜卑人的帽子，但它经历了一个从帽子到头巾再到帽子的转变过程。汉族人一开始戴幞头，也就是用块柔软的黑色纱罗在头上一裹，多余的部分就让它自然垂下，称“软脚幞头”。这么一来，就类似于一块头巾了。后来，人们开始在“软脚”上搞花样，用铜铁丝做成龙骨，使得巾脚更平展，甚至可以向上翘起来，叫作“硬脚幞头”，而向上翘的就叫“朝天幞头”。式样定下来后，每天再这么裹头毕竟麻烦不过，于是就开始定制，幞头又回到了帽子的本意。

这种硬脚加幞头的帽形直接成了宋朝的长脚幞头官帽以及明朝乌纱帽的源头。

中国是个讲究仪礼等级的社会，所谓“垂衣裳而天下治”，而唐朝又是中国贵族社会的最后高光时刻，当然特别重视服饰的等级，用颜色区分是一个最简单易行的办法。唐太宗贞观四年规定：三品以上穿紫，五品以上穿绯，六品、七品穿绿，八品、九品穿青，紫色最尊贵，穿上紫袍就可能是宰相一级的大官了。不过这个时候，除了皇帝专用的“赤黄色”外，黄袍依旧允许大家穿着。到了中唐以后，原先贵贱均能穿的黄袍衫逐渐禁止官员穿着，黄色从此就成了皇帝的专属颜色，而布衣百姓则以白袍衫为主了，所谓“白衣卿相”就是这么叫开来的。

另外，袍服外面系的革带也有尊卑之分，玉带、金带最为尊贵，一般人不配用。而且，带扣也有讲究，天子 13 环，大臣只能用 9 环，你就理解为皇帝的皮带可以打 13 个眼孔，你的皮带只能打 9 个眼孔——那么，我是不是可以这么理解：唐人以肥为美，允许皇帝的腰围比大臣大一些，哈哈，其实 9 孔皮带的腰围已经很可以了。

总之，穿什么不要紧，关键是穿对你的身份。大家看一看，自己是什么身份，就对应着穿什么服装，否则被大唐有司（有关部门）问一个“僭越罪”也是不好玩的。什么？你嫌太素想搞一点儿图案？胸前绣只仙鹤或者麒麟什么的？那叫“补子”，明清官服才有！你要这么穿出去，唐朝人被你吓死！不过，话分开来说，“补子”的起源倒真是在唐朝武则天的时候。

武则天做皇后时参加册封、祭祀等重大活动时有一种礼服叫

“袆衣”，上面就绣着12行五彩翚翟（也就是五色野鸡），以代表妇德高尚——不知道为什么用野鸡图案代表妇德高尚，这个问题待大家研究——武则天做皇帝后，也嫌大臣们的衣服不够漂亮，女皇帝的审美总是比男皇帝要强烈一些嘛，于是，她在赐予都督、刺史的袍衫上绣以山川样式，并在周围题上“德政惟明、职令思平、清慎忠勤、荣进躬亲”十六字箴言，以勉励封疆大吏们，这在当时称为“异文服”，后来，这类赏赐的范围更加扩大，文武三品以上官员都有机会穿上这种绣有文字和动物造型的袍衫，不同的等级绣不同的图案。当然了，武则天的官服花样改革只维持了她这一朝，随着武周皇朝的覆亡，官服也都回归了纯色区分的老做法。不过，武则天的“异文服”倒是启发了明朝的朱元璋，朱皇帝出身贫民，对花里胡哨的东西有一种天然的爱慕，于是明朝官员的胸前都佩戴上了“动物补子”。

好了，说完男人的穿着，该跟女团友们讲讲了。女士小姐们不要着急，说到打扮，你们一定是重点！别忘了，有杨玉环小姐在呢！

贵妃不穿石榴裙

唐代女性最喜欢穿的有三种服装：一种是改良版的襦裙，改良到后来越改越“凉”，也就成了男士们最喜欢看的抹胸装；另一种是胡服，回纥、吐蕃、西域诸胡的服装，长安的女人拿来就穿；最后一种是男装，唐代女性虽然没有喊出“男女平等”的口号，可实际上却已经这么做了，所以在她们的着装上也出现了“中性化”的倾向。

襦裙是中原地区传统的女装，但唐朝女性要穿出时尚来，她们不仅将襦裙的领子改成了交领、斜领、鸡心领，还流行将裙子提高到腋下，以凸显身形的修长。既然提高到了腋下，那么胸部自然也就盖住了，于是，就又有了抹胸的所谓“袒领”女装。里面也不穿内衣，袒胸于外，这么穿着多凉快多自在呢！关键是能突出女人的“事业线”，显示女人的自信，所谓“粉胸半掩疑暗雪”“长留白雪占胸前”，这让多少男人神魂颠倒。

其实，唐朝一开始也不是这么开放，至少在唐太宗的时候，还流行戴幂䍦，那是北朝时从西北传入的一种女帽，帽子的周围垂下很长的纱帷，称为帽裙，不但可以遮住面孔还可以把全身罩得严严实实，你们看电影《聂隐娘》里那个女侠客聂隐娘登场时就是这么神秘亮相的。聂隐娘已经是中晚唐时期的人，其实那时候已经不流行戴幂䍦帽裙了，只不过她的工作性质需要她隐蔽性强。事实上，服装上的妇女解放运动早在武则天、韦后、太平公主她们那时候就已经完成，到了唐玄宗开元初年，“从驾宫人骑马者，皆著胡帽，靓妆露面，无复障蔽”，身上的衣服呢，也由窄衣小袖改变为充分展示人体美感的裙装。

唐代的裙子颜色绚丽，红、紫、黄、绿争艳斗妍，尤以红裙为佼佼者。到了盛唐时期，已经遍地榴花染舞裙，唐人万楚在《五日观妓》中说："眉黛夺将萱草色，红裙妒杀石榴花"，可见石榴裙几乎已经一统天下。此后，大凡男人被美色所征服，就被称为"拜倒在石榴裙下"。

说起来，这句俗语的产生还与唐玄宗和杨贵妃有关。

传说杨贵妃非常喜爱石榴花。唐玄宗投其所好，在华清池西绣岭、王母祠等地广泛栽种石榴，每当榴花竞放之际，这位风流天子即设酒宴于"炽红火热"的石榴花丛中。

杨贵妃饮酒后，双腮绯红，唐玄宗欣赏宠妃的妩媚醉态，常将贵妃被酒染之粉颈红云与石榴花相比。因唐玄宗过分宠爱杨贵妃，不理朝政，大臣们不敢指责皇帝，迁怒于杨贵妃，对她拒不使礼。

有一次，唐玄宗设宴召群臣共饮，邀杨玉环献舞助兴。可杨贵妃向皇帝耳语："这些臣子大多对我侧目而视，不使礼，不恭敬，我不愿为他们献舞。"唐玄宗听后感到宠妃受了委屈，立即下令，文武百官见了贵妃一律跪拜。众大臣无奈，见到杨玉环身着石榴裙走来，纷纷下跪使礼，于是就有了"拜倒在石榴裙下"的典故。

所谓"石榴裙下死，做鬼也风流"，既然已经拜倒，那就彻底"躺平"，死一回也无妨。这也是一种姿态。今天的人大多都知道石榴裙，但让你想不到的是，杨贵妃其实是不穿石榴裙的！

你想石榴裙这么普通，连青楼妓女都穿了，杨小姐就这么没个性，肯自降身价？

杨玉环喜欢穿黄裙。这种黄色长裙是用名贵的郁金香染成，色泽极为鲜明艳丽，而且散发出淡雅的花香。设想一下，在一片鲜红的石榴花中，穿一身红裙靓丽还是穿黄裙更耀眼？《新唐书》以及《杨太真外传》都说黄裙子才是杨玉环两大装扮神器之一（另一件神器我们接下来再说）。因为杨小姐坚持与众不同，史学评论家为此还指责她“黄裙逐水流”是“妖服祸国”之兆。

其实，我倒要为我们美丽的地陪杨小姐说几句了：“妖服祸国”？说这话的中国大老爷儿们忒不自信！安史之乱的罪魁祸首难道真是小女子杨玉环吗？马嵬坡上众多赳赳武士一定要先杀了这个小美人儿才觉得快意才肯走。这倒让我想起了《荷马史诗》里的海伦，希腊英雄为了她漂洋过海打了十年仗，当他们看到海伦时，一致为海伦的美貌惊倒，他们的想法是，为这样一个“锦标”打十年仗也值得！——你想想，差别怎么这么大呢？

好了，咱们不说政治，不谈中西文化，还是回来继续说女人的裙子。唐代的襦裙尤其是那种抹胸的透视裙确实好看，让人浮想联翩，但如果是早晚天凉了，会不会冻着呢？请放心，唐朝女人会披上一件“半臂”，类似于我们今天的背心、马甲，里面长袖，外面短袖，如果再罩一件帔帛，也就是敦煌壁画里飞天神女穿着的那种，那该是怎样飘逸的神采！帔帛的原型其实来源于西亚国家，但也只有唐朝女人把它穿出了飞动、空灵的效果。

要飘逸当然就要宽大。如果说唐代男人的服装是从宽到窄、越来越贴身以方便行动，那么唐朝女人的服装则是从窄到宽，越来越宽松、越来越肥大，所以说唐人以肥为美，从女装的变化上也可见一斑。

宽大就必然废料，唐朝的纺织业虽然较前朝有了很大的发展，但丝绸绢帛毕竟还是很昂贵的奢侈品，而女人一奢侈就没个底，唐朝女人的一件衣服袖宽居然能够达到四尺！这一只袖子都够做一个人的衣服了！搞得皇帝都看不下去，唐文宗不得不亲自下诏来规定服装的长宽比例，要求襦裙最宽不能超过一尺五——你看这搞得，女人的袖子把皇帝都惊动了！

胡服与男装：唐朝流行中性风

这一天风和日丽。唐高宗和武则天在宫中设宴。他们的宝贝女儿太平公主身着最高贵的紫衫，腰佩玉带，头戴一顶皂罗折上巾，身上佩戴着砺石、佩刀、火石等武官的七件饰物，以雄赳赳气昂昂的男儿之姿在帝后面前铿锵踏步，载歌载舞。

这七件饰物叫“蹀躞七事”，均为行旅或野外生存的必备用具，其功能相当于一组瑞士军刀。这当然是游牧民的常用之物，也是胡服的一部分，而太平公主的这一身装扮俨然就是标准的男装了，唐高宗面对这朵“铿锵玫瑰”惊诧得差点儿认不出来，不禁问道：“女子不可以为武官，你为什么要这般装束？”《新唐书》上没有记录太平公主是怎么回答的，但唐高宗的时尚触觉也太不敏感了，事实上，胡服与男装都是大唐小女子的最爱！

这股潮流的首倡者其实是唐太宗的废太子李承乾。这哥们儿似乎是个“返祖现象”特别严重的主儿。他不喜欢住豪华的宫殿，反而爱住帐篷，好端端的皇宫里到处搞违章建筑，搭起帐篷来露宿。当然了，住帐篷的太子肯定也喜欢穿胡服。

事实上，李唐家族本来就是北朝突厥、鲜卑等族与汉人的混血儿，喜欢穿胡服也是天性吧。

唐代女性所穿的胡服大多是头戴胡帽，身穿翻领缺胯袍，下身配以长袴，脚穿筒靴或线鞋。与男子相比，女性更加倾向于选择条纹状的长袴。在众多的胡服中，回鹘装是最受人欢迎的一种流行款式。这种回鹘装一般都用红色的织锦制作，翻折领的及地长袍，领口与袖口均用织金锦缀成较宽的花边和花纹（今天的维吾尔族人仍然喜欢这样打扮）。与“袒领”襦裙突出胸前事业线不同，回鹘装强调束腰功能，所谓“回鹘衣装回鹘马，就中偏称小腰身”——女人该突出的地方都突出了。

还有一个喜欢“男人装”的女人叫上官婉儿。她当然也是大名鼎鼎，各种盛唐的影视作品中都少不了她。她是罪臣上官仪的孙女，从小就被罚没入宫，因才华出众受到武则天的赏识，成为武则天朝权倾一时的宫廷女官。上官婉儿是一位女权主义者，信奉的人生哲学是“女人就该对自己狠一点儿”，所以，她在打扮上也是不爱红装爱男装。

在中国传统文化中，“女着男装”是极不正常的现象，甚至跟“牝鸡司晨”一样被视为亡国乱象。第一个刻意穿男装的上官婉儿肯定是带着一种叛逆的心理“示威”给大家看的，没想到却成了一种上至贵族、下及平民的流行时尚。

唐朝女性所穿的男装就是一般男子的常服，也就是圆领或翻领的袍袴再加上长脚幞头。从唐朝的古墓壁画、出土的人偶塑像来看，宫娥、婢女着男装已经成为一种普遍现象，当时称为“裹头内人”。唐代画家张萱有一幅《唐后行从图》，描绘的是武则天出行的情景，从画里看，你简直已经分不清哪个是男哪个是女，清一色都是男装打扮，倒有不少人戴着耳环。开元年间的进士李华在写给外孙的一封信里就抱怨说：“此乃妇人为丈夫之象，丈夫为妇人之饰，颠之倒之，莫甚于此。”

宫中的流行时尚很快在社会上传播开去，广大唐朝的妇女同志也都穿上了自家老公、兄弟的袍服靴履，出门鱼目混珠、扫街败家去了，到了稍后的另一位进士李廓的诗中写道：“遨游携艳妓，装束似男儿”——连青楼妓院的妓女们都流行起“中性化”打扮了。

安乐公主的百鸟裙值多少钱？

唐朝没有时装发布会，不过，爱漂亮赶潮流的唐朝女孩子仍然想尽各种办法打探时尚动向，比如有一次，安乐公主就成了大家跟风的对象。

安乐公主是唐中宗李显和韦皇后的宝贝女儿，后人评价“五女乱唐”，把她跟武则天、韦后、太平公主和上官婉儿列在一起，可见也是个穷奢极欲不安分的主儿。

有一天，安乐公主在自家的园子里赏鸟，听着鸟儿的呢喃，看着鸟儿在枝头静静地打理着羽毛，这些羽毛在阳光下闪闪发光、五彩斑斓、华美异常。安乐公主突发奇想：如果能用鸟儿的羽毛做一条裙子，自己岂不就成了安徒生童话里的公主？——她当然不知道安徒生，她那种想法要让安徒生知道了也只会把她写成可恶的女巫，而她的这么一个突发奇想也确实成了鸟儿们的噩梦：全城的鸟儿都被逮光拔了毛，城外的树林里每天也有成群结队的人手忙脚乱地在捕鸟。那绝对是一场鸟儿的浩劫啊！

不知道这件羽衣最终用了多少珍禽异鸟的羽毛，而众多工匠使用极其烦琐的工艺，将细小的羽毛一点点捻成线，才终于将这件裙子做了出来。

安乐公主穿上这件百鸟裙到处炫耀着她的美丽。裙子正面看是一种颜色，侧面看又是一种，日光下看、灯光下看各不一样，只要她身子一动，裙子就会呈现出不同的颜色，真的是五光十色争奇斗艳。因为有这位超级名媛的代言，富贵人家的小姐们也都想穿和公主同款的衣服以显示自己的时尚品位，于是，各地的鸟儿都遭殃了！不要说珍禽异鸟了，只要是会飞的都被逮来拔毛了。

安乐公主的这条百鸟裙值多少钱？有的说价值万贯，有的说价值千金，但不管怎么说，因为原材料不好搞，这条裙子就成了有唐一朝特制的孤品，连安乐公主自己都有点儿舍不得穿了，她后来专门为这条裙子制了一个百宝箱，平时就将它藏在百宝箱里了。

再后来，安乐公主利令智昏，竟然伙同母亲韦后一起谋杀父亲唐中宗，李隆基联手姑妈太平公主发动宫廷政变，将安乐公主和韦后一块儿杀死了。李隆基登基为唐玄宗后，为了表示与奢靡之风的决裂，将这条百鸟裙一把火焚毁了，一场时尚浩劫才算告一段落。

杨贵妃的两大靓妆神器

说了唐朝人的穿着，顺便把装扮也一块儿说了吧。

我们从唐人留下来的古画，比如《虢国夫人游春图》《捣练图》《挥扇仕女图》《簪花仕女图》，或者是从唐代古墓的壁画中可以看到，唐代的仕女都是耸着高高的发髻，一头秀发突出地占据着画面。我们的团友不禁要问：唐代的女人真的有那么多头发吗？每天做那么个头发得花多少工夫？确实，你们都是明眼人，那些乌云高髻其实都是假发！

这些假发装在木制或竹制的笼子上，用的时候戴上，称为“假髻”，又叫“假头”。贫家妇女做不起，说起来就叫“无头”，需要用时向人家借，唤作“借头”。这种假发其实在晋朝就已经流行了，但晋朝法令规定只有良家子女才可以使用，“士卒百工不得着假髻”，到了唐朝就没有这种等级歧视的规定了，只要你买得起，大家都可以用“假头”；你要是买不起，就只好去“借头”了。

前面我们说过杨贵妃的两样靓妆神器，一是黄裙子，另一个就是假髻！当然了，她有很多副假头：高髻、双髻、螺髻、凤髻、祥云髻、半翻髻、百合髻、倭堕髻、回鹘髻、乌云髻……听听这些名字，就可以想象出一个百变女郎的模样来。唐朝女性的发式之多，简直可以用前无古人、后无来者来形容了。

与发型的摇曳多姿相配合的是发饰的多样与精美。簪、钗、步摇、梳篦（一种梳背宽阔且雕有精美花纹的梳子，可以插在发髻中当装饰）、头花、花冠……唐代女性特别是贵族女性尤其喜欢将头饰层层叠叠地插在头发上，头上非插得叮叮当当不肯罢休，以显示其雍容华贵。搞到爱节约的皇帝唐文宗看不过去，又不得不专门下诏禁止公主“广插钗、梳”。

唐文宗这种专跟女人过不去的小家子气做法要是让杨贵妃知道一定嗤之以鼻。士为知己者死，女为悦己者容。女人不打扮还做什么女人？

从前杨贵妃的打扮那才叫讲究！

她用的妆粉都是用江南上好的米粒碾成粉末后加香料调制，称为“米粉”；她用的胭脂提取于一种名为“红蓝”的花朵之中，再调入牛髓作油脂。据《开元天宝遗事》记载，因为妆粉和胭脂有改善肤色的作用，杨玉环就很喜欢用胭脂做红妆。她的身子又微胖，夏天“每有汗出，红腻而多香”。

接下来是画眉。唐玄宗是个“眉痴”，最喜欢看女人的眉妆，安史之乱时他逃到四川去，仍不忘让画工画《十眉图》以供把玩。据文献记载，《十眉图》中的眉样就有鸳鸯、远山、五岳、垂珠、拂云等名目。杨贵妃当然也是画眉高手，她画的小山眉、垂珠眉，每每让唐玄宗丢魂失魄。

与杨玉环的精心打扮不同，她的姐姐虢国夫人却是自恃美丽而素面朝天，诗人张祜说她“却嫌脂粉污颜色，淡扫蛾眉朝至尊”。唐玄宗看惯了重彩浓抹，把持不住也想“崇尚自然”一回，于是，就有了悄悄驾临虢国夫人府的记录。因为“三郎”痴迷画眉，所以，不施粉黛的虢国夫人也一定要“淡扫蛾眉”。

当然了，这些开元、天宝遗事听着都是绮丽的，到了唐宪宗元和年间，妇女们突然流行作圆鬟椎髻，两鬓不再妆饰，也不擦脂抹粉，只用乌膏涂嘴唇，双眉画成八字形倒挂状，令人看了是一副似哭非哭的面孔。诗人白居易对这种“时世妆”就很看不惯，在他的《世妆乐府》里讥讽道：“时世妆，时世妆，出自城中传四方。时世流行无远近，腮不施朱面无粉。乌膏注唇唇似泥，双眉画作八字低。妍媸黑白失本态，妆成尽似含悲啼……”

不过，女人装扮的世风日下其实也是唐朝国运江河日下的一个写照：唐僖宗时，宫人把头发束得紧紧的。待到黄巢的起义军冲天香阵透长安，僖宗逃到四川，宫人的这种发型马上被当地妇女学去，不过，人们称这种型妆为“囚髻”；而在长安的女子却已变了发式，即把头发分梳到两鬓，几乎包住整个面孔，当时人管它叫“抛家髻”。

有人说，女人的装扮可是联系着国运，现代不是也有人说女人的裙子短一厘米，经济就好一分吗？这话其实没啥道理，不过，我们的女团友们，还是要注意你们的形象啊！

第八章

节日不嫌多，大唐人民不搞996

好了，各位已经将光鲜亮丽的唐装穿在身上了，我们也已经知道，所谓的“唐装”其实在很大程度上也是“胡服”，所以大家真没必要太在意穿什么。自己穿着舒服、好看就行。

大唐人民爱美爱劳动，也热爱休息，所以创造了众多节日给自己的身心一个彻底的放松。当他们听说“马风先生”[①]在这边提倡 996 剥夺年轻人的休息权力时，无不义愤填膺，立刻宣布“马风先生”为“不受欢迎的人”，并委托本导游起草《大唐人权宣言》如下：

> 我们认为下述真理不言而喻：人，生来需要劳动，也需要休息。造物主赋予他们若干不可让渡的权利，其中就包括劳动权和休息权。劳动是为了休息，休息是为了更好地劳动。劳动的最终目的是为了换取一劳永逸的休息……

条文太长，共计 62 条，相当于法国大革命《人权宣言》和美国《独立宣言》的总和，正如宣言中开章明义所说，既然是“不

① 大概是这个名字，古汉语与现代汉语翻译转换时可能存在差别。

言而喻”的，那也就不要再“言”了。我们还是来关心一下唐朝人民的幸福节假日吧。

今天的地陪是唐朝历史上鼎鼎大名的“诗圣”杜甫。杜甫很忙，但他还是不辞辛苦来做我们的地陪导游，大家鼓掌，热烈欢迎，有请史上最关心民生民瘼的诗人杜甫先生，让他来给我们普及一下唐朝的节假日知识——

杜甫先生要从公务员的假期说起。

公务员都有一份寒暑假

唐朝的公务员没有周末，“星期天”是基督教的说法，上帝创造世界辛苦了才给自己放个周末假，唐朝虽然已经有基督教传入（那个时候叫“景教”），但历法还是用唐朝自己的《大衍历》，没有跟国际接轨，所以没有周末这一说。唐朝的公务员上十天班，休息一天，称为“旬假”，除了这个法定的休息日，还有两次寒暑假：农历五月的田假和农历九月的授衣假。

“田假”就是在夏天农忙“双抢”的时候，让大家回一趟家，打理一下自己的田地。官员们当然用不着亲自去掘地插秧，监管一下佃农的工作也算尽到地主的责任。田假大体相当于现在的暑假，假期为一个月左右。如果官员离家较远，往返时间较长，可以申请延长假期。这一个月的假期是“净假期”，不包括路程上花费的时间。所以，这个“暑假待遇”还是蛮好的。

“授衣假”显得更具人文关怀，意思是秋天天气转凉，《诗经》上都说“七月流火，九月授衣”，大家可以回家去裁布、做衣，准备一下过冬的衣服了。“授衣假”大体相当于寒假，假期也是一个月。

说完了公务员的法定假期，也来说说唐朝官员的退休制度。唐朝规定官员七十致仕，也就是说 70 岁退休。根据 5100 个唐朝墓志铭的统计，唐朝的人均寿命为 59.3 岁。结合唐朝人的平均寿命，这个条件已经可以说是很宽松了，说明官员的待遇确实不错，平均寿命超出一般人，所以杜甫说“人生七十古来稀”。

然而有的官员到了规定的年龄还不肯退休，还要跟组织上讲条件。武则天的时候有一个叫侯知一的兵部侍郎，他到了退休年龄，“致仕”的文件都下发了，可他还不想退下来，给武则天上奏章，要求再多干几年，发挥一下余热，为社会多做些贡献。为了证明自己健康，他在上朝的时候当着武则天的面展示身体状况，史书上记载说他“踊跃驰走”，可朝堂上怎么踊跃驰走呢？可能是像今天的运动员那样折返跑吧，反正身手矫健灵活得正如他的姓氏一般。

侯知一要求延缓退休并不是没有先例，唐高宗时征战辽东的名将李勣 80 岁还在带兵打仗，70 岁后继续在岗的狄仁杰也被武则天称为“国老”，后来，这位狄国老还推荐了一个 80 岁的张柬之来当宰相……

当然了，有人延缓退休，就必然有人提前内退。朝廷的另一条规定也很有意思：五品以上的官员年龄虽然不到但“形容衰老者”要勒令其提前退休。大唐官员的政治生命还得由形象来决定：我们在前面说过，踏入官场必须经过吏部的“释褐试”，而释褐试的第一条就是看你的形象，没想到退休也可能因为形象而引发——得懂得保养啊！身体是革命的本钱！

好了，不管退休不退休，节日是大家共同过的。说起唐朝的节日，那就更闹忙了——

唐朝三大节：正月晦日、三月上巳、九月重阳

所谓传统节日，那就是由来已久的一个纪念日。像春节、元宵节、清明节、端午节、中秋节之类的，唐朝人过得跟我们今天也差不多，大同小异，也就不再多说了。咱们得讲点儿不一样的，这里要讲的是唐朝人特有的三大节日：正月晦日、三月上巳、九月重阳，被称为“三令节”。

正月晦日，公私休假，士女郊游宴饮，泛舟游乐，在水滨举行盛大聚会。女人们还会跑到水边去洗裙子，并且倒点儿酒在水边，据说这样可以解除灾厄。皇帝也照例要赏赐群臣，与百官同乐。

晦日就是农历每月的最后一日，大月是三十日，小月是二十九

日，如三月晦日、七月晦日之类，凡前面不标月份，就是指正月晦日。正月晦日被唐朝人格外重视，当作一个节日来过，这种风俗起自北魏末年，一直到唐德宗贞元年间才以二月初一的“中和节”来取代正月晦日。

正月晦日的传统是“送穷”，也就是祭送穷神。据说，穷神是高阳氏之子，喜欢穿破衣服、喝稀粥，并且是死于正月的最后一天。所以，在这一天，唐朝人要熬粥、扔掉破衣服，还要结柳为车、缚草为船，焚于巷口，以祝送穷神永不回来。大文豪韩愈还专门写过一篇《送穷文》，“三揖穷鬼而告之……”以此自嘲穷困不达；诗人姚合也有《晦日送穷三首》，开篇就说：“年年到此日，沥酒拜街中。万户千门看，无人不送穷。”看来，唐朝社会的富裕跟他们送穷送得勤倒也有些关系了。

民间在送穷，皇宫当然不会有“穷鬼”光临了，所以皇帝这一天照例会安排一些泛舟之类的游玩活动。唐中宗李显在一个正月三十日到昆明池去游玩，高兴地做了一首诗，命令随从的官员们和他一首。当时有一百多人做了和诗，其中宋之问的那首《奉和晦日幸昆明池应制》被评为是最好的作品。

唐人重视晦日，有大量诗歌描写它。你去任何一本唐诗的选本上找找，“晦日”两个字经常出现。到了宋代，这种风俗已不行了，所以宋代以后的诗中，见不到晦日游宴的题目。

再来看一首诗：

万乘亲斋祭，千官喜豫游。

奉迎从上苑，祓禊向中流。

这又是一首奉皇帝命令而写的应制诗，是王维的《三月三日曲江侍宴应制》。三月三就是三月上巳节了，也就是三月上旬的第一个巳日。这一天有“濯于水滨，祓禊上巳”的说法，王维在诗中也讲到了，就是大家都要到水边去祭祀，用浸泡了香草的兰汤沐浴，以祛除不详和疾病。这跟正月晦日女人跑去水边洗裙子是一个道理，只不过，这会儿是男女一起上阵了。除了沐浴洗澡之外，唐朝人在这一天还会编根柳条、折条柳枝什么的带在身边，因为据说柳条自带驱邪功能。这倒有点儿让人纳闷，因为在唐人的传奇中，多有柳树成精成怪的故事，那么柳条怎么又能驱邪了呢？莫非是以毒攻毒吗？还有一种解释说，兰汤沐浴其实是为了唤起性欲，祓禊活动的本意是男女春日相欢，妇女祈孕的信仰行为。如果这个解释成立，那么柳条是不是也带点儿暗昧色彩了？

我们是来穿越不是来做研究，淫者见淫，智者见智就可以了。上巳节的传统实在是由来已久，《论语》上曾点说：“暮春者，春服既成，冠者五六人，童子六七人，浴乎沂，风乎舞雩，咏而归。”这说的就是祓禊的情形，而王羲之在《兰亭集序》里开章明义：“永和九年，岁在癸丑，暮春之初，会于会稽山阴之兰亭，修禊事也。”说的也是这个，他们还“曲水流觞”搞起了类似我们今天击鼓传花的郊游活动。

到了唐朝，除了继承修禊的传统外，上巳节更是成了春游踏青、临水宴饮的节日，长安城内的男女老少倾城而动，盛装出行，杜甫先生在《丽人行》里就对此盛况有所描写："三月三日天气新，长安水边多丽人……"不过，大唐虽然开放，女子可以抛头露面，但杜甫要像今天的重庆人在解放碑前"打旺"那样饱览美色还是有些困难，因为长安的富贵人家郊游一般都要撑起大幅布帛制作的帷幕，叫作"行障"，搭出一个半封闭的空间，把家主宾客与闲杂人等区隔开来。上巳节的时候，偌大一个曲江池畔，富贵人家早选定地方占了场子，行障帷幕紧密相连。所以，杜甫看到的"丽人"也只能是正赶来路上的丽人，至于进了VIP包厢里，杜甫就看不到只能想象了。

然而在这一天，皇帝也照例要"赐宴曲江"。玄宗皇帝修了一道从兴庆宫到曲江池的封闭的专用通道"夹城"，一直通到"芙蓉园"内，皇帝妃子可以直接从夹城过来，外人根本看不到。芙蓉园内的最高建筑"紫云楼"则是皇帝开宴专用的场所。《唐会要》里记载，参加曲江宴的百官不仅可以公款吃喝，还可以拿一个大红包领到一份赏赐，"每年上巳、重阳日，如有百官宴会，宜每节赐钱五百十贯文。令度支支给"。唐朝诗人有很多写曲江宴的诗，白居易也有一首《三月三日谢恩曲江宴会状》，跟王维的一样，都可以看作是今天微信朋友圈里拿了红包频频叩头"谢谢老板"的表情包。

有关九月重阳的诗大家更熟悉了："独在异乡为异客，每逢佳节倍思亲。遥知兄弟登高处，遍插茱萸少一人。"王维的《九月九日忆山东兄弟》都是读书时背过的。登高和插茱萸是重阳节的两大节目，不过，唐朝的重阳节跟老年人没什么特殊的关系，老人节是我们今天赋予它的特殊意义。

唐时的长安老百姓和一般小官吏们最喜欢的重阳登高处是城南的乐游原，李商隐“向晚意不适，驱车登古原”，登的就是这个乐游原；李白写“乐游原上清秋节，咸阳古道音尘绝”，也来过这里，这个汉代曾经的宫苑是城内地势最高处，登上乐游原可以俯瞰长安城。

皇帝和他的重要大臣们登高则在龙首原，它在长安的东北角。皇帝的皇宫大明宫本来就居高临下，建在龙首原上，从大明宫的含元殿向南望出去，一直可以看到城面的大雁塔。所以，皇帝在这一天也无所谓登高不登高了，但他们会举行一场特殊的“大射”比赛。射，是儒家六艺之一，射礼也是一项古老的礼制活动。唐朝初年，天下初平，尚武之风浓厚，开国前两代的君主唐高祖李渊、唐太宗李世民都是当时非常著名的神箭手。刚起兵反隋时的龙门一战，好汉李渊亲自挽弓上阵，一举射杀隋军八十多人。在重阳射礼上，先是皇帝在乐曲声中上场亮相，依次射完四箭，皇帝的靶子是用熊皮蒙的，称“熊侯”；然后就轮到侍射的大臣们在音乐的伴奏下上场开弓。大臣的靶子蒙的是鹿皮，称“鹿侯”。文武官员一视同仁，平等竞技，射得好有奖，绫罗绸缎或者珠宝马匹；射歪了脱靶，就去领罚酒喝。贞观年间的宰相、宋国公萧瑀是个文弱书生，手无缚鸡之力，哪里拉得开强弓，所以每次“大射”都要出洋相，成为笑柄。唐太宗曾写过一首诗叫《赠萧瑀》：“疾风知劲草，板荡识诚臣。勇夫安识义，智者必怀仁。”这当然是称赞他的，而大书法家欧阳询则当场套用句式写诗嘲讽：“急风吹缓箭，弱手驭强弓。欲高翻复下，应西还更东。十回俱著地，两手并擎空。借问谁为此，乃应是宋公。”

就在唐朝君臣其乐融融地射箭过重阳时，郊游登高的老百姓肚子饿了要野餐。因为“高”跟“糕”谐音，所以，唐朝人这一天都会携带着各种糕点出去作野餐的食物，叫重阳糕，尤其是菊花做的糕点，特别受欢迎。至于茱萸，是在辣椒还没有传入之前的唐朝最流行的辛辣调味品，也叫越椒，是一种盛产于南方的药用植物。唐朝人把这串“辣椒”插在头上当花戴，以示驱邪，叫作“插茱萸”。当然了，也有往头上插菊花的，叫作“簪菊”，杜牧也有一首诗叫《九日齐山登高》：

江涵秋影雁初飞，与客携壶上翠微。
尘世难逢开口笑，菊花须插满头归。

这里我们用了很多唐人的诗歌，不仅因为地陪杜甫先生是“诗圣”的缘故，还因为唐诗里确实有大量唐朝民俗节日的记录。除了唐朝三大节日外，唐诗里还经常出现“人日”“社日”这样的词汇，大家读唐诗也一定发现了。这两个日子也可以看作是业已消失的唐朝节日。

所谓人日，也就是每年的正月初七。传说女娲初创世时，捏泥巴造出了鸡狗猪羊牛马等动物后，于第七天造出了人，所以这一天是人类的生日。人日的传统由来已久，汉朝开始就有了人日节俗，魏晋后开始重视。古代人日有戴“人胜”的习俗，人胜是一种头饰，又叫彩胜、华胜。杜甫写《春望》有“白头搔更短，浑欲不胜簪”之句，估计也是在人日写的。

唐人特别重视这个节日。如果正月初七天气晴朗，则主一年流年吉利，五谷丰登，大家就会互祝平安，诗人们则会互致诗歌，以示想念，如高适的《人日寄杜二拾遗》、陆龟蒙的《人日代客子》等，当然也有像杜甫那样独自发发牢骚，以感叹韶华逝去无奈情怀的。

至于社日么，是古代农民祭祀土地神、庆祝丰收的节日。跟其他节日不同，"社日"的具体日期经常变化，一般来说农历二月举行"春社"，农历八月举行"秋社"，这两个日子都可以理解为"农村狂欢节"。唐朝政府曾经要求在这两个月的"上戊日"全国统一过节，但效果不理想，习俗的力量太厉害，大家还是习惯于视当年的历法气象而定。

社日是庆祝丰收的，而丰收又往往跟生殖联系在一起，"社日"的起源其实非常古老神秘："社"的本字是"土"字，土字在甲骨文中的形象是后土乳房的象征物，亦即地乳，这是一个跟生殖崇拜有关的字。郭沫若在《甲骨文研究·释祖妣》中告诉我们，"祖"字的本字是代表生殖器的"且"字；"社"是社木，也就是象征祖宗牌位，而作为社木的桑林，则是男女所谓"野合"的场所。当然了，它只在某个特定的季节或时间，才是被礼法和风俗所允许的。这个时间点就是庆祝丰收的大会上，而这种庆祝活动的仪式就叫作"春社"或"社会"。

我们今天挂在嘴上的"社会"一词，其原始词义竟是"聚社会饮"，或者说"庆祝丰收而百无禁忌的一次狂欢大会"。正如恩格斯在《家庭、私有制和国家的起源》里所说的"在一个短时期内重新恢复旧时的自由的性交关系”，并且允许男女私奔自由交配，古人所谓“奔者不禁”就是指这个。

当然了，唐朝的社日已经脱离了原始的狂欢节意味，但是庆祝丰收总离不开犒劳自己，酿酒迎新社，“家家扶得醉人归”是免不了的。事实上，在唐朝的农村，社日的热闹喜庆程度恐怕是仅次于春节和上元灯节，而且更胜于其他节日。

皇帝的生日会，全民要参与

民间的节庆活动再 热闹，终归还是比不上万乘之尊过生日的排场。在唐朝，皇帝过生日是全国人民普天同庆的大喜日子，还被列为国家法定节假日，全国放假三天。这一节日被称为“诞节”，联系到唐朝的皇帝称“圣人”，那么这个就是唐朝的“圣诞节”了。

中国人在唐以前其实并不重视过生日，所以，在唐之前的文献中也没有生日诞辰纪念之类的记载。事实上，帝王的生辰自古都是一件极为隐秘的事，一般都秘而不宣，以防止心怀不轨别有用心的人诅咒、设蛊加害于皇帝。但打破这个禁忌、第一个开始过生日庆生的是千古风流的唐玄宗，《新唐书》上记载，王皇后在唐玄宗生日那天，做“生日汤饼”进献。我们前面说过，汤饼就是面条，唐玄宗是第一个开生日会过生日的皇帝，并且开启了在生日那天吃长寿面的传统。

唐玄宗的生日是农历八月初五，这一天被定为千秋节，后来又改名为天长节。此后，每一位皇帝的生日都有一个专门对应的节日名称，比如天兴节、庆阳节、寿昌节、嘉会节之类。每逢诞节，寿星皇帝当然要大宴群臣，而群臣呢——“王公以下献金镜及承露囊”——也要向皇帝敬献生日礼物。至于“天下诸州咸令宴乐，休假三日”，这是小老百姓的实惠。

过生日过得隆重当然要沐浴更衣，这套仪式还是少不了的，唐朝的皇帝有最好的洗澡场所，比如骊山脚下的华清池。唐朝皇帝还有一个特殊的癖好，喜欢在澡堂子里谈工作，称作“浴堂召对”。当然不是让你脱了衣裳跟皇帝在一个池子里泡澡——哪敢有这么非分的想象，而是皇帝在泡澡或者泡澡后穿着随意的浴袍召见你，跟你谈一些事情，或者让你记录皇帝的一些诏令。被浴堂召对，表示皇帝对你亲近，这是做大臣的无上荣耀。白居易和他的好朋友元稹都曾被皇帝浴堂召对，他们当然不会忘记写诗记录下这一激动人心的时刻，在他们的诗里无一例外地都出现了“浴殿”的字样。皇帝如果在生日那天浴堂召对，那就更有象征意义，更不得了了，不过，估计也只有杨贵妃在这一天被“召对”过。

过皇帝生日当然是只过当朝天子的，如果前面皇帝的生日都要过，都来个放假三天，那大家只好宣告失业，天天放假了。但是，农历二月十五日太上老君的生日却是法定假日，每年都可以放假三天。唐朝的皇帝宣称，他们是太上老君李聃的后代，所以，太上老君称“圣祖”，被册封为“玄元皇帝”，他的生日就比照唐朝皇帝的诞节。至于怎么考证出来李唐皇帝是太上老君的后代——不知道。估计也只是唐高祖李渊一时的信口开河，后世的皇帝中数唐玄宗比较认真，他将河南鹿邑太清宫看作是李氏唐朝的“祖庭”，亲自去祭拜，并以二月十五为“降圣节”，下令为太上老君举行祝诞聚会或祈福延寿道场。所以，唐朝人民又多出一个节日。当然了，节日不嫌多，如果可能，二郎神、王灵官、哪吒三太子还有紫霞仙子、至尊宝的生日我也都想过。

尽管唐朝以道教为国教，但实际上，唐朝信奉佛教的人已经远远超过道教。所以，与“降圣节”相对应的是四月初八的佛诞节，不过，唐朝政府规定，佛诞节只放一天假，以示跟“国教”的区别。

佛诞那天，佛寺都要进行浴佛和行象活动，“浴佛”大家都知道，“行象”可不是牵着一头大象去行走，而是抬着佛像巡行。随着后来的唐朝皇帝本人也越来越倾向于佛教信仰，民间的佛教氛围越来越浓厚，“行象”活动也就不满足于抬着佛像巡行了，而要抬着佛骨舍利之类的真身，所以唐朝后期的几次规模浩大的迎佛骨活动也都是在四月初八佛诞节举行的。

唐朝最有名的一次迎佛骨活动是在元和十四年（819），当时唐宪宗想在佛诞节那天将佛骨舍利迎入宫中供奉祈福，这原本也不是什么大事，但以儒家正统自居的韩愈韩夫子却大泼冷水，激烈地反对宪宗的这一想法，写下了著名的《谏迎佛骨表》，列举历朝佞佛的皇帝“运祚不长”“事佛求福，乃更得祸”的事例，搞得宪宗皇帝很不爽，以为韩愈是在诅咒他，所以险些要了韩愈的命。韩愈的谏言没有阻止唐宪宗奉迎佛骨的决定，当然更不能消除后代皇帝对佛教的笃信，唐朝历史上最大规模的一次迎佛骨活动是在唐懿宗咸通十四年（873），佛骨被迎到长安那天，举城沸腾，香烛遍地，善男信女当道跪拜，甚至有人采取以火灼身乃至断指、断臂这样的极端行为，以表达虔敬，总之那一个佛诞节过得是举国若狂。今天，我们去法门寺地宫参观，还能感受到当年唐朝人对佛教的那种狂热。

不管是皇帝生日，还是佛祖、道祖的生日，大唐人民沐浴在节日的气氛中其乐融融。各位团友，大家也别闲着，跟着唐朝人热热闹闹过个节吧！暂时把工作抛脑后，回去再考虑要不要 996 了。

第九章

载歌载舞，打球击鼓，那都是大唐文化软实力

唐太宗的时候，西域某国进贡了一个善弹琵琶的胡女，说是刚刚谱写了一支新曲子，大有炫耀之意。胡人用的琵琶，弦和拨子都比唐朝人惯用的琵琶粗，太宗不想让胡人胜了唐人从而助长他们的气焰，就在设宴款待胡人时让胡女演奏，却让皇家乐队的琵琶高手罗黑黑躲在帘子后面偷听学艺。罗黑黑是个音乐天才，听一遍就全学会了。于是，太宗就对胡人说，这个曲子呀，不稀奇，我这里的乐师也会弹。说着叫出罗黑黑来，一弹，果然一模一样，毫不逊色。这下胡人可吓着了，不敢再显摆了。

无独有偶。

唐中宗景龙三年（709），吐蕃的一支马球队访问大唐，他们是为了迎接大唐的金城公主下嫁吐蕃赞普而跟着迎亲队伍前来的，按照行程安排，将与大唐的马球队进行一场友谊比赛。

马球，在唐代又称“击鞠”“击球”或“波罗球”，唐太宗时期由西蕃传入中原。克己复礼的太宗皇帝怕玩物丧志，烧了自己的马球杆，以此自戒。但他的子孙们却迷上了这项运动，唐中宗和唐中宗的哥哥、已故的章怀太子都是著名的马球运动员。唐中宗的侄子李隆基等人也是此中高手，当时连民谣都唱：“三郎少时衣不整，迷恋马球忘回宫。”这“三郎”正是李隆基的小名。所以，这场大唐与吐蕃的马球赛自然吸引了海内外的目光。

虽说是友谊比赛，但因为跟男婚女嫁联系在一起，事关娘家人的面子和公主未来的地位；何况这些年吐蕃与大唐争强斗胜，虽说已经两家联姻，化干戈为玉帛，但球场如战场，如果不能杀杀吐蕃的威风，大唐老百姓情何以堪！于是唐中宗决定派他的神策军球员应战。

在梨园马球场，两队马球运动员上场了。他们统一服饰，头戴幞巾，左手执缰绳，右手拿着偃月形球杖，马的尾巴都扎着，以防尾巴相互缠绕影响比赛。

皇家马球队对阵吐蕃使团队！一开场，吐蕃使团队便占尽场上优势，几个回合下来，吐蕃使团队始终领先。

打球就是这样，有人欢喜有人忧伤。但彼时，唐中宗和皇家子弟们显然受不了这种忧伤。但是，唐中宗以皇帝之尊，总不能亲自下场比赛吧？于是，原本作为观众看客的马球高手、临淄王李隆基就被派上了场，他与虢王世子李邕、驸马杨慎交、武延秀四人组队上场，迎战吐蕃队的 10 名球员。

这支超豪华阵容的球队上场果然不同凡响，但见李隆基"东西驱突，风回电激，所向无前"，马奔如追风，杆挥如流星，他们凭借着精湛的球技和强大的攻势，扳回比分，把吐蕃队甩在了后面。

皇家马球队夺冠的道路一度险象环生，好在地球是圆的，最后靠着李三郎的"点球大战"，他们最终赢了回来。唐中宗的脸上也由阴转晴，龙心大悦，立马"赐强明绢数百段"。

学士沈佺期还当场献诗，描述当时精彩热闹的场景：

宛转萦香骑，飘飖拂画球。

俯身迎未落，回辔逐傍流。

——《幸梨园亭观打球应制》

都说国家强则体育强、国家强则文艺昌，大唐雄视海内、歌舞升平，各项体育、文化事业蒸蒸日上，今天，就让我们跟随著名的风流天子唐玄宗李隆基，去感受一下大唐人民的文娱和体育生活——

《秦王破阵乐》对阵《霓裳羽衣舞》

导游，导游，不是说宵禁了不让活动吗？我怎么听到有歌舞的声音？

哈哈，你耳朵这么尖？我说的宵禁只是坊门禁闭、各坊隔绝，至于你在坊内活动，那是没人管你的。再说了，你以为这歌舞的声音是从哪里传出来的？兴庆宫！我们就住在兴庆宫边上，这是皇宫里在歌舞升平呢！皇宫里当然不宵禁了。看来这位客官也是个音乐发烧友、舞蹈爱好者，好吧，我就在这里跟大家说说大唐的音乐和舞蹈吧。

前面我们说了长安城里的最炫“胡风”，唐朝是个外来文化丰富多彩、兼容并蓄的朝代，音乐、舞蹈照样也是“胡风”盛行。唐朝皇室原本就有夷狄血统，天性中就有对胡乐、胡舞的亲近与喜欢，再加上胡乐胡舞大开大阖、大气磅礴，也与唐朝气度恢宏的时代气质相吻合，所以，由上及下，从宫廷到民间，大家都对各种民族风来者不拒，以至于诗人王建都发出了这样的感慨：“城头山鸡鸣角角，洛阳家家学胡乐。”

唐朝的宫廷音乐分为雅乐和燕乐两种。雅乐当然是承袭春秋以降孔夫子倡导的那种“华夏正声”了，它负有礼仪教化的作用，多在祭祀朝会的场合出现；而燕乐则是担纲宴饮、雅集等娱乐活动的使命。在唐朝的燕乐中，胡乐占了很大的比重，甚至有些喧宾夺主的味道了：有记载的煌煌大唐“十部乐”，其中八部的音乐来源地分别是天竺、高丽、龟兹、安国、疏勒、康国、高昌和西凉。

当然了，唐朝人是很有些“拿来主义”精神的，异域音乐又怎么样？我给你改个名不就行了！于是，《苏莫剌耶》改为《玉京春》、《悉耶都》改为《琼花台》、《因地利支胡歌》改为《玉关引》，这样“胡风”和“汉乐”融为一体，天衣无缝了。

唐朝人的创造力也是惊人的，他们不满足于“拿来”和“篡改”，还要自己创新与创造。著名的《秦王破阵乐》最初只是唐军的军歌。公元620年，秦王李世民打败了刘武周叛军，巩固了刚刚建立的唐政权，将士们就将军歌填入新词，为李世民唱赞歌：“受律辞元首，相将讨叛臣。咸歌破阵乐，共赏太平人。”李世民登基后，亲自将这首乐曲编成了舞蹈，再经过宫廷艺术家的加工、整理，成了一个庞大、富丽堂皇的大型乐舞，并且在原有的曲调中糅进了龟兹音乐的音调，婉转动听，高昂而极富号召力。演奏此曲时，有大型的宫廷乐队伴奏，大鼓喧响，传声百里，果然是气势雄浑、震天动地。

《秦王破阵乐》最初也用于宴享，但这么严肃的音乐、这么喧嚣的鼓乐当然与觥筹交错的酒宴气氛不相吻合，于是后来归入雅乐部，专用于祭祀，某种程度上说，它几乎成了大唐朝的“国歌”。

那么燕乐的创造工作又由谁来完成呢？别着急，自有后来人！唐朝的玄宗皇帝李隆基本人就是一个音乐天才。据说他登洛阳三乡驿，望见传说中的仙山——女几山，就来了灵感，作了一首《霓裳羽衣曲》。当然了，也有人说这个曲子其实是根据天竺的《婆罗门曲》改编的。

很多人都以为唐玄宗是为杨贵妃创作了这首《霓裳羽衣曲》，其实不然，这是李隆基为道教所作之曲，是用于在太清宫祭献老子时演奏的。唐朝的皇帝将老子奉为他们的始祖，献祭老子的曲子由皇帝亲自创作，舞曲的内容也是表现仙真在上界的生活情状。所以，它原本是应该归入雅乐部的，但后来却成了地地道道的燕乐“神曲”，这当然跟小女子杨玉环有些关系了。

唐玄宗创作了这首《霓裳羽衣曲》，自鸣很得意，开始时仅在宫廷表演。开元二十八年，杨玉环在华清池初次进见时，玄宗就亲自演奏《霓裳羽衣曲》以导引，杨玉环跟着乐曲的旋律翩翩起舞，果然是珠联璧合、妙不可言。从此，献祭太上老君的仙乐就成了人间宴饮的燕乐。

除了《秦王破阵乐》和《霓裳羽衣曲》最为著名之外，其实，唐宫里的舞乐还多得很。史料记载，唐玄宗在洛阳曾梦见凌波池中龙女请求赐曲，他就以西域胡琴创作了一首《凌波曲》。宫中的著名乐工马仙期很会拍马屁，说是宫妓谢阿蛮新学成一套舞，可配《凌波曲》。唐玄宗听了十分高兴，就在清元小殿举行表演会，让谢阿蛮演出“凌波舞”。当时为其伴奏的均为重量级高手：宁王（唐玄宗的哥哥李宪）吹玉笛，唐玄宗亲自打被称为“八音之领袖”的羯鼓，杨贵妃玉指弹琵琶，马仙期击方响，李龟年吹觱篥，张野狐弹箜篌，贺怀智拍板……而谢阿蛮也果然不负众望，在美妙的仙乐声中飘然登场，表演独舞，柔美的舞姿，轻盈的舞态，似空中浮云，又似蜻蜓点水，表现龙宫中的仙女在波涛上飘来舞去，真可谓“凌波微步袜生尘，谁见当时窈窕身”。唐玄宗看了为之大乐，善舞的杨贵妃也称赞不已，撩起自己的袖子，褪下手臂上金粟装臂环，赠给谢阿蛮作为纪念。这支乐舞后来流传民间，唐末青楼里还有人会表演此舞，引得诗人骚客追忆逝水流年，遥想开元天宝盛世，发出无限感慨。

还有一种著名的西域舞蹈“胡旋舞”，是从龟兹国引进的，号称“西域第一舞”。这种舞蹈以舞者飓风一般的旋转而得名，男女舞者皆可跳。据说安禄山虽然肥胖无比，但跳起胡旋舞来却非常灵活。这种节奏感激烈的舞蹈一改中原舞蹈舒缓的风格，在那令人眼花缭乱的旋转中，舞者的心跟着伴奏的弦音走，手指则随着鼓声的节奏走。当弦鼓合一时，舞者双袖齐举，全身像风摆杨柳一样地筛动，像雪花飘落一样婀娜多姿——但我还是想象不出安禄山会有多少婀娜多姿？

另有一种“柘枝舞”，据说诗人韦应物的女儿韦芳不幸流落风尘，在湖南长沙的“夜总会”里以跳这种舞蹈而闻名，后人有诗记载：“姑苏太守青娥女，流落长沙舞杯技。落座绣衣皆不识，可怜红脸泪双垂。”

不知从什么时候开始，长安城里又风靡跳一种“留仙舞”，这种舞蹈最先是在青楼里流行开来，跳的人飘飘欲仙，看的人如痴如醉，妓女们都以能表演这支舞蹈为荣。

“留仙舞”据说是汉时赵飞燕创制的。赵飞燕自小练得一身舞姿轻盈的高超技艺，她与南朝齐废帝萧宝卷宫中步步金莲的潘玉儿、跳霓裳羽衣舞的杨玉环一道，堪称中国古代舞蹈界的“三高”。据说她可以站在宫女手托的水晶盘上跳舞——我只看到过白老鼠在转盘上表演，怎么也想象不出一个美眉在水晶盘里舞蹈——有一次，赵飞燕身着番邦进贡的碧琼轻绡和云英紫裙，在著名的宫廷乐师冯无方吹笙伴奏下，表演歌舞《归风送远》，留给后人一个“身轻如燕”的成语。汉成帝看得如痴如醉，以手中的玉箸敲击桌上的玉瓯和着节拍。成帝兴致正浓时，忽然起了大风，赵飞燕扬袂随风飘舞，其姿态仿佛要随着风飞上天宇。成帝居然怕她真的飞升了，忙叫冯无方拉住赵飞燕，以至于把她的裙子都拽皱了。后来，这支舞就被人们叫作“留仙舞”。

唐朝人喜欢唱歌跳舞，从宫廷到民间都以载歌载舞为乐，唐太宗打败了突厥后，在宫里举行盛大的庆功宴会，宴会上他就亲自起身为太上皇李渊表演舞蹈，结果那天李渊高兴喝得酩酊大醉，而在武则天庆寿过生日时，她的一帮孙子孙女们也纷纷在朝堂上跳舞祝寿，只是他们没有想到，这位寿星奶奶日后会将屠刀举起杀向他们。

至于在民间的歌舞氛围则更加普及，“李白乘舟将欲行，忽闻岸上踏歌声”，这个“踏歌”据考证，就是男女手臂相挽、有节奏地踩踏地面，边踩踏边唱歌。这种踏歌活动在唐朝盛行一时，是大唐的集体广场舞，没有年龄限制、没有性别约束，想唱就唱，想跳就跳。而且根据李白的这首诗，我们不仅对中国广场舞的历史有了考证，也由此可知，汪伦原来竟是位蹋踏舞高手！

教坊里那些不得不说的故事

开元二年（714），风流皇帝唐玄宗“以太常礼乐之司不应典优倡杂乐，乃更置左右教坊以教俗乐”——太常司负责主流价值观的雅乐部分，左右教坊则分管通俗流行音乐和舞蹈——这是唐朝教坊的来历。

教坊就设在蓬莱宫旁边，方便皇帝随时传召，教坊的负责人叫“教坊使”，由宦官担任。左右教坊各有分工：右教坊管歌曲，下辖燕乐、清乐、西凉、高昌等十部乐曲；左教坊管舞蹈，包括剑器舞、胡旋舞等来自西域的舞种。左右教坊下面各设好几个部，就像今天的民歌组、通俗组、美声组、管乐组、弦乐组等。唐明皇技痒的时候，自己也亲自参加教坊的活动，带着一班乐工吹拉弹唱，叫杨贵妃翩翩起舞，羽衣霓裳。由于朝廷的大力推广，唐朝的教坊制度培养了一大批流行乐坛、社交舞蹈的明星，也产生了很多传奇和神话。

李清照讲过一个唐朝歌者的故事：开元、天宝间，有个叫李八郎的人，“能歌擅天下”。当时，新及第的进士都要在曲江池设宴庆贺，有一位名士便带了李八郎同去。他先让李八郎易服隐姓名，穿着破旧的衣冠，装得神情很沮丧。名士向他的朋友们介绍李八郎说是自己的表弟，众人都不太在意，自顾饮酒作乐。新科进士们照例也请了一批艺人来唱歌助兴，艺人唱罢，大家照例鼓掌称赞。这个时候，那位名士指着李八郎说：“请让我的表弟也来为大家献上一支歌。”众人看着李八郎一副落拓的样子，纷纷嘲讽起来。但当李八郎转喉发声歌一曲，却唱得众人潸然泪下。名士这才告诉大家：“此李八郎也。”

其实，唐朝的教坊里一抓一大把的歌唱演员，多的是男高音、女高音、男中音、女中音。唐明皇时，有一个叫永新的歌伎，住在宜春院内。据说春秋时期的韩娥唱歌可以余音绕梁三日不绝，韩娥死后一千多年，没有一个人的歌声可以比得过韩娥，而到了永新，便能超过韩娥。永新的歌声圆润婉转，清新亮丽，如秋高月朗。有一次，唐明皇在勤政楼前摆下酒宴带着文武百官一起欣赏笛子演奏家李谟吹曲，在下面观看的百姓有数千人之多，也算是与民同乐了。不料在吹奏的时候却引来了万众喧哗，乱糟糟一片，什么乐声都听不清楚。唐明皇发怒了，欲罢宴而去，宦官高力士给他出主意："如果能叫永新出宫来，歌上一曲，必定可以制止喧哗。"唐明皇说："不妨叫她来试一试。"高力士奉命去召来永新。永新以纱掩盖了发鬓，来到楼上，不慌不忙，卷起袖口，自弹自唱，轻歌曼声。顿时，整个广场骤然寂静下来，好像一个人也没有了。据说，嬉笑的人听到歌声，顿添勇气；忧愁的人听到歌声，苦痛断肠。在场的人，无不与永新的歌声产生了共鸣。后来，在渔阳之乱中，宫人四散，永新则被一位军士得到了。军士死后，她又与母亲一起回到长安，落入风尘。她在临死的时候对母亲说："阿母，你的摇钱树倒了。"这就是一位歌手的传奇。

经历了安史之乱的诗圣杜甫，在暮春时节的江南不期而遇地与同样已经潦倒落魄的教坊乐师李龟年重逢，诗人感慨万千地写下了这样的句子：

岐王宅里寻常见，崔九堂前几度闻。
正是江南好风景，落花时节又逢君。

李龟年兄弟当年可都是教坊的红人，据郑处诲的《明皇杂录》记载："乐工李龟年、彭年、鹤年兄弟三人皆有才学盛名，彭年善舞，鹤年、龟年能歌。尤妙制《渭川》，特承顾遇，于东都（洛阳）大起第宅，僭移之制，逾于公侯。家在东都通远里，中堂制度，甲于都下。"这三兄弟在洛阳盖的连跨数坊的大宅门，恐怕连当今最红得发紫的歌星都望尘莫及。然而，烟花散尽，只落得一地惆怅。

李龟年在皇家乐团里的角色是一名鼓手加歌手，事实上，玄宗本人也是一名优秀的鼓手，而且他喜欢的是最激昂、最狂放、最强烈的羯鼓。有一次，玄宗曾询问李龟年，你练习打鼓打断了多少根鼓槌？李龟年回答说："我已经打断了五千根鼓槌。"玄宗笑笑说："你的功夫还不到家呀！我打断的鼓槌已经装了整整三只竖柜。"过了几年，李龟年听说，玄宗存放打断鼓槌的竖柜又增加了一只。

有人可能会指责一个皇帝不务正业，把这么多时间都花在打鼓上确实有些浪费，毕竟你不是一个专业的鼓手；但作家李国文却认为唐玄宗在羯鼓上的投入、专心、不管不顾地我行我素，体现了"他在精神上的无禁忌，他在心灵上的无拘束，他的个性自由，他的特立独行，他的不达目的誓不罢休的精神"。他用他的羯鼓，敲出了唐朝的声音。

各位团友，你如果喜爱音乐，那么你来唐朝可就大有作为了！听听唐朝的声音，唐朝的文化演出市场那可是相当繁荣，只要你水平够高，说不定就有机会到皇帝身边去混口饭吃哦。

公孙大娘引领群众文艺高潮

就对声色犬马的爱好来说，杜甫先生恐怕算不上一个文艺爱好者，但他却是那个时代最好的一名“文娱记者”，他用他的诗歌记录了很多文艺工作者的事迹，除了上述李龟年的故事，最著名的是一篇《观公孙大娘弟子舞剑器行》。

杜甫在夔府别驾元持家里观看了李十二娘跳的剑器舞，得知李十二娘曾经师从公孙大娘，诗人触景生情、抚今思昔，想起自己童年时观看公孙大娘剑舞之故事，见剑器而伤往事，抚事慷慨，大有时序不同、人事蹉跎之感。

昔有佳人公孙氏，一舞剑器动四方。
观者如山色沮丧，天地为之久低昂。
霍如羿射九日落，矫如群帝骖龙翔。
来如雷霆收震怒，罢如江海凝清光。
绛唇珠袖两寂寞，晚有弟子传芬芳。
临颍美人在白帝，妙舞此曲神扬扬。
与余问答既有以，感时抚事增惋伤。
先帝侍女八千人，公孙剑器初第一。

五十年间似反掌，风尘倾动昏王室。
梨园弟子散如烟，女乐余姿映寒日。
金粟堆前木已拱，瞿塘石城草萧瑟。
玳筵急管曲复终，乐极哀来月东出。
老夫不知其所往，足茧荒山转愁疾。

“先帝侍女八千人，公孙剑器初第一”，从这一句上可以看出公孙大娘的剑舞也是属于宫廷舞蹈的一种。据《乐府杂录》记载，唐朝的舞蹈大致可分为五种：健舞、软舞、字舞、花舞和马舞。公孙大娘的剑舞就属于健舞的一种，由于它跟全民健身有些关系，所以相当接地气，也是各种宫廷中最为民间所接受的一种表演形式。

唐朝老百姓的娱乐活动称为“百戏”，其中表演的节目应有尽有：吞火、走索、跳丸、相扑、斗鸡、寻橦、蹴鞠、拔河、舞剑……公孙大娘的宫廷剑舞很快被民间所吸收，成了群众喜闻乐见的文艺形式。

上述各种群众体育活动事实上大多延续至今，唯有“寻橦”与“跳丸”不太好理解。其实所谓寻橦，就是一个人手持或头顶着一个长竿子，另有一人或数人爬上竿去做杂技表演，至于跳丸嘛，就是快速空中抛接球表演。比今天的杂技演员更厉害的是，据说唐朝的“跳丸运动员”（姑且叫他们运动员吧）可以一次同时抛接 9 个球。

“百戏”里还有一种说唱表演艺术，叫“参军戏”。参军戏可不是叫你去参军，古时候参军叫“从军”，而古代的“参军”则是一种官职。唐朝的参军戏类似于今天的相声，由两个优人表演，一个叫参军，比较蠢笨迟钝，专门被戏弄；另一个饰演苍鹘，比较聪明伶俐，负责戏弄参军。这两个角色互相插科打诨，以滑稽搞笑为主。至于它为什么叫"参军戏"，是因为发明了这种表演形式的艺人李仙鹤被唐玄宗封为参军一职，所以就这么叫开了。

参军戏是相声的老祖宗，同时也是戏剧的老娘舅。任半塘在《唐戏弄》中就指出："实则参军戏之滑稽，寓于表演故事之中，终是戏剧。"它跟传统的说话、讲唱不同，因为它结合了表演的成分。至于这些内容哪里来？不用担心，唐朝除了有意气风雅堪称登顶中国诗史的唐诗之外，还有集八卦小道消息、玄幻灵异故事、仙侠爱情题材为一炉的"唐传奇"，它可以看作是今天小说的鼻祖，事实上，我们这本书里讲到的许多故事也都来自唐传奇，它们被整理、记录于宋代的《太平广记》这部大书里。林语堂说："唐代非特为中国诗歌之黄金时代，亦系中国短篇小说之古典时代……时人思想奔放，幻想自由，心情轻松，皆非后人可及。"那个时候的文人闲着没事，也乐于编些故事娱人兼自娱，连宰相牛僧儒都亲自操刀写小说（传奇）了。

怎么样？我们团友中有自媒体博主吗？唐人喜欢八卦故事，快写篇"传奇"来看看，写得好，说不定皇帝心血来潮，赐你一个同进士出身——科举里考过经籍、考过诗赋，考过策论、考过八股文，倒还真没考过小说、传奇呢！

第十章

唐朝职场指南：当官是门技术活

各位团友，今天来说说找工作那档事。

在唐朝什么工作待遇最好？那当然是亘古不变的考公务员、当官捧铁饭碗了。

为了给您提提神，我们先来看唐朝公务员的薪酬待遇。

唐朝官员的薪酬由三部分组成，一部分是大米，每年发一次；一部分是俸禄，每个月领一次钱和日常用品；最后一部分是国家配给的职田，当然不是叫你自己去种，你可以收租金呀！

发大米的传统由来已久，汉朝的官秩都是以这个来标明的，比如地方上的郡守是三千石的官，朝廷派出的纪检干部——刺史却只有六百石。唐朝的官比汉朝多了，标准自然就要降下来：正一品700石，正二品500石，正三品400石……到正七品80石，正八品62石，正九品57石，最小的从九品52石。一石等于60公斤，52石就是3120公斤，你们家米仓够不够大呀？这怎么拿呀？——不用担心，自然会有"有司"（有关部门）给您送上门去。为什么这么说呢？《新唐书》里有记载：李畬做监察御史时，有一次发工资，手下人把米送到家里去，他母亲在家，量了一下，发现多出了三石米。送米的人就说："这是常例，给干部发米向来装得满。"他母亲又问该给多少运费，送米的说："我们有规定，给干部送米，一向不收钱。"这个故事的结局是李畬的母亲洁身自好，让儿子把多收的三石米给退了回去，但大米有专人运送这件事也算是证实了。

官员的第二部分收入是月俸，一品官31贯钱，二品官24贯，三品官17贯……七品官4.1贯，八品官2.4贯，九品官1.9贯——怎么还有零头？这个是根据开元二十四年律令中的标准，唐朝官员的薪酬比起宋朝来简直是小儿科，但好在物价便宜，这个月薪也已经很不错了。

第三块是职田：一品官12顷，二品官10顷，三品官9顷……七品官3顷，八品官2顷50亩，九品官2顷。一顷相当于100亩，怎么样？还是分田分得大方吧！毕竟那个时候地广人稀，不过，朝廷也有规定：职田收租不得超过每年每亩6石粟——这是防止你残酷剥削农民呢！

好了，我们今天的地陪是“大历十才子”之首的钱起，欢迎钱长官，让他来给我们讲讲唐朝官场那些事——

进入官场的三条途径

要想在唐朝的官场拿到一张入场券，有三种办法供你选择：

第一种办法最舒坦，躺着也能做官，那就是你根红苗正出身好，有一个做大官的祖上。唐朝有一种对“高干子弟”的照顾政策叫荫任制度，规定三品以上大官可以荫及曾孙，五品以上荫孙，也就是说你的曾祖父这辈出过三品以上大员，或者说你的祖父是五品官，你就自然有了做官的资格。当然了，荫任是一对一的，你们家兄弟当中得推举一人，不是人人有份，一般来说都是嫡长子继承。五品官带出来的孩子就是八品，这个在唐朝全程合法，透明公开，叫作“门荫入仕”。在唐朝，门荫入仕而做到宰相的也有数十人，如褚遂良、姚崇、李吉甫、李德裕都是其中的佼佼者。

第二种办法最辛苦，上升的空间也不大，叫作“流外入仕”，也就是先从基层干起，做一个不入流的小吏。唐朝的官从九品开始，称为入流，也叫流内；不入流的吏也分九等，属于流外。在隋朝时，吏是很少能成为品级官员的，当时就有“老吏抱案死”的说法；而到了唐朝，为了稳定这些基层干部的情绪，为他们打开一条上升通道，规定成绩突出者可以破格提拔为流内的官员。于是，也有了一些“媳妇熬成婆”的故事。

甘肃灵台有一个叫牛仙客的人，早年曾为县中小吏，后为陇右营田使佐吏，就是建设兵团的干事，也还是个吏员的身份。因为工作勤奋、群众关系好，慢慢地升至洮州司马，算是“流外入仕”了。开元九年（721），他来到河西节度使帐下担任节度判官，成了王姓节度使的心腹。几年后，王节度使战死，继任的萧节度使是个甩手大掌柜，将军政事务都托付给了牛仙客。牛仙客有的是基层工作经验，脏活累活儿抢着干，并且待人热忱，很快赢得了军民的爱戴。萧节度使捡了现成功劳，回朝拜相，当然也要美言推荐牛仙客。

牛仙客将河西治理得仓库盈满、器械精劲，让唐玄宗十分满意，而玄宗又是一个重视边功的皇帝，想任命牛仙客为六部尚书。这个时候，诗人出身的首席宰相张九龄反对了："自开国以来，尚书之职只有德高望重者才可担任。牛仙客边疆小吏出身，骤然提拔到清要之位，恐怕要遗羞朝廷。"唐玄宗老大不高兴，反驳道："你嫌牛仙客家世寒微，难道你就出身名门吗？"张九龄答道："臣系岭南寒门，但臣在中枢多年，执掌文诰。牛仙客此前只是边疆小吏，目不知书，如加以重用，恐难孚众望。"朝廷到底要不要这位仙客来呢？

君相就"仙客来"的任命问题达不成一致，另一位宰相李林甫出于打击张九龄的考虑，向玄宗进言说牛仙客属于那种文化程度不高但实际工作能力强的人："只要有才识，何必满腹经纶？天子用人，有何不可？"并且说牛仙客乃是宰相之才，张九龄书生，不识大体。

有了李林甫的支持，唐玄宗终于将牛仙客调到中央，很快也让他拜相入阁了。牛仙客就成了唐朝由小吏而至宰相的励志传奇。不过，他当了宰相后基本上是李林甫后头的跟屁虫，没什么看头了。

至少在唐朝的前期，官和吏的身份还是有着很大的差别，流外吏出身的人不被人们看好。开元年间，进士薛据向吏部提出要去当万年县的录事参军，引起在京流外吏的强烈不满，他们集体到宰相那里去请愿，说京兆的录事参军本是我们这些人盼望的美差，现在进士出身的人都来跟我们抢饭碗，如果让他们占据了，那我们简直就是前途渺茫了——万年县的录事参军是从九品，属于流内最低级别的官，这种职务尚且引起流外吏这么大的重视，可见他们的升迁之难。

好了，说完了第二种当官途径，其实第三种也已经告诉你了，那就是科举的进士出身。科举制度由隋炀帝创立，说起来，可能完全是因为隋炀帝雅好文学的个人禀赋，其目的在于用非常之法选取文学之士。唐朝一开始也是将科举入仕作为门荫入仕的一种补充，但这种公平考试的办法却改变了社会观念和社会风气，人们把从前对高门大族的崇拜转而敬献给在科举场中一试成名的进士们，由进士入仕也逐渐成为做官的正道。机会多、晋升快、前途无限，一般人都对你高看一眼——只要你考上进士。

三百六十行，行行都不出状元，只有科举的进士考试才能出状元！

那么，怎么去考进士呢？

科举攻略：唐朝怎样考进士？

各位团友准备好了吗？今天带大家去考个进士玩玩。鱼跃龙门，咱们也去那龙门口走走！哦，对了，女团友请自觉换上男装，女扮男装，大唐朝再开放也还没有开女科科举，武则天的时候也没有。

好了，我们先来讲一下唐朝的科举规则。

在唐朝，读书人参加科举有两种途径：无论你是在中央还是地方的官办学校读书，只要够优秀就可以被推荐来京师应试，这一类考生称“生徒”；你如果是读私塾或者自学成才的，可以向县里报名，先经过县考，中试后再经过州考，再由州提名推荐到中央，这一类考生叫“乡举”。无论是生徒还是乡举，一到京城长安都被人尊称为“乡贡进士”。但乡贡进士还不是进士，只是由本乡贡献给朝廷取得参加进士考试的资格而已。

乡贡进士们从各地赶赴长安，参加礼部主持的考试，考上的称“及第”就成了进士，意即取得了做官的资格；考不上的叫“落第”，仍然只是一个乡贡。礼部属于尚书省，所以礼部主持的进士考试又称“省试”，省试一般都在正月，二月放榜，四月将新科进士名单送吏部，由吏部再进行考试以决定授官。所以说，在唐朝，参加礼部的考试考上进士还只是取得了做官资格；要想真正做官，还得再参加吏部的考试。

唐朝的科举制度要求举子们在参加礼部的考试前，将平日所做的诗文投献给主司考官及权臣名宿以做参考，称为“省卷”。这样的做法看起来似乎是不唯分数论而重平时的素质教育，但其实却滋长了奔走请托、钻营援引的风气。而且唐代的进士考试开始时是不糊名的，因此定榜时并不完全根据试卷成绩，推荐人和主考官之间的协商几乎是公开的。

崔郾侍郎受命去洛阳担任主考官，尚书、中书、门下三省的大官们都到长乐传舍设宴为他饯行。太学博士吴武陵也骑了头病歪歪的毛驴赶来。吴老先生道德学问知名于朝，崔侍郎见状离席去跟他交谈。果然，吴博士拿出一篇《阿房宫赋》，向他推荐举子杜牧，说杜牧有王佐之才，要求授予杜牧第一名状元。崔侍郎为难地说：“已有人。”吴博士退一步说：“不然的话，取他第三名吧。”崔侍郎说也已有人了，吴武陵又说：“第五人。”崔郾还来不及回答，老头子已经不耐烦了：“不这样的话，你把那篇赋还给我吧。”——意思是事情不用再商量了！

更有甚者，考试被作为主考官的私人“买卖”。苏州人翁彦枢来京城应进士举。有一个老僧人跟翁彦枢是同乡。这个老僧经常出入宰相裴垍家，裴垍因为他年迈优待他，虽中门内亦不禁其出入。老僧就坐在裴垍府里手持念珠，闭目诵经。这一年，刚好是裴垍主持科考，他的两个儿子裴勋、裴质每天在私宅里秘密商议进士定榜的事。老僧都听在耳里，二位裴公子商议得太热烈，竟然对老僧一点儿都不防备，他们所商定的名次以及录取谁、不录取谁的情况，老僧都熟谙在心。有一天，翁彦枢去庙里访问老僧，老僧问他考不考得中，彦枢说没有把握，老僧又问：“你如果要一举成功须考第几名？”彦枢以为他在跟自己开玩笑，说随口说了个“第八名足矣！”

那天老僧又到了宰相府，两位裴公子还在召开“地下组织部”会议，老僧突然睁开眼睛，严厉地责问他们：“究竟是侍郎主持科举呢，还是你们两位郎君主持科举？科举是国家重事，朝廷委派给侍郎，难道是让你们这样内定的吗？而且你们内定的不过是权豪子弟，未尝有一个平民中有真才实学的人，郎君这样做可以吗？”两位裴公子被他说得心里发毛，便问他想要什么，又拿出金帛来收买他。老僧说：“贫僧老矣，何用金帛为？有乡里同乡翁彦枢，只要让他及第就可以了！”两位裴公子一口答应，老僧又抓紧补充一句："非第八名不可！"

你看看，就是这副样子，所以唐朝的科举跟后世宋朝的科举是没法比的，宋朝改良后要公平公正得多了。

每年来长安参加科举考试的乡贡进士有几千人，而进士及第的只有二三十人，要想鱼跃龙门，难度可想而知，所以在唐朝的科场有一句名言叫"五十少进士，三十老明经"，意思是50岁考上进士已经算很年轻了，30岁考上明经科却已经显得老了。

等等，等等！有团友问了：我们不是来考"进士"的吗？怎么又搞出个"明经"来？明经是啥玩意儿？其实，唐朝的科举称为"八科取士"，如果把"进士"科看作是综合性大学的录取考试，那么"明经"就相当于专科学校的考试。"明经"的意义是明白经义，也就是儒家的经书读得熟；其他，还有"明算"，也就是你的算术特别好；"明法"，也就是你对法律法规特别有研究……专科的考试，一共有八大类考试，所以叫"八科取士"。这当中也就报考"进士"和"明经"的人最多，不过，就像今天的人看重985、双一流，唐朝人也特看重进士。

"明经"和"进士"的考试都分三场。

唐朝规定，通晓儒家的三部经籍者方能称"明经"，所以，明经的三场考试分别是不同经籍的考试，比如今天考《易经》、明天考《书经》、后天考《礼经》，一共有十三部经供考生选择准备，你可以任选三部。考试以填充题为主，抽掉经籍里的几处字句，让你填充，称"帖试"；问答题叫"经问大义"，也就是概括简述经籍的中心思想。反正这类考试都是以记诵为主，死记硬背总还是比较容易，而且“明经”的录取比例也相对较高，十之一二，较之“进士”的百之一二已经算是大大地“扩招”了。

进士的三场考试，第一场也是考经义，唐例进士只需精一经，所以，你只需在十三经中选择攻读一部经籍去投考即可；第二场、第三场考诗赋，称为“杂文”，虽说杂文但却是考试的重点，因为进士科考的是考生的才华，而经义是无法体现才华的，只有在诗赋上一较高下才显得出成色来。诗赋的考试当然也是“规定动作”，一篇赋里必须用八个韵，诗则限作五言六韵。题目或用古事，或用时事，或用三字四字的成语。

现在，让我们去看一场现场的考试——

天宝九年，吴兴（今浙江湖州）举子钱起住在京口（今江苏镇江）旅馆中，一个月夜，听得有人在院子里吟诗，走来走去吟着两句：“曲终人不见，江上数峰青。”钱起走出院子去看，没见到人，觉得很奇怪，但这两句诗却被他记住了。

第二年，钱起到长安参加礼部考试。这一年的省试试题是《湘灵鼓瑟》，这是选自屈原《远游》篇中的句子，也是一个典故：相传上古时尧帝有两个女儿娥皇、女英，都嫁给了舜帝做妃子。舜帝南巡死于苍梧，二妃不久也因悲伤而死于湘江之滨。她们死后成为湘水之神，故称“湘灵”。湘灵常常在月夜弹琴鼓瑟，声调悲凉。钱起拿到这个题目后，猛然就想到了那天院子里听到的这两句诗，于是他就用这两句做了结尾。主试官看了钱起的试卷，非常赞赏这个结尾，以为就这一联使全诗生动得有余味可寻，这个结尾“必有神助”，于是就以很高的名次录取了他，而钱起的这首诗也成为唐朝三百年间省试诗中的著名作品：

善鼓云和瑟，常闻帝子灵。
冯夷空自舞，楚客不堪听。
苦调凄金石，清音入杳冥。
苍梧来怨慕，白芷动芳馨。
流水传潇浦，悲风过洞庭。
曲终人不见，江上数峰青。

当然了，钱起虽然进士及第，但及第只是个出身，出身后要入仕途还要经过一次铨叙。铨叙考试由吏部主持，叫作“释褐试”。释褐的名字也就意味着通过这次考试就可以脱下褐衣穿官服了。释褐试考的是四方面：身、言、书、判。

身，就是看你长得怎么样，要“礼貌丰伟”，不能獐头鼠目。据说捉鬼的钟馗当年就是唐玄宗时的一名进士，参加释褐试时因其尊容太过粗犷而被刷了下来，钟进士愤而自刎，阎罗王同情他的遭遇，就让他拿着那把宝剑到处捉鬼玩；

言，就是你的谈吐如何，讲究的是“言辞辨正”；

书，就是书法了，你得写一笔好看的字，做到“楷法遒美”，不能都跟狗爬似的；

判，讲究的是“文理优长”，其实也就是你得有较强的逻辑能力和处理事物的能力。

经释褐试考试合格，你才能被正式授予官职。进士及第后未能通过释褐试的可不止钟馗一个人，一代大文豪韩愈科举及第后，三试吏部不中，十年犹布衣，更有甚者，有许多进士二十年不获禄。不过，我们今天的主角钱起进士很幸运，一举通过了释褐试的考试，被授予校书郎的职务。这个职务当然只是个九品的小官，但对于进士出身的官员来说却是一个很好的起步，白居易等人都是从这个职务开始他们的仕途。

说到这里，有团友要问：既然进士考试是以考诗赋才华为主，那李白、杜甫为什么不去考？我刚才不是说了嘛，“文起八代之衰”的大文豪韩愈还通不过释褐试的考试，所以才华这个东西是没有客观标准的，某种程度上说还得靠运气，杜甫不是没去考进士，而是考不中，几次都落第了；至于李白嘛，他似乎连考试的资格都没有，他的家庭出身是商人，甚至有可能是获罪籍没的罪人，否则怎么会跑到碎叶去呢？这样的出身不符合“良家子”的条件，考进士甚至连当兵都是不行的！不过，李白有自己的打算——

李白仕途之浪漫主义狂想曲

李白初次来到长安是开元十八年（730），这一年，他刚好30岁。

与各地来长安赴礼部试的举子不同，他从来没想过要参加这个考试。一方面，他的出身成分不符合要求；另一方面，作为才华奔放、自视甚高的大诗人，他也不屑于按部就班地参加这样的考试。事实上，真要李白去考，他也未必考得上，因为李白的诗赋大胆地摆脱了一切古典的束缚，他写得最好的诗也是那些不拘一格、纵横错落的歌行体，比如《将进酒》《蜀道难》等，这也是我们今天喜欢读李白诗的原因，但如果让他去按照考试标准做“五言六韵”的省试诗，那就好比给千里马套上了一副缰绳，野马被羁，他能俯首就范？

好在成功的路不止一条，还有别的路可走！

唐朝的科举取士除了参加礼部试、释褐试这样的正规途径之外，还有一种特殊的形式叫“制举”。这种形式其实是沿袭了更古老的用人办法，对于国家的非常之才，由天子诏征，亲自授官，以示礼贤下士。在李白的心目中，这才是他扬眉吐气的理想模式。他到长安来，就是实现这一理想的。

由于前些年娶了故宰相许圉师的孙女，又跟一些地方长官建立了良好的关系，李白到长安后得以谒见当朝宰相张说，并结识了张说的儿子、驸马张垍。张垍一开始对李白很好，又替他引见了玄宗的妹妹玉真公主。这期间，他还结识了贺知章等朝廷大臣。唐代的科举制度要求举子们在参加礼部的考试前，将平日所做的诗文投献给主司考官及权臣名宿以作为参考，谓之“省卷”“行卷”，李白虽然不参加科举，但也积极地投献诗文，以期得到援引。

贺知章读了他的诗后就对他推崇有加，直呼他是天上的

“谪仙人”。

有了这样的社会关系，看来，被天子征诏的大门已经打开。

然而，他还是蹉跎了很多年，期间他曾经穷愁潦倒于长安，自暴自弃，与长安的市井之徒交往，并开始四处奔波。一直到天宝元年（742），由于玉真公主和贺知章的交口称赞，唐玄宗终于召见了还是平民布衣之身的李白，并且留他在宫里做了一名翰林供奉。据说，李白进宫朝见那天，玄宗亲自降辇步迎，“以七宝床赐食于前，亲手调羹”，可谓是恩宠有加。

“翰林供奉”只是所谓的“文学侍从之臣”，当玄宗和杨贵妃赏花饮酒作乐的时候，找他来做几首新诗谱入歌曲，这就是翰林供奉的职务。从某种意义上说，它只是一个荣誉职称而并不是一个官职，然而，就像孙悟空刚到天庭做了个“弼马温”还挺起劲儿一样，李白刚做翰林供奉那会儿也骄傲得很。他有好些诗自画了他当时的得意情形：“归来入咸阳，谈笑皆王公”“王公大人借颜色，金章紫绶来相趋”，就是说王公宰相都来跟他交朋友了；“昔在长安醉花柳，五侯七贵同杯酒”，就是说和他饮宴的都是些王公贵人；“当时笑我微贱者，却来请谒为交欢”，意思是那些从前看不起我的人，都来巴结我了。

施蛰存先生在评价李白时说：“他只是一个才气过人的诗人，能摆脱传统创作流利奔放的诗篇。至于对人生的态度，他和当时一般文人并没有多大不同。”正是因为他的这种骄傲态度，让他得罪了不少人，包括曾经帮助过他的驸马张垍和玉真公主。

当然了，玄宗对李白的诗才还是十分欣赏的，应该说翰林供奉虽然不是什么官但却已经无限接近权力的巅峰，因为只要皇帝一句话，任何“加衔”都是分分钟的事。但在玄宗的朝廷里，至少有两个人是看不起李白的。

一个是唐玄宗最亲信的宦官高力士。高力士并不是一个邪恶的人，他对玄宗、对大唐事业都忠心耿耿，他的出身也不低，曾祖父、祖父和父亲都是地方大员，只是因为牵扯到权力斗争才使得他在很小的时候就以犯官家属的身份净身入宫。高力士在玄宗身边久了，对各种削尖脑袋求官往上爬的人也看得多了，他把出身布衣的李白也看成了这类人。他觉得李白写诗谱曲、歌舞升平的才能对君王的治国之道没有什么帮助。从希望唐玄宗不要沉溺于娱乐而要做一个圣明天子的角度出发，高力士本能地反感李白。更何况，李白的傲慢性格使他对高力士也缺乏必要的尊重。至于让高力士脱靴、磨墨之类，恐怕更多的是民间传说。他们两人应该说是互相误解，而误解了李白的高力士也确实在玄宗和杨贵妃的面前做了一番诋毁和挑拨的“工作”。最明显的是李白在一首诗里把杨贵妃比作汉朝的赵飞燕，如果仅从美貌以及受君王的恩宠而言，这本是一个很好的比喻，问题是赵飞燕却是一个淫惑后宫并且下场凄惨的角色，当高力士将这一层说法挑明后，原本还很高兴的杨贵妃自然就要恼怒李白了。

另一个看不起李白的是大诗人王维。关于这两位天才大诗人的关系其实是一个很好的研究课题，可惜一直以来鲜有人涉足。王维的名声在盛唐时期比李白、杜甫要响亮得多，成名也早得多。李白是在天宝年间应召入宫，暴得大名，在较早一些的开元年间，最著名的诗人却是王维。李白当了翰林供奉，出入玄宗的宫中，王维当时担任右拾遗的官职。这两个职务都是皇帝身边的近随亲侍，他们应该有不少的机会交集，但令人惊讶的是，在李白和王维的诗集中却没有一首提到过对方，更不用说一般文人之间的唱和酬答了。你要说是王维对李白后来居上的嫉妒，估计也有这方面的因素，更主要的原因是出身名门贵族的王维看不起平民庶族出身的李白。唐朝的社会从本质上说还是一个贵族社会，王维出身显赫的河东王氏，自己又是状元及第踏入仕途的，他的弟弟王缙后来甚至做到了宰相；而李白，他的身世就是一个“浪漫主义的故事”，他说自己是李唐皇族的远支旁系，没有任何证据且得不到认可；他说自己出生在遥远的碎叶，恐怕也只是为了替自己增添一份神秘的色彩——“浪漫主义”从某种意义上说也就是信口开河。所以，王维对李白是不屑的，但也没有任何王维对李白不利的记载，这是王维的清高。从人品而言，李白与王维都是志高行洁的人，但是两个人却互相漠视对方的存在：并不是两个好人就一定会成为朋友，他们两人就像两条平行线。

现代心理学对自卑人格的分析证明，有时候人的自卑心理会以一种超乎寻常的自大和自尊来表现。李白的性格其实是受不得一点儿挫折的，在宫廷中遭遇的种种不快，让他的自傲与自大无可抑制地膨胀起来，他开始抱怨玄宗对他不够重视，抱怨这份工作只是一个锦上添花的应景，抱怨自己的怀才不遇。这个时候，在他的诗里已经没有了刚开始的那份得意劲儿，转而显得牢骚满腹了。

李白确实是个自视甚高的人，在他的心目中有一个榜样，那就是东晋的著名宰相谢安。他的很多诗里都表达了对谢安的羡慕之情，他认为自己也是一个可以让大唐走向更大辉煌的宰相之才，而唐玄宗却只把他看成一个文学之臣，这让他愤愤不平。令人奇怪的是，从四川出来的李白对三国时期的诸葛亮似乎并没有太大的仰慕，这里面只能有一种解释，那就是诸葛亮严谨的性格和作风不符合他浪漫主义的想象。相比之下，谢安一生追求精神自由与物欲享受，人称“风流宰相”，他隐居上虞时，在东山养妓，每次出行必有家妓相从，私生活一塌糊涂——这让李白羡慕得不得了，好几次在诗里提到这个典故：“安石东山三十春，傲然携妓出风尘”“谢公自有东山妓，金屏笑坐如花人”“谢公正要东山妓，携手林泉处处行”“携妓东山去，春光半道催”——“携妓东山”成了李白多次讴歌的题材。从心底里，他既希望自己能够像谢安那样建功立业，又希望自己的生活也像谢安那样浪漫多姿。

然而，我们的天才诗人终究是一厢情愿了。很快，他与玄宗的蜜月期宣告结束。天宝二年，在杨贵妃、高力士等人的唆使下，玄宗宣布将李白“赐金放还”。李白对于仕途的浪漫主义狂想，也就到此结束。

但一个不甘于平凡的人，还是让自己的光芒放射得最高、最亮，李白还是伟大的！

宰相有个委员会

我们说李白自视颇高，认为自己有宰辅之才，那么在唐朝做官，要怎么样才做到宰相的高官呢？

今天的人总以为宰相应当是一品高官了，其实唐朝的一品、二品基本都是虚衔或荣誉官衔，做到三品官就是真正的宰相了。当然了，像钱起那样起步一般都是九品的校书郎，要从九品熬到三品也是不容易的。

唐朝的官制沿袭了隋朝的三省六部制。所谓三省，就是尚书省、中书省、门下省；六部是指尚书省下辖的礼部、吏部、兵部、户部、刑部、工部。三省的长官都是理所当然的宰相，有时皇帝还会将其他官员“加衔”为宰相，所以，你不一定要按部就班地爬到三品，即使只是个四品、五品的小官，只要皇帝一句话，也可以让你“加衔”做宰相，那时候有个专门的称呼叫“同中书门下平章事”，平章是办理的意思，等同于中书、门下的长官一样办理事务，那就是宰相的意思了。

就这样，唐朝的宰相其实已经不是一个人，而是有一帮人，这一帮人构成了一个宰相委员会。那么，这个宰相委员会具体又是怎么运作的呢？

中书省、门下省都在宫内办公，算是皇帝的近侍，称为“北衙”。

朝廷的政令都由中书省发出。所谓中书重点就在于“书”，所有政令的草拟都归中书省。中书省的正副长官中书令、中书侍郎当然不用亲自执笔，部门里有一批五、六品的中书舍人专门负责拟稿。同样一件事由诸位中书舍人各自拟撰，称为“五花判事”，然后由中书令或中书侍郎在众多的稿子中选定一稿，补充润色，作为正式文件，送呈皇帝。皇帝看过后，画上一个“敕”字，就成了皇帝的敕令下达到门下省。

门下门下，重在把门。门下省的主官侍中及副长官侍郎接获诏书敕令，要加以复核审查。他们部门内也有一批五、六品小官叫“给事中”，专门对诏书敕令提出意见，如果门下省的把关人反对此项诏书，即将原诏书批注送还，称为“涂归”，也叫“封驳”“驳还”。只有被门下省通过的诏书敕令，才能送到尚书省去付诸执行。

尚书省不在宫中办公，六部衙门均设在宫廷南门外，称“南衙”。南衙其实是一个行政执行机构了。尚书省的长官是正二品的尚书令，但因为李世民在当皇帝前曾经担任过这个职务，“臣下避不敢居其职”，后来，唐朝就把尚书令这个职务永久空缺了，实际负责尚书省的是两位从二品的副职，即左、右仆射。

以三省长官为主体构成的宰相委会员要讨论问题，召开联席会议的地点就定在中书省的政事堂举行。

皇帝的敕命，一定要经过政事堂，也即宰相们集体开会讨论，才能真正算是政府的命令。政事堂对皇帝有副署权，凡属皇帝命令，在“敕”字之下须加盖“中书门下之印”，表示政事堂会议通过，然后再送尚书省执行。未加盖“中书门下之印”，而由皇帝直接发出的命令，在当时被认为是违法的，不能被下面的各级机关所承认。没有宰相们的同意，从理论上讲，皇帝连任免一个官员都不可以。

但到了唐中宗时，韦后及太平、安乐、长宁等公主贪赃受贿大肆卖官鬻爵，不管是屠夫酒肆之徒，还是奴婢之流，只要向这些人送上 30 万钱，就能绕开组织部门的考察，直接得到由皇帝亲笔敕书任命的官位。唐中宗对付不过来，又不能不搞定这几个女人，只得不经两省而径自封拜官职。但他知道祖宗成制，毕竟心中露怯，自己也觉得难为情，所以他把这类装置封官诏敕的封袋，不敢照常式封发，任命状改用斜封，所书的“敕”字也不敢用朱笔，而改用墨笔，当时称为“斜封墨敕”，意即此项命令没有经过中书门下两省讨论通过，而要请下行机关给个面子马虎承认。他这般封出去的官，也就被人轻蔑地称为“斜封官”。在组织部门工作的吏部员外郎李朝隐是个硬汉子，前后阻止了 1400 多名“斜封官”的任命，而不是李朝隐经手、没能阻止的“斜封官”数量更可见有多大了。史书上记载，说这些斜封官“内外盈溢，竟至无听事以居”——办公的地方都不够了，当时号称为“三无坐处”，意即多得都没地方坐了。

唐制，皇帝接受文武百官朝见后，如没有特殊的事情，通常很快就散朝了。散朝后，皇帝另和宰相们从容讨论军国大事，这时候旁人不得参加，而唯独门下省的谏官们例外。像杜甫曾经做的左拾遗，就是这样的职务。这些谏官品秩只有六品、七品，他们常得随从宰相参加列席，有些宰相不便同皇帝直接讲的话，甚至可让这些小官从口里讲出来。他们讲得对，固然好；讲错了，也无妨大体。因为他们的名义是谏官，本来就是要他们开口讲话的。

对于谏官来说，讲得对皇帝胃口，皇帝对你留下好印象，几回下来就会升你的官，甚至给你“加衔”，让你正式加入“宰相俱乐部”；而讲得不对皇帝的脾性，虽然不至于像后世明朝那样当场被打板子打死，但被逐出朝廷还是有可能的，左拾遗杜甫先生就因为上疏替打了败仗的宰相房琯求情而被唐肃宗贬为华州司州参军。

宰相委员会的设置使得宰相成了一种集体领导，朝中有一群宰相在管事。单个的宰相就再也不能篡权夺国，皇帝再也不用担心朝中出曹操了。因为这个委员会没有额定的编制，皇帝可以随意“加衔”任命，所以，它有时又未免有些笑话。武则天时期的宰相人数可谓历代空前，据《唐会要》所言，则天一朝竟有宰相78人之多，宰相与宰相之间互相都不认识了。然而武则天又精力过剩，喜欢大权独揽，她甚至连一个太学生的请假条都要自己亲自批。天授年间（690—692），有个叫王循的太学生上了一道奏章，内容是请假回乡。武则天批准了，宰相狄仁杰就上书抗议：太学生请假，按程序只是国子监丞、主簿就有权决定的，劳不着天子亲阅亲批，女皇这是侵犯了有司的职权。

唐朝的时候对宰相颇为尊崇，宰相的待遇也很高。宰相上朝，有专用的道路以沙铺地称为“沙堤”。参加朝廷大典时，高级官员都用全副仪仗，提前打着火把至宫城外等候，火炬成列称为“火城”。宰相的火城未到，清道声先至，其他官员要闻声扑灭自己的火城，以示不敢与宰相争辉。宰相病休或家中有丧事，有关部门先行在宰相家外搭置临时幕棚，供百官慰问宰相时在此排班等候。官员拜会宰相，由宰相属官引进，望阶而拜，宰相如不想对此官特别优待，只需端坐受礼。降阶而迎，就是宰相很看重客人的表示了。做过宰相的人去世，当其下葬之日，朝廷要为之辍朝一日。总之，在唐朝做一名宰相还是很荣耀的，怪不得我们的大诗人李白也一心想过把瘾了。

李林甫的内卷经：把自己“卷”死，让别人无处可“卷”

李白先生终于没能过上宰相的瘾，而另一位李先生则过足了宰相的瘾。

李林甫的拜相可以说是唐朝由盛转衰的一个转折。此人是唐朝皇室的后裔，他父亲李思诲官职不高，伯父李思训却是高宗时很有名气的画家。李林甫初为下层的禁卫军官“千牛直长”（不要望文生义，他可不是管一千头牛哦），后身居相位 19 年之久。他官运亨通，久居要职，与他善于玩弄政治权术和阴谋诡计是分不开的。李林甫为人阴险、狡猾、毒辣，却装得厚道、和善，口上甜言蜜语，巧言令色，暗中却陷害异己，不择手段，时人说他是"口蜜腹剑"。综观整个唐朝官场，李林甫可以称上是"内卷王"。

当初，首辅、中书令张九龄曾谏阻玄宗任命李林甫为相，李林甫为相后，视张九龄为眼中钉。这时的唐玄宗开始追求豪奢享受，与中书令张九龄、侍中裴耀卿等正直的宰相矛盾日渐暴露，而作为黄门侍郎、礼部尚书、同中书门下三品的李林甫一面讨好玄宗，一面寻觅事端，打击排挤张、裴二相。玄宗宠爱的武惠妃为使其子能登上太子之位，开始谋害太子，上奏诬告太子谋害其母子并对圣上不尊。玄宗偏听偏信，十分愤怒，欲废太子。张九龄坚决反对。李林甫当面一声不响，等到玄宗私下征询他意见时，他不以为然地说："此系皇帝家事，何必与外人商量！"意思是张九龄根本就是多管闲事。他这么一句话既表示赞同废黜太子，又影射攻击了张九龄，以致玄宗对张九龄更加不满。

李林甫对行政规章、官场人事、办事程序比较熟稔，但他不好读书，做了宰相之后还因写错别字而制造千古笑柄。当时贺人生子，习惯用"弄璋之喜"四字，李林甫却把"璋"字给写错了，顿时传为笑谈，被人讥为"不学无术"。

不学是不学，不过，无术倒未必，事实上李林甫的权术几乎可称"前无古人，后无来者"。他知道玄宗宠信宦官高力士，而高力士过去曾受过武三思的恩惠，因此对武三思的女儿极为照顾。李林甫千方百计爬上了武三思女儿的床，由此建立起与高力士的关系。根据高力士透露的信息，李林甫处理的章奏都甚合玄宗的意图。玄宗对他的信任感日增。后来，只有他送的审件才能被皇帝批准，别的宰相不得不让他长期“执政事笔”。轮执变成了独执，他就成了第一宰相。后来，唐玄宗果然革了张九龄的职，让李林甫顶替首辅的职位。

当了首辅后，有一天，李林甫把中书、门下的谏官们都召集起来，带到皇家御马监去看马。他阴阳怪气地说：“你们没看见皇宫仪仗队的那些马吗？它们吃的是三品官才得使用的草料，待遇很高，可一旦在仪式典礼中有哪匹马嘶叫一声，就立刻被淘汰。那时候，后悔都来不及了！”谏官们自然明白此话的意思，谁还敢说三道四？此事也足见李林甫精于识人御人之术，能够敏锐察觉他人的想法，迅速找到其命门所在，给予毫不留情的打击或者巧妙的控制。

李林甫奉承玄宗，助长玄宗的骄恣之心，可是在表达意见时却决不做出小心畏惧的样子，而是以堂皇的理由——严正的态度声明必须如此，就好像今天的人说：“领导，你一定要注意身体！”而皇帝就好像是被他说服的，也正好顺水推舟。可以说，他为后世官场中人如何做到“大诈若直”“大奸若忠”提供了一个活样板。

玄宗驾驭臣下喜欢“结以恩赏”，李林甫很会利用这一点抬高自己。玄宗吃饭时，吃到好的菜肴就会说“赐给林甫”。宦官们从高力士开始都受过李林甫的好处，一得玄宗的旨令，立刻大张旗鼓地送至李林甫的府第。外地进贡的珍果佳肴，玄宗也经常分赐李林甫。宦官和李林甫的家人每次都把场面搞得很大，李林甫自己也每次都不忘上谢恩表。朝中大臣看他圣眷日隆，也就没有人敢在玄宗面前批评李林甫了。

李林甫最关心的是自己的地位不要被其他人取代，所以，他对玄宗任用的其他宰相总是处处设防，时时设陷阱。与李林甫同为宰相的李适之，也就是杜甫“饮中八仙”诗中的一个，很有才干，又是唐太宗的曾孙，李林甫担心他会与自己争权，就阴谋陷害。一天，他对李适之说：听说华山有金矿，若能开采出来，朝廷就不愁钱了，可惜皇上还不知道此事。过了几天，李适之就向玄宗奏明此事，玄宗听了倒也高兴，转而去问李林甫。李林甫却说早已知道此事，但考虑到华山乃皇家气脉所系之地，在那里开金矿恐怕会伤了王气，动了根基，金子再多也不能开采。听李林甫这么一说，玄宗很为他的大局意识感动，同时认为李适之对自己不忠，呵责他道：“你为臣不识大体，今后奏事，先与林甫商量，不许轻率乱说！”——宰相做到被皇帝呵责这种程度当然是做不下去了，李适之只好乖乖地主动辞相，被贬到偏远地区去当了个七品芝麻的县令。李林甫还不罢休，买凶杀人，企图追杀他，最终李适之因惧怕而服毒自杀。

不仅是对地位与自己相当的官员如此，当皇帝对某官微有好感时，李林甫就会警惕起来，设法将其赶出皇帝的视野。兵部侍郎卢绚参加玄宗亲临的宴会后骑马回家，玄宗在勤政楼上望见卢绚在马上神态从容，随口赞叹他风度可嘉。第二天，李林甫就召见卢绚的儿子，说：“皇上有意请令尊大人出任交州（今越南河内），我担心令尊大人身体不好，不能远行。如果令尊不想去，他赶快请求退休，我再从中设法，免他有远行之苦。”卢绚听了儿子的传话，立刻上表请“致仕”退休。李林甫几句话，就使一个受皇帝赏识的官员自动离开了官场。

李林甫在打击政敌时还大搞株连，力求斩草除根。大臣韦坚，其妹妹是太子李亨的妃子，夫人是李林甫的表姐妹，本来与李林甫关系还不错。但这个韦坚也是个“大拿”，善于迎合玄宗好铺张、奢华的脾气，当时传说韦坚也有了入相的希望。李林甫遂专心一意搜集韦坚的过错。终于，他得到一个情报，说河西节度使皇甫惟明与韦坚曾一起在夜晚去景龙观游玩。这本来是小事一桩，李林甫却诬告韦坚勾结边将图谋造反，最后让玄宗杀了韦坚。韦坚一案还牵连到众多官员，甚至牵连漕吏、舟夫及他们的家属、邻里。那些农夫、舟子连韦坚是人是物尚不明白，就都被抓捕入狱了，足见李林甫的斩草除根法相当酷烈。

自开元二十二年拜相以来，李林甫略施小计便搞掉了先后同朝为相的张九龄、李适之，又于开元二十五年以“潜构异谋”之罪将太子瑛、鄂王瑶、光王琚废为庶人，赐死城东驿。随之又剪除了户部尚书裴敦复、刑部尚书韦坚、陇西节度使皇甫惟明、北海太守李邕、户部侍郎杨慎矜等一干不听话的异己，朝野上下无不噤若寒蝉，哪个敢不看他的脸色？大唐设三省六部，做宰相通常是五六人到十几人不等。李林甫却让所有人都肝胆俱裂，从而树立起绝对的权威。能当宰相、敢当宰相的人越来越少，后来同朝的陈希烈只不过是在李林甫看过的奏折后面签个字的空头。

不光如此，对天下所有有才能的人来说，都是顺李林甫昌、逆李林甫亡。有一年，玄宗下诏广求天下之士，有通一艺者都可以到京师应试。应该说这是皇帝为了广收人才特开的“恩科”考试。但李林甫却令郡县严加拣试，报上来的人又让吏部严加复试，结果没有一人合格。杜甫当年就是被“刷”下来的。李林甫就向唐玄宗禀报说：“野无遗贤。”翻手之间便让多少才俊之士投告无门，而皇帝却高兴得不得了，连夸他宰相当得好，已经做到人尽其用了，没有浪费人才。

李林甫屡施淫威，自知仇人很多，害怕遭人暗算，他的住所壁垒森严，夜间要换好几处地方睡觉。

天宝十一年（752），李林甫拖着病体随玄宗赴华清池度假。此时他的身体已经不允许他离开长安，但他害怕稍离皇帝就会引来杀身之祸，不得不抱疾而往。玄宗见此也不免心酸，想到李林甫下榻的馆驿去探病。但此时玄宗左右已经都是杨国忠、杨玉环兄妹的人，大家极力劝阻皇帝不要前去。玄宗便令人将李林甫抬到降圣阁下，皇帝登阁，遥举红巾向阁下的垂死之人示意。这已是“异数”了。几天后，李林甫便一命呜呼。他的丧事还没办完，杨国忠与安禄山即联名弹劾李林甫，其罪状有决国政于私宅、勾结叛将、图危国家等。罪名虽大，却不是李林甫应有、实有之罪。但玄宗还是下令破其棺、夺其爵、抄其家、流放其子孙。

尽管如此，公正客观地说，天宝开元之盛世，也有李林甫一份功劳。李林甫是继韩非子之后真正集法家之大成者。他为相十四年，凡事勤谨，条理公务，增修纲纪，各有法度。哪怕是擢拔亲信，也维持条规章程的严肃性，不搞破坏章程的事。虽说受玄宗赏识的大官屡屡受他陷害，但是中、下级官员只要办事得力，升迁还是有可循之规，有正常的上升通道。李林甫在后世记载中多有不堪，但在唐人小说中却被视为神仙下凡，也不是没有原因。

李林甫这个人懂音律，知绘画，善于同人交谈，常令初交者感到亲切，令人觉得他涵养极好。在他治下的大唐朝引番邦属国万国来朝。另外，他也切实地做了一些除时弊、济民生的事，使得国库充盈，民负稍轻。

对于安禄山、杨国忠等跋扈权臣，李林甫能因人而异，以法治之，以术驭之，以势制之，以宰相之位总摄百官，震慑朝廷，成为朝堂不可撼动的巨石。据说安禄山这么一个凶悍狡狯的枭雄，居然对李林甫一介书生怕得要死。安禄山在范阳，每次使者从长安回来，先要问："李林甫说了什么？"使者要是说："李林甫说，安大夫要小心在意！"安禄山就扑到床上喊："啊呀，我要死啦，我要死啦！"李龟年居然知道了这一内幕，在皇家宴会上加以模仿，惟妙惟肖，让人笑疼肚子。这也算是一物降一物。可以这么说，李林甫不死，安史不敢反，而安禄山起兵造反时，也曾说："李林甫已死，我还怕谁呢？"

每况愈下，刺史做了艄公

唐朝末年，卖官鬻爵的现象越来越普遍，官员也就有些不值钱了。

南方的江陵郡有个叫郭七郎的人，家里资产丰厚，号称江陵首富。江淮到黄河之间的商人都拿着他家的货物去贸易买卖。乾符初年，有一个商人拿了一批货去京城，久无音信。郭七郎亲自去长安追踪这批货的下落。找到那个商人后，却发现货款已经被他挪用了大半，只有五六万贯钱被追了回来。郭七郎到了长安这样的花花世界，沉迷于赌博和烟花青楼。几年之后钱财挥霍大半，他开始后悔起来。

这时已经是唐朝末年，朝政多邪，卖官鬻爵公然盛行。郭七郎便拿出数百万钱，由一介平民白丁买到了横州（广西横县）刺史的官职。作为一名商贾出身的人，对于朝廷命官还是十分羡慕的，郭七郎决计回乡去整顿行装，好好过一把官瘾。

没想到正碰上王仙芝起义，江陵老家备受冲击，房屋家财像被洪水冲走一扫而空，弟妹们也都死于战乱，只有老母亲和一两个奴婢在数间茅草屋里藏身，以缝纫针线为生，苦苦地等待他的归来。

好在郭七郎随身所带的行李中还有二三千缗钱，依赖这些钱总算得以恢复元气，家境有所好转。郭七郎想想还得去横州上任，于是就雇了一条船，过长沙、入湘江，行走到永州北江的时候，他们将船系在大槠树下，到一家兜率寺去投宿。没想到，当夜风雨大作，遇上了洪水，船也沉了。郭七郎好不容易跟一个艄工一起将母亲救上岸，但其余的仆佣奴婢都四散不知去向，母亲也因受了惊吓一命呜呼。此时的郭七郎惶恐不知所措，只好到永州刺史那儿去求告。永州刺史念他是官场同僚，出资替他殡葬了母亲，并且赠送了一些盘缠给他。但问题是，郭七郎刚刚死了母亲，按照礼制他不能立即去横州上任，而是要丁忧守孝三年。于是，郭七郎就这么滞留永州了。

在永州期间，他没有收入来源，孤苦贫乏又举目无亲，早晚为温饱而发愁。好在他从小闯荡江湖，也算是大风大浪里过来的人，对于舟楫船工的营生还是十分熟悉的，于是，他就去撑篙掌舵为来往舟船打工，以换得衣食所需。永州城里的人都知道了他的故事，因为他的身份是横州刺史，刺史在唐朝被人按古制称为“使君”，因此就有人开他玩笑，称他“捉艄郭使君”。这个称呼很快便叫开了，大家都这么使唤他，而此时的“郭使君”因为风吹日晒已经变得肤色黝黑、皮老肉粗，与寻常的艄公船夫没有两样。

郭七郎出身巨富却仍想着要替自己买个官做，可见唐朝的职场中唯有做官高，但因为身逢末世，又命运多舛，这个官人实在有些背运。

当然了，背运的官人肯定不止他一个。《西游记》里讲述唐僧身世时说他的父亲本是唐帝国的一位状元，姓陈名萼，表字光蕊。陈状元奉命带着他的娇妻去江州上任当地方官，却在途中不幸被两个谋财害命的舟子杀害，其中一个贼人似乎还有些政治上的追求，霸占了状元美貌的妻子，并且冒名顶替去江州上任。类似的故事在《太平广记》里也有记载，可见当时长途跋涉的赴任之旅对于官员也是一种考验。不过，只要不是去穷山恶水的地方，大多数官员的出行还是蛮愉悦的，沿途吃住都有免费的驿站，当地的官员出于礼节还会迎接招待并且或多或少地赠送一些盘缠，吟赏风月，饱览河山，这样一路游山玩水旅游过去，想想都是蛮惬意的，只要别碰到郭七郎、陈光蕊那样的倒霉蛋。

常言道："万般皆下品，唯有读书高。"这句话虽然要到宋朝才出现，但隋唐之际，由于有了科举考试，读书人有了上升通道，自然也已经风光起来。不过，也不仅仅是读书人，唐朝社会的开放进取，还包含着其他种种的可能，所谓"成功的路儿不止一条"，请看小将薛仁贵和老诗人岑参、高适他们的传奇人生——

第十一章 到边疆去，到祖国最需要的地方去

男儿何不带吴钩，收取关山五十州。

请君暂上凌烟阁，若个书生万户侯？

“吴钩”是一种古代的名剑，据说出自春秋时期的吴国，而这种剑的特点是头部呈弯钩状，所以叫吴钩。凌烟阁是唐代旌表功臣的殿阁，贞观十七年（643），唐太宗为表彰太原首义和秦府功臣，命阎立本绘长孙无忌等二十四人画像于凌烟阁。这首诗的意思就是号召书生们投笔从戎，到边疆去，到战场上去，到祖国最需要的地方去博取功名。

写这首诗的青年叫李贺，就是我们在第一章避讳里就讲到过的，因为老爸的名字中有个“晋”字而不能考进士的那位，估计他是因为文的入仕之路被堵死了，就想着要来全武行的了。但李贺的身体素质也就当个诗人的料，他妈妈看他写诗写得很辛苦，心痛地说：“是儿欲呕出血来！”这样一副病快快的样子显然也不适合去“收取关山五十州”，所以李贺最终没有去边疆。

不过，去边疆的却大有人在！王昌龄、高适、岑参、卢纶、王翰……“大唐诗歌协会”的诗人中就有不少，以至于唐诗中还专门出现了“边塞诗”这样的新品门类。好，我们今天的地陪是著名的唐朝边塞诗人岑参，他的《白雪歌送武判官归京》是边塞诗中的神品，“忽如一夜春风来，千树万树梨花开”至今还让我们现代人朗朗上口。他现在的身份是安西节度使高仙芝高司令员的幕府掌书记，也就是私人秘书。下面请他来讲讲唐朝人当兵那些事——

哪里有战争，哪里就有军功

大唐的文科生太多，“内卷”严重，工作不好找；而另一方面，大唐的战争也太多，大大小小的战事从没有停过。哪里有战争，哪里就有军功！军功的诱惑实在是太大了。

免除赋税，一人当兵全家光荣，家里的田产地产土特产统统用不着交税；如果立下军功，还能到大城市里去当官，哪怕只是从九品下的归德执戟长，也是从一个小兵剌子摇身一变成了吃皇粮的公务员；如果军功立得再大一些，比如一不小心你那支箭正好飞过去穿中了敌将的心窝，或者你在放烟火的时候歪打正着烧着了敌人的粮草，那么你还可能被皇帝授勋赐爵。你看凌烟阁上那些功臣，难道生下来就都是贵族的种？所以，男儿从军打仗就是改变命运的最好机会，那个洋歌剧《费加罗的婚礼》里是怎么唱的？——“男子汉应该当兵，再不要一天天谈爱情……”

那么，唐朝当兵应该怎么当呢？

“东市买骏马，西市买鞍鞯，南市买辔头，北市买长鞭。”这是《木兰辞》中花木兰从军前的准备工作。花木兰是南北朝人，南北朝实行府兵制，简单点儿说就是把农民组织起来，忙时种田，闲时到兵府操练，利用农闲时间教习战阵。参加训练的可以免其租税，而国家一旦有事，则要征调府兵出发作战。征赴兵役时个人的生活所需物品以及随身武器都要服役者本人自备——真是欺负农民没文化呐！——所以，花木兰去当个兵还得自己准备马匹鞍鞯、长枪短剑等各种装备。

唐朝继续沿用南北朝时的府兵制，府兵就是基本的常备军。唐朝府兵的服役年龄是从20岁到60岁，按规定三年征一次兵。首先，你必须是一个力量型的型男，法律规定“选其少壮优秀者，编入军府”，至于少壮到什么程度、优秀到什么级别，法律没有规定，身高、体重、视力、三围等也都没有明确要求；其次，你必须根红苗正，出生于清白人家，如果你是商人的子弟或者是编入贱籍的，比如演员、戏子等，恕不接纳；第三，府兵制的原则是寓兵于民，被选当府兵是人民应尽的义务，所以，府兵不仅要自备兵器装备，连粮食都得吃自己的。你要当兵，你得缴纳得起这些钱帛、粮食。据《唐书·兵志》上说，府兵每人须备麦饭九斗、米二斗，就是将这项粮食一次性缴给公家，作为从军期间的伙食。

家族条件好、备得起马匹的，比如花木兰那样的，可以当骑兵，称“越骑”；不能骑射的，都当步兵。各地的府兵都由一名折冲都尉——类似于今天的人武部干部——负责训练，教以战阵之法。国家一旦有事，则征调府兵出发作战。征调时当然也有一定的手续，由朝廷下发军符到地方，州刺史和折冲都尉共同验明之后，立即发兵。

除了去边疆打仗，各折冲府的府兵还要轮流去京师宿卫，称为“番上”，距离长安近的府兵倒还轻松，离京师远的府兵就很麻烦很辛苦了。但也没有办法，保卫皇帝更是大唐臣民应尽的义务。

当然了，“番上”宿卫只能是保卫京师的外围，而皇帝的近卫则由左右羽林军、左右龙武军、左右神策军六支禁军部队承担，称为“六军”。白居易《长恨歌》里写的“六军不发无奈何，宛转蛾眉马前死”，说的就是这些禁军将士。

禁军的待遇当然十分优渥，越是高级的军队越要接收家庭出身好的子弟，即所谓“良家子”。比如内府卫士要从二品到五品官员的子孙里挑选，外府卫士则选自六品以下官员的子孙。平民百姓的子孙，对不起，一个不收。当然了，这样一支贵族军队看起来是够华丽、够威风的，但真的要去打仗就有些“银样镴枪头”了。唐朝末年，黄巢起义军攻到长安附近，大宦官田令孜组织三万神策军去迎敌，结果，队伍却多出一半人来。仔细一看，原来是这帮老爷兵雇了仆佣来替他们扛武器装备呢！队伍还没出城，已经是哭声一片，哪还走得动？连唐僖宗看了都觉得靠不住，还是自己脚底抹油早些逃出长安城算了。不过，太平时节，神策军、羽林军还是蛮威风的。

从农民到将军：哥只是一个传说

“来当兵吧！当兵其实并不可怕。应征入伍后你无非有两种可能：有战争或者没有战争，没有战争有啥可怕的？有战争后又有两种可能：上前线或者不上前线，不上前线有啥可怕的？上前线后又有两种可能：受伤或者不受伤，不受伤又有啥可怕的？受伤后又有两种可能：轻伤和重伤，轻伤有啥可怕的？重伤后又有两种可能：可以治好和治不好，可治好有啥可怕的？治不好更不可怕，因为你已经死了。”

这是二战期间美军的一则征兵广告，这文案写得真是绝了！据说是出自一位著名心理学家的手笔。唐朝的兵部衙门里当然没有写文案的心理学家，不过，有身边的典型事例可以鼓舞人、振奋人、激励人呀！唐朝“当兵光荣”的最好广告莫过于薛仁贵的传奇故事。

薛仁贵是河东道绛州龙门县修村人氏（今山西河津市修村），他祖上的祖上的祖上曾经当过北魏的大将军，不过，到了薛仁贵时已经家徒四壁，薛仁贵也只是个在修村修理地球的农民。这一天，他想趁着农闲把父母的坟给修理修理，老婆柳氏说：“你有这闲力气，何不去参军打仗呢？如今皇帝（唐太宗）亲征辽东，正在招募骁勇的将领，你不是有家传的武艺吗？这是个难得的机会。”薛仁贵听了励志老婆的话，就跑到军营去报名当兵了。

薛仁贵的出名是在安地一战中。

贞观十八年（644）十一月，唐太宗命平壤道行军大总管张亮、辽东道行军大总管李勣分别率水、陆两军，进攻高丽。次年二月，李世民御驾亲征，声势搞得很大。但问题是，高丽哪有那么好打。三月，在辽东安地战场上，郎将刘君邛被高丽军围困，无法突围。在此危难时刻，骑兵营的普通骑兵战士薛仁贵单枪匹马、挺身而出，直取高丽一将领人头，并将首级系于马鞍上，一路杀去。高丽军观之胆寒，吓得慑服，连忙撤军，刘君邛也因此获救。

唐军乘胜进攻安市城，高丽大将高延寿率25万守军依山驻扎，负隅顽抗。唐太宗命诸将分头出击。仁贵自恃骁勇，欲立奇功，披着白战袍，手持方天戟，腰挎双张弓，大呼冲阵，所向无敌，高丽军望之披靡。唐军大举跟进，高丽军大败，作狼奔豖突状。唐太宗望见了，问道：“这位白袍先锋是谁？”左右亲侍告诉他是薛仁贵，太宗大喜。

驻跸山大战后，高丽举国震惊，各地军民纷纷弃城而逃，数百里内绝无人烟。战后，李世民特意召见了当时还只是普通士卒的薛仁贵，赐他马二匹、绢四十匹及俘虏十人为奴，并提拔他当了游击将军、云泉府果毅。

回师后，李世民再次召见薛仁贵，动情地对他说：“我的一班开国旧将都已经老了，我一直想提拔骁勇雄健的年轻将领对付边境外事，现在我不喜得辽东，喜得虎将！”当即提拔薛仁贵为右领军中郎将，镇守宫城玄武门。

右领军中郎将在武官体系中已经是从三品的高官，而镇守玄武门，更是亲信中的亲信。从平民投军到成为皇帝亲信的高级军官，薛仁贵只花了短短的四年时间。正如著名的边塞诗人高适诗里写的：“男儿本自重横行，天子非常赐颜色。”

唐高宗即位后，薛仁贵奉命镇守边关，威名远播。他的武艺高超，箭术尤其精湛。一次，高宗设宴招待群臣，对仁贵说：“古代善射者有能穿透七层铠甲的，你试试看能不能射穿五层甲。”薛仁贵当即拉满弓，一箭射去果然将五层铁甲射穿，高宗大惊，赏了他一副好铠甲。

后来，薛仁贵又领兵在天山迎战九姓回纥的十余万军队，连发三箭射杀了他们派来挑战的先头部队的三位将领，回纥兵看得傻眼了：一箭一个，他这是把我们当靶子练呢？这还怎么玩？拉倒吧！九姓回纥见薛仁贵箭无虚发，如此神勇，纷纷下马请降，没有一姓敢跳出来当出头椽子的。凯旋时，军中歌唱道：“将军三箭定天山，战士长歌入汉关。”

薛仁贵也从此成了有唐一代军人的偶像，后世的戏曲家和民间艺人将他的故事作了充分的演绎，励志妻子柳氏被改成了王丞相的女儿王宝钏，说是王宝钏抛绣球招亲，投中了乞丐薛仁贵。王丞相嫌仁贵贫贱，不欲招他为婿，王宝钏却慧眼识人，看出薛仁贵日后必成大业，于是与父亲三击掌断绝关系，毅然脱离相府，到武家坡寒窑里跟薛仁贵过起贫贱夫妻的生活。后来，太宗亲征辽东，王宝钏鼓励仁贵去投军效力，两人挥泪告别。仁贵降服红鬃烈马，出关立功云云。戏曲的名称也有《别窑》《武家坡》《红鬃烈马》等不同的说法，但说的都是这么个故事。在有的戏里，薛仁贵还被改成了“薛平贵”。反正，薛仁贵、薛平贵，说的都是同一个人。

这位战神的传说，就这样代代相传，鼓舞着唐朝的好男儿们“奔跑吧”。

奔跑吧，跛足也是好男儿

薛仁贵武艺高超，云从龙，风从虎，到了部队当然能大显身手，可我们一般人既没有家传绝技也没有天生神力，文质彬彬的手无缚鸡之力，凭什么到军营里去捞功名呢？

其实，文武之道虽说一张一弛，可谁也不是天生就吃文饭或者干武行的，大家都是两个胳膊两条腿，你怎么知道你就当不了将军？唐朝没有那么严格的文武之分，文官与武将的身份职业可以相互转来转去。所谓不想当将军的厨子就不是好保安！其实，将军、厨子、保安就是个身份变化，大唐朝有的是机会给你各种施展的舞台，只要想当将军，即便是跛子，你也能奔跑。

天宝年间的著名将领封常清就是个跛子！

封常清是山西蒲州人，少年时期是一名贫困的孤儿，全靠外祖父教他读书识字。到了三十岁时，他还默默无闻。有一次，他看到安西四镇都知兵马使高仙芝带着三十多名侍从副官出行。高的侍从个个鲜衣怒马气宇轩昂，封常清大为感慨：男人就当雄起，又岂能老是雌伏！于是，他就投上门去，毛遂自荐，要求做高仙芝的侍从副官。但封常清的形象却长得非常差，瘦骨嶙峋，还斜眼跛脚，高仙芝嫌他丑陋，不接纳。封常清可不气馁，第二天又去了。高仙芝谢绝道："我的副官已经够了，你又何必再来？"封常清顿时怒道："我是因为仰慕你的高义，故而无人介绍自己来投，愿事效力，你为何坚决拒绝？莫非是以貌取士吗？"可高仙芝任他怎么说还是不肯接纳。于是，封常清便天天守候在辕门外，弄得高仙芝不得已，只好让他做了侍从副官。

当时，西域达奚诸部落叛唐，安西节度使派高仙芝率二千骑前去讨伐。封常清将克敌制胜的形势谋略及一路上的地形情况一条条写下，呈给高仙芝。高仙芝一看，正是自己所想的，于是对封常清刮目相看。战胜之后，还把封常清推荐给了安西节度使。从此，封常清的名字才为人所知。

后来，高仙芝自己当了安西节度使，封常清因为跟随征战有功，当上节度判官。高仙芝出兵征伐，封常清每每负责后勤供给，他有才干而且做事果断、赏罚分明，因此很得军心。后来，他的军阶也逐渐上升，先是被提拔为安西副大都护、安西四镇节度副大使，知节度事，后又担任北庭都护、持节伊西节度使兼摄御史大夫，成了与高仙芝平起平坐的一方诸侯。

大唐朝热衷于开疆拓土，东北、西北、西南各处边防线上常有战事，唐朝政府不得不派大军守卫边疆。统率这些国防军的节度使都是著名的将帅，他们除了需要鲜衣怒马的侍从副官，更需要带一批文人去掌管文书事务。

唐朝的文人也多有立功边塞、扬名域外的思想，故而文人投军十分普遍。自然他们不是去做普通士兵，动刀动枪，而是投身藩镇节度使幕下，献计献策。文人进入节度使幕府，有希望由于长官的举荐而获得一官半职，而唐朝的边庭武将也都颇喜风雅，好收留文士，同时也为自己歌功颂德。在开元、天宝年间，许多著名的诗人都被搜罗在边防节度使的幕下。这些诗人熟悉边塞风物和将士们的生活、情绪，他们用各种形式的诗歌来歌咏、表现，于是唐诗中大量出现了这一类新题材，后人把这一类诗歌称为边塞诗。岑参就是唐朝边塞诗人的代表之一，而他的经历其实也蛮励志。

岑参的情况与封常清相似。他是湖北江陵人，早年同样孤贫。唐玄宗天宝初年中了进士，取得了做官的资格，但因为朝中无人，一直得不到理想的职位，守选三年后才获了个国防部的小小参军之职。岑参想想与其在长安的衙门里混日子，还不如到边疆去建功立业，所以他曾两度参军。先是在安西节度使高仙芝幕府掌书记（类似于今天的秘书），在那里他认识了封常清，在封常清手下工作。封常清很欣赏岑参的才华，且上下级的身世相仿，故而惺惺相惜，十分投契。

天宝十三载（754），封常清受命为北庭都护、伊西节度使、瀚海军使，他便向朝廷奏请调岑参为安西北庭节度判官，驻军轮台（今新疆轮台县）。

边塞多战事，封常清身为封疆大吏经常要率师出征，岑参写过好几首送他出征的诗，《轮台歌奉送封大夫出师西征》《走马川行奉送出师西征》，都是同一时期、为同一事、赠同一人的作品。

“君不见走马川行雪海边，平沙莽莽黄入天。轮台九月风夜吼，一川碎石大如斗，随风满地石乱走……”沙漠里的大风、戈壁滩的砾石，一种军旅的生活、征战的氛围被他栩栩如生地刻画出来，让人身临其境。

当然了，边塞的生活也不仅仅是征战。这一天，岑参的同事、一位姓武的判官要离职回家了，节度使封常清置酒送行，其时正在大雪天。岑参在酒席上写下一首《白雪歌送武判官归京》：“北风卷地白草折，胡天八月即飞雪。忽如一夜春风来，千树万树梨花开……”

在如此恶劣的环境当中，心儿却向往着春天，这恐怕是唐朝那些奔赴边疆的文人们共同的心声和希望。他们当中也确实有人看到了春天、换来了春风得意的日子。与岑参齐名的另一位边塞诗人高适，也是从河西节度使哥舒翰的掌书记做起，后来就出将入相，成了大唐朝的重臣。

不过，像这样的好运气毕竟只有高适一人，文人从军真正要想建功立业还是困难的，毕竟战场上的功名需要一刀一枪去搏来，你没有薛仁贵那样的武艺和胆略，做个幕僚总归是荣辱升降皆由他人，所以，大多数文人还是壮志未酬，郁郁不得志。岑参的诗里虽然充满了三军将士慷慨赴阵的英勇气概，但他自己的功业毕竟还是随着紧接而来的安史之乱而结束了。

安史之乱起，高仙芝、封常清受命镇守潼关保卫长安。潼关失守后，两人被玄宗皇帝以阵前退却的罪名判了死刑，岑参也从此结束了从军生涯。

纩衣题诗：兵哥哥收到的“不二情书”

像岑参、高适、王昌龄那样渴望在边关建功立业的文人是盛唐时期社会的主流，既然是主流，当然也就有“非主流”了。名将李勣的女婿杜怀恭就是抱定主义“好铁不打钉”的。

李勣让杜到他军中做事，以便赚取功名。杜怀恭却说，我家里太穷，买不起装备，不能跟随您去打仗，李勣听了就资助他钱财；杜怀恭又说，我既没仆人也没坐骑，还是不能跟随您去，李勣二话没说又给置办了奴仆马匹。这一下，一个“越骑府兵”的要求都满足了，杜怀恭没什么借口好找，这老兄干脆跑到山里去躲了起来，并对人说：“我岳父之所以要我去他军中效力，无非是想拿我来树军法、立军威罢了，我才不上他的当呢！”——这小子的脑筋倒也会转弯，想想后世戚继光斩子之类的故事，倒还真不是闹着玩的！

李勣听到后对这个宝贝女婿也无可奈何，流着泪着：“小杜性情散漫，不受拘束，没准还真会触犯军纪，他不肯跟我去也是有道理的。”

当然了，这种“非主流”的思想是不能宣扬和推广的，朝廷就跟二战前的美国政府一样，要做的是怎么样调动人民参军的积极性。

开元年间，为了表示朝廷对边关将士的爱护，体现皇帝的“重军思想”，唐玄宗命令他的后宫佳丽亲自为前方将士缝制纩衣。所谓纩衣，也就是夹以棉絮的冬衣，“胡天八月即飞雪”，所以要早早地把寒衣送过去。

那么，唐玄宗有多少后宫佳丽呢？《新唐书》记载：“开元天宝中，宫嫔大率至四万。”如果按当时人口比例计算，那么全中国平均每600名女性中就有一名宫女。这么多数量的女人只服务一个男人，当然是资源的极大浪费，而资源本身也不甘心被浪费。大部分宫女其实一辈子也没见过皇帝一面，更别说有幸被皇帝“幸”过了。“白头宫女在，闲坐说玄宗”，她们的青春就这么白白地在宫中被虚掷、被浪费。所以，有一份缝制纩衣的工作倒也不错，至少不会无所事事。

从宫里寄出的纩衣源源不断地来到了边关。有一个士兵从分到的袍子里发现了一样夹带物，那是一首题在衣服上的诗：

沙场征戍客，寒苦若为眠。
战袍经手作，知落阿谁边。
蓄意多添线，含情更著绵。
今生已过也，结取后生缘。

诗写得很浅显，任谁一读也知道这其实是首情诗，只不过是一首绝望的情诗：今后相识无望，只有期待来生了。

那位士兵不敢隐瞒，将纩衣连同题诗一并上交给了边帅。边帅也觉得新奇，便向玄宗汇报了此事。玄宗当即下令将诗遍示六宫，并且声明：“谁写的这首诗不用隐瞒，我不怪罪你。”过了几天，有一个宫女来自首了，承认这首诗是她所作，并口口声声说自己罪该万死。玄宗皇帝倒也是一个深情、多情的人，对宫女可怜的样子非常怜悯同情，对她说：“你也不必结取后生缘了，我让你结今生缘吧！”于是，便下旨让这位宫女嫁给那个士兵，干脆成全了他们。这一则拥军的故事传到边疆后，据说边关将士们都感动得掉下了眼泪。

纩衣题诗的爱情当然是盲目的，那位兵哥哥是不是宫女理想的梦中情人已经变得无关紧要，反正她收获了自由，而兵哥哥则收获了老婆——至于爱情不爱情的，那就是他们的个人隐私了。

“石壕吏”为什么要抓壮丁？

我说了这些唐朝的浪漫从军故事，有团友已经在小声议论：“三吏三别”是怎么回事？我们都是读过杜甫诗的，你别来忽悠我们！

是的，我刚才讲的兵制都是盛唐的情况，到了“安史之乱”时，天下大乱，每天都有大量的牺牲，无论是政府军还是叛军都急需补充人马，拉着牛儿就当马，乱抓壮丁的情况就在所难免了。

唐肃宗乾元二年（759）春，正是安史之乱中双方形势对峙的当口，已经四十八岁的杜甫，由左拾遗贬为华州司功参军。他离开洛阳，历经新安、石壕、潼关，夜宿晓行，风尘仆仆，赶往华州任所。所经之处，哀鸿遍野，民不聊生，引起诗人感情上的强烈震动。

当时唐王朝集中郭子仪、李光弼等九位节度使率步骑二十万，号称六十万，将安庆绪围在邺城。由于唐肃宗生性猜忌，任用阉宦鱼朝恩，致使指挥权不统一，大将们处处受掣肘，史思明援兵赶到，最终在会战中致使政府军因惊惧而全军溃败，阵亡将士不计其数。唐王朝为补充兵力，便在洛阳以西至潼关一带，强行抓人当兵，人民苦不堪言。

《新安吏》明确交代是在为郭子仪征兵，诗里说“仆射如父兄”，说明名将郭子仪还是爱兵如子。但是，新安“县小更无丁”，只好“次选中男行”了。唐制明确规定：十六岁为中男，二十一岁为丁，十六岁的男孩子都被抽去当兵了，连杜甫都要感慨：“中男绝短小，何以守王城？”

到了石壕村，碰到的干脆是“有吏夜捉人”了。不说“征兵”“点兵”“招兵”，而说“捉人”，可见是违反法度地临时抓壮丁。按制度，三丁之家抽一丁，而老妪家的三个男儿都已经被抓去当兵，最后连老妪都被拉去充数当了“炊事兵”。而且那些石壕吏的态度还很差，“吏呼一何怒！妇啼一何苦”，让杜甫情何以堪！

确实，乱世已经没了规矩，而且此时去当兵与其说是去建功立业，还不如说是去当炮灰！“一男附书至，二男新战死。”石壕村的老妪实在已经是欲哭无泪。

到了安史之乱后，中央权威已经大打折扣，藩镇割据，各节度使拥有专杀之权，地位太重。京畿之外，成为方镇的天下。天下的军队，便是方镇的军队。方镇的军队没有定制，许多藩镇都是任意扩充军队，任意招募或者强征百姓当兵，兵制全面解体，军纪也全面解体。

这个时候，倒是出了不少“兵油子”，你如果去当兵，也很可能混成一个兵痞。到了唐末五代，兵痞子们老是起哄闹兵变，连节度使都得听兵痞子的，史书说“兵骄而逐帅”的现象比比皆是，尤其是老的节度使死了儿子想要继承搞家族遗传时，那就更得看当兵的答不答应了。天子姑息藩镇、藩镇姑息士卒，大家没大没小，大唐王朝也就跟“糖”一样地化掉了。

好了，讲了这么多当兵的故事，去不去当兵由你自己决定。三十年河东，三十年河西，如果你真要想成为一名光荣的大唐士兵，我们只能下次时光旅行的时候再来接你了！

第十二章

谁动了公主的枕头：唐朝人的婚姻家庭观

说了纩袍夹诗的故事，体会了军营中的浪漫生活，今天我们要来说说唐朝人的婚姻家庭生活。我看这些天有几位团友在唐朝穿越得有滋有味，简直有些乐不思蜀，甚至还做起了中状元、当驸马的千秋美梦，那么，咱们就来给你说说这个梦吧——

唐朝当然不实行一夫一妻制，唐朝的男人讨个小妾、收房丫鬟什么的，都是稀松平常事。不过，规矩总还是有的，不以规矩无以成方圆嘛，这个规矩就是周朝人传下来的宗法制度。

我们的团友一听到“宗法”两个字就头都大了，其实所谓宗法，也就是上奉祭祀，下续香烟，是一种政权财产的继承、宗族子孙的传承制度，它的方法是在供奉一个祖先的前提下建立一个秩序，以保证繁衍宗族、承继权利。

从周朝开始，确立了中国人家族继承的最主要原则是嫡长子继承。因为古代中国的家庭组织是多妻多子制，正妻所生的长子称为“嫡长子”，庶出的妾生的孩子哪怕年龄最大，也只能称庶长子而不能作为嫡长子继承。嫡长子是合法的香火继承人，世世代代，承继祖业，奉祀祖宗，称为大宗。大宗的宗子又以他们的嫡长子进行继承，一脉相传永不变更，故称为“大宗百世不迁”。遇到大宗这边没有男丁的情况，那就选择其他各房的某个孩子过继给大宗宗子，从而继承家业。举个大家熟悉的例子。

三国时期的袁绍本是袁逢的侍婢所生，而同父异母的弟弟袁术倒是袁逢正妻所生的嫡子。但是袁逢不是袁家的嫡长子，他这一支是小宗而不是大宗，袁逢的长兄袁平早夭，这一支没有藩息，于是二哥袁成就上升为嫡长子，承担起袁氏大宗的责任。可是袁成也久无子嗣，于是袁逢就将庶子袁绍过继给袁成为子，这样袁绍的身份就成了袁家的长房长孙，也就是大宗的嫡长子，继承了整个袁氏家族的香火，而袁术倒只是袁逢这一支小宗的嫡长子。对于这一点，袁术一直耿耿于怀，看不起袁绍，兄弟俩的感情也就从来没有好过。其实，按照礼法，袁术是没有道理的，因为袁绍过继给了袁成，依宗法制度而言，他就是袁成的儿子了，也就成为大宗的嫡长子，而不能再被视为袁逢的庶出子。所以，尽管袁术看不起袁绍，但天下士人却奉袁绍为领袖，而不以他的身份为卑贱。

小宗有拥戴大宗的义务，大宗继承家业也有庇护小宗的义务。然而，如果出现分家、自立门户这样的事，那么其他的子孙也都成了各自的大宗，家谱又从这里开始写起，一代一代传下去，再分出大宗、小宗；然后再分家立户，以此类推。古人有“君子之泽，五世而斩”的说法，包含了两层意思：一是指花无百日红，贫富贵贱不出五代；二是指一个家族再大，同堂不过四世，五世则迁，必定要分家立户，互相疏离，重新组织了。中华民族的这棵大树就是这样在宗法制度下越来越兴盛繁茂。

唐朝奉行这套宗法制度，所以嫡长子和正妻的地位牢不可破。哪怕小妾再受宠，到了正妻面前还是得敛容行礼跌倒三分。事实上，比后世更严格的是，唐朝礼法坚持“礼无二嫡”，坚持原配权利高于一切，规定小妾永远不得扶正。即使正妻死了，可以续弦另娶正妻，也轮不到小妾上位。《唐律疏议·户婚律》第178条规定：“诸以妻为妾，以婢为妾者，徒二年。以妾及客女为妻，以婢为妾者，徒一年半。各还正之。”也就是说，法律规定小三只能是小三，不像打“红五”可以升级。

按唐律，五品官以上可以有贵妾，称为媵；以下及庶人，只能娶妾；妾下面还有婢。妾的地位稍高一些，必须是从良人中纳之，客女（风尘女）和婢女是贱民，不能直接成为妾，违者会被判流刑。但是有两种情况例外，一是她们已经生下孩子，另外就是走了脱籍（脱离贱籍）后登记成良民的程序。

当然了，这样严格的规定有时候也会受到一些挑战，杜牧的祖父、唐德宗宰相杜佑一生“始终言行，无所玷缺”，于国家忠心耿耿，是少有的贤相。他不像他孙子那样在扬州搞出许多风流韵事，但有一件事，他似乎比杜牧走得还远。杜佑晚年时，原配梁氏亡故，他不顾周围人的反对，将嬖妾李氏扶为正室，并且还给她请封。朝廷考虑到杜佑的特殊地位和贡献，居然也认可了，将李氏封为密国夫人。这么一来，社会上的清议就更加厉害了，“亲族子弟言之不从，时论非之”。其实，杜佑就这么一妻一妾，梁氏生了三个儿子，李氏也给他生了两个儿子，老年之后，为了给李氏一个名分，升她为正妻，也算有情有义了。但是违背了当时的礼法，《旧唐书》《新唐书》都拿出来说事儿，评论他晚年以妾为夫人，是晚节不保，白璧无瑕。要知道宋朝以后小妾扶正是常有的事，但在唐代则很严重，可以获刑，足见唐朝是一个对小妾极不友好的朝代。

正妻位置如此巩固，再加上社会上女性地位空前提高，唐朝的男人便出了很多“惧内”的笑话。今天我们请到唐太宗朝的著名大臣房玄龄来当地陪，房先生本人就是大唐惧内协会的会长，让我们来看看——

唐朝男人怕老婆怕到什么程度

今天的男人最怕老婆吃醋，你可知道“吃醋”的来历？就是跟这位房先生有关的——

房玄龄怕老婆在朝廷里出了名，他不仅不敢纳妾，就是唐太宗赏赐的美女也不敢接受。唐太宗看他可怜，决定帮他解决这个老大难问题。先是让皇后出马去劝说房夫人，无非是“一个茶壶要配四个茶杯”那一套话，遗憾的是房夫人不信“茶道”那一套，没有奏效。于是唐太宗亲自出马做工作，先是和颜悦色地对她说，朕怜惜梁国公年纪大了，想赏几个美女给他享受享受，反正又不会影响你嫡妻的地位，你就睁一眼闭一眼吧。没想到房夫人还是不给面子，唐太宗也龙颜大怒了，威胁说：“你是想死还是想活？想活就让房玄龄快活快活，否则就死！”房夫人一脸的大义凛然，回答说：“爱情要与人分享，我宁愿死！”太宗为了吓唬她一下，就让人端来一杯醋假装毒酒，说：“那你就喝了这杯毒酒！”没想到房夫人二话不说，接过杯子一饮而尽。唐太宗这下没辙了，对房玄龄说：“你们家的事还真不好管，你老婆这样的，连我都怕了！”

也有人说，吃醋的不是房玄龄夫人而是兵部尚书任瑰的老婆，反正太宗朝堂上“惧内”的大臣很多，这恐怕也是一种传统，这种传统其实是带着“胡风”的影响。

我们都知道，隋唐政权是从北魏、北周继承来的，少数民族妇女跟男人一样马背上驱驰，也没有“三从四德”这一套约束，性情比较剽悍，不平则鸣。事实上，隋朝的开国皇帝隋文帝杨坚就是“惧内协会”的第一人。隋文帝的独孤皇后是鲜卑族人，成婚之时就给杨坚提前打下预防针，逼着杨坚发誓：一生之中不能与除她之外的任何女人生孩子。这道“防火墙”一加，就外人莫入了。杨坚后来的十个子女都是与独孤皇后所生，也算是古代帝王中独一无二的了。不仅如此，《隋书》还记载说，杨坚有一次偷偷摸摸“临幸”了一个小宫女，独孤皇后知道后，竟然把小宫女给杖毙了。堂堂大隋皇帝气得策马出宫，狂奔着跑到20里外的山谷中，连皇帝都不想干了。手下重臣高颎、杨素赶过来苦劝，杨坚委屈得要哭：“吾贵为天子，不得自由！”

唐朝继承了隋朝的江山，也继承了这份“惧内”的传统。在唐朝的历史上，惧内的名人比比皆是。

高宗朝的时候，大臣杨弘武不按程序提拔了一名官员，高宗追问任用此人的理由，杨弘武居然拿老婆说事儿：“我老婆性格刚烈，昨天她跟我说要提拔这个人，我如果不这么做，回家就会有麻烦了！”高宗那会儿其实对武媚娘也是言听计从，看他说得这么坦白，也就笑了笑，没有去追究。

杨贵妃的哥哥杨国忠也是一个怕老婆的，怕得连大是大非都分不清了。有一次，他到江浙一带出差，据说妻子在家里很想念他，以至于在梦里还想着跟他男欢女爱，并生出一个男婴来。杨国忠回来后，妻子就对他讲了做梦的事情。

杨国忠没敢反驳，居然说：“这是我们夫妻太相爱了，感情太深的缘故啊！老天爷才特地赐给我们一个儿子！”——按今天的眼光来判断，杨国忠明显是被他老婆戴了绿帽子。

大唐惧内协会的事迹很多，不能一一列举，房会长给我们讲最后一个故事，顺便发一下表格，有兴趣加入惧内协会的团员请到房会长那儿拿申请表，回去后老婆肯定会有奖励。

唐僖宗时的宰相王铎奉命去镇压黄巢起义军，王铎带着他的小妾同行。部队开拔到荆州的时候，黄巢大军从南面北上来迎战，而这个时候，有人报告王铎说他的老婆也正往荆州赶来。王铎左右为难，对属下说：“黄巢从南面打过来，夫人又从北边赶过来，这可如何是好呢？”属下幕僚开玩笑说：“不如投降了黄巢吧。”

好了，各位团友抓紧选择了，要么投降黄巢，要么投降老婆！

皇帝的女儿也愁嫁：谁才是大唐第一姓氏？

唐朝的第十六任天子唐文宗李昂想给皇太子找个媳妇，他看上了当朝宰相郑覃的孙女。

郑覃出身显赫，父亲郑珣瑜在唐德宗、唐顺宗年间当过宰相。事实上，自中唐开始，荥阳郑氏连续出现过十多位宰相，遂有“郑半朝”之说。郑覃本人的学问也很好，是著名的目录学家。他曾在秘阁搜访遗文，编成《开成四部书目》，收录图书56476卷。唐文宗非常尊重知识、尊重人才，以名儒相待，让他“领祭酒衔”——担任国立大学校长，“请置博士”——当博士生导师，并且刊石经于太学——把他写的文章镌刻在国立大学的石碑上，给全国的大学生们做范本。种种待遇，不一而足，而缔结儿女婚姻，也是文宗对郑覃的一个格外恩宠和笼络。

按照今天的看法，那真是再好不过的好事了，攀上皇帝家，那可就是皇亲国戚了。可让人大跌眼镜的是，郑覃宁愿把孙女嫁给九品芝麻官崔皋，也不愿许配给当朝太子！——原因是郑家与崔家都是出自名门，“崔、卢、郑、王”从北魏以来，就号称北朝的“四大家族”，他们只在自己人之间通婚。

唐文宗只得眼看着自己相中的儿媳妇成了别人家的媳妇。然而对唐文宗的打击还不止这一次。

后来，唐文宗又想把真源、临真两位公主嫁给有名望的士族，没想到崔、卢、郑、王四大家族都不给面子，弄得唐文宗很沮丧，对手下人感叹道："民间修婚姻，不计官品而上阀阅。我家二百年天子，顾不及崔、卢耶？"当了两百年皇帝，门第的尊荣还比不上"四大家族"，想想真是窝心！

今天的人都知道包龙图的《铡美案》。陈世美的案子发生在宋代，他为了得到驸马这个位置，冒了生命危险，也果真付出了生命代价。陈世美出身寒门，也算是寒门子弟为了改变命运而不择手段向上钻营的一个典型，其行为让人感到很可恶但其实也很可怜。当然，这只是戏剧演义，不作正史。然而这种事情，在唐代却是不可能发生的，因为唐朝皇帝招驸马对寒士平民没有兴趣，他们的眼光只盯着世家大族。问题是高门大族的子弟又对于担任驸马这件事情不但不羡慕，大多数还非常排斥——这真是要命！

唐宣宗大中十一年(857年)，皇帝要宰相在当年的新科进士中选拔一位当驸马，于是便有人向宣宗推荐当年新科进士王徽。但是，王徽听到了这消息后，便赶忙跑到宰相刘瑑面前，哭泣着哀求说："我王徽已经年过四十又体弱多病，实在不适合匹配公主，恳请相爷在陛下面前替我解说，千万别招我为驸马。"年老体衰当然是借口，关键还是王家的择偶对象只限于"崔、卢、郑、王"，在他们眼里，只有这样才门当户对。

后来，唐宣宗终于成功地将女儿嫁进了荥阳郑家——宣宗心爱的女儿万寿公主嫁给了小小的起居郎郑颢。别看起居郎官小，官小不是问题，皇帝说提拔就提拔，都是自己的女婿了还有什么不好说的。关键是郑颢是元和年间宰相郑絪的孙子，荥阳郑氏的子弟，又是进士及第，所以后来郑颢一路升官，做到右拾遗内供奉。

唐宣宗的成功嫁女还得归功于宰相白敏中的极力撮合。因为郑颢本来是打算娶范阳卢氏女的，提亲的队伍都已经到了郑州，被白敏中发堂帖追回，硬是以行政手段干预，组织上安排，最后郑颢被迫娶了公主。虽然郑颢此后一路升官，但却还是恨极了媒人白敏中。每次见到皇帝丈人唐宣宗，不由自主地要说白敏中的坏话，搞得唐宣宗心里很不是滋味，因为他知道自己的驸马女婿为什么如此仇恨高媒。

考据唐史，在唐宪宗之前，没有世家大族的子弟做过驸马。有一年，唐宪宗曾发起“相亲才会赢”，要求公卿大臣家中子弟来娶公主，而让他没想到的是，公卿大臣却纷纷托词躲避，一个都不想“赢”。其实，唐宪宗的尴尬早在唐朝开国之初唐太宗就已经碰到过。太宗皇帝就曾经感慨：“我贵为天子，可是一般社会人士都宁愿跟门阀世族联姻，却不愿意跟我们皇室结为亲家，我不知道为什么会这样？”

唐太宗的这点疑惑，一直延续了200多年。

为什么会出现这种情况呢？唐太宗的疑问谁来回答呢？说到底，还是门第的观念在作祟。

从前，在达官贵人的家门口通常会竖有两根柱子，左边的柱子称“阀”，右边的柱子称“阅”。阀，是用来榜贴本户中人的功状，也就是立功受表彰和嘉奖的记录；阅，是张贴本户中人做官的经历，也就是入仕的履历表。阀阅，二者合在一起，就是指累世做官的人家。

中国古代从汉末魏晋开始形成了严格的门阀制度，所谓“上品无寒门，下品无世族”。那些阀阅世家无论在政治、经济、文化甚至道德地位上都占据上风。门第的地位和威望一旦形成，优越感所驱使的门第观念便成为把士族与庶族区分、对立起来的强劲异己力量。名门望族往往因此觉得高人一等，瞧不起庶族寒门了。

为了区分士庶、维护高门士族的血统纯正，在南北朝时期还产生了一门专门的学问——谱牒学。所谓谱牒，就是记录中国氏族世系的书，谱牒成了当时“民政部”的工具书。当时的婚姻讲究门当户对，士族是决不跟庶族通婚的，因此谱牒是联姻时的必要参考。有时即使你自己不查，别的士族也会“狗拿耗子”地替你去查，以维护士族队伍的纯洁。

唐朝仍然是个贵族社会，高门大族观念依旧深固，士庶高寒之间仍有着极深的鸿沟。五姓七家，“恃其族望，耻与诸姓为婚”，傲慢地进行着内部通婚，以保持高贵的血统。如清河崔氏与陇西李氏、范阳卢氏世为婚姻；赵郡李氏则与博陵崔氏世代联姻，他们不屑与其他姓氏为婚。于是，有盛唐宰相薛元超的千古一叹：“此生所遗憾者，未能娶五姓女！”这位先生中过进士，当了宰相，人生已经极致，但所恨者没能娶到五姓高门的媳妇，怪只怪自家门第不够。

那么，李唐皇帝的门第难道还不够高吗？

按照唐高祖李渊的自述，李氏家族应该属于陇西李氏，但说到底，这个身份多少有些附会。事实上，李氏先祖李虎原是鲜卑人，乃北周宇文泰手下的大将。宇文泰制定“关中本位政策”，要求手下的人改姓关中姓氏，而陇西李氏是关陇最显赫的门第，所以李虎就自称出于陇西。这么一个胡化严重的李唐皇室当然有些不太纯粹，世家士族口里不说心里很明白，所以拒绝与他们通婚。

唐太宗最后实在无法忍受世家贵族的自负，直接点名批评山东崔、卢、李、郑四姓，说他们的三观“理须改革”。他还质问道：“吾实不解山东四姓为何自矜，而人间又为何重之？！”

让唐太宗无可奈何的不是“四姓的自矜”，更是“人间重之”的习俗和观念。

唐太宗下决心要“改革”！他决定将谱牒的门第座次重新调整一下，于是命令重臣组织专家重修《氏族志》。但在初稿中，以崔民干为首的编修者竟然无视李唐皇室，仍旧将博陵崔氏排在天下第一。皇帝当然很不高兴。唐太宗撤销了崔民干的主编职务，改用高士廉负责编纂。在太宗的行政干预下，《氏族志》抬高了皇室和“关陇集团”，把皇室附宗的陇西李氏列为李氏十三郡望之首。

排名算是重新钦定过了，但遗憾的是仍没取得多少效果，《氏族志》虽然以唐朝官爵的高低作为等级排序，但人们心里的门阀观念还很重。像房玄龄、魏征、李勣等重臣虽然被皇帝钦定排在了第二等，却仍费尽心思向排在第三等的“老牌四姓”求婚。

到了武则天当政，为了抬高武氏家族，又改修《氏族志》为《姓氏录》。为了搞乱门阀士族的谱牒族系，她下令将以前修订的各类谱牒收集上来，统统烧毁。同时，女皇还下令进行民政方面的改革，颁布“禁婚令”，以法律的形式规定：门阀世家之间“不得自为婚姻”——你们不能再搞“内部消化”了。

然而，有效果吗？前面讲的几位皇帝可都是唐太宗、武则天的后人。可见观念还真不是那么容易改变的。

玄奘的徒弟为何被唐太宗腰斩？

唐玄奘从天竺取经归来后，唐太宗让他在长安召集各地高僧组织译场，翻译那些带回来的佛经。26岁的辩机是长安会昌寺里的一名僧人，作为九名“缀文”之一而入选。“缀文”用今天的话说，就是组织文字的秘书。

这位徒弟确实是玄奘译经的得力助手，许多经卷都是由玄奘口译，由他来笔录整理。事实上，我们今天对玄奘事迹的了解，在很大程度上也得益于这位徒弟的记载。

然而，玄奘的这个徒弟后来却被唐太宗处以极刑，下令在东市腰斩，连玄奘法师都救他不得。

辩机究竟犯了什么法以至于触怒了皇帝呢？

辩机确实是僧侣中的青年才俊，他的才华深得玄奘的赏识。玄奘十分喜爱这个聪明的徒弟，甚至到了有些偏爱的程度，就像

《西游记》里的唐僧最喜欢二徒弟猪八戒一样。

偏偏这位徒弟的性格也像猪八戒一样好色，不仅好色，而且还色胆包天。猪八戒敢于调戏嫦娥，辩机更敢于勾引公主。

与和尚勾搭成奸的公主名叫高阳，是唐太宗的第十七个女儿，深受太宗宠爱。高阳公主也跟历史上大多数的公主一样，美丽聪明但又骄傲任性。太宗做主将她下嫁给著名大臣房玄龄的次子房遗爱。公主精力充沛，贪图床笫之欢，竟三个月不准驸马上朝。

高阳公主在弘福寺拜佛时结识了辩机。也许是进香时的双手一握，或者是临别时的四目相对，反正，看到这么一位年轻俊美、才华横溢的和尚，公主立刻坠入了爱河。这之后，她经常跑到寺庙里来跟情郎幽会，送给辩机的金银珠宝更是以亿钱计。为了方便偷情，她还另外又找了两名美女陪侍老公，以便自己脱身。

这段不伦的婚外情原本是在非常隐蔽的情况下进行的，然而，一起偶然的刑事案件却让它曝了光。

贞观二十三年（649 年）春，一伙蟊贼在京城猖狂作案，许多皇亲国戚、权贵勋臣家里都被蟊贼光顾。京城的御史在查证盗窃案时，接到举报说蟊贼将偷来的珍宝藏匿于各处佛寺，于是就对京城的寺庙进行了地毯式搜索。这一搜，就在辩机的卧室里发现了皇家专有的珠宝枕头。捕头们要和尚解释，和尚解释不清楚，于是只好被请进京兆府去“喝咖啡”。被捕后的年轻和尚很快供出了与高阳公主的奸情。京兆尹一听这案子，不仅是驸马戴了绿帽子，而且把皇帝和宰相都牵涉进来，哪敢自专，连忙秘折奏报。唐太宗闻讯后勃然大怒，下令腰斩辩机，同时诛杀高阳公主身边的知情婢女十余人。

听完这则故事，各位团友，还有谁想当唐朝的驸马吗？事实上，驸马爷可不是人人都想当的，当年唐太宗就想把女儿嫁给心腹爱将尉迟恭，但尉迟恭一百个不干，一边推辞一边叩头，足足叩了一百个头，坚决不做皇家女婿。

唐朝人不喜欢当乘龙快婿，除了门第观念之外，更重要的原因是唐朝的公主实在都有些不像话。

唐朝有许多公主都喜欢出家做女道士，著名的有睿宗的两个女儿金仙公主和玉真公主、玄宗的女儿万安公主。唐朝的“女冠”也就是女道士，你是懂的呀！这些公主“入道”之后，就从宫里搬出来，住在为她们修建的豪华宫观里，过着奢侈放浪的生活。金仙公主和玉真公主都召集诗人文士宴会作乐，俨然法国十七世纪贵妇人主持的“沙龙”——在宫中做公主，不能随便接见外人，做了女道士，改变了身份，就可以自由邀集门下清客，自由体验解放了。

即使不给驸马爷戴绿帽，公主们的骄侈态度和行为也让公婆家受不了。《打金枝》是一出著名的戏剧，说的就是郭子仪的儿子、驸马郭暖怒打公主的故事。当然了，像小将郭暖那样敢于对公主使用“家暴”的毕竟少数，而唐朝的公主们实在真有些欠揍。来看看我们前文说的唐宣宗的女儿万寿公主。

在老爸和宰相白敏中的不懈努力下，万寿公主终于成功地“娶”到了驸马郑颢。公主出嫁时，唐宣宗再三关照爱女要尊重郑家的门阀，“戒以毋得轻夫族，毋得预时事”。有一次，郑颢的弟弟生了重病，宣宗连忙派人去探视，回来还特别问使者："公主在干什么？"使者面露尴尬，老实地回答："在慈恩寺观戏场。"宣宗听了都长叹一声："怪不得士大夫家不欲与我家为婚呢！岂有小叔子生了重病，不往省视，还要去看戏的！"

刚开始的时候，唐宣宗想把另一个女儿永福公主许配给新科进士于琮，于是接连给于琮升官，赐紫色官服。但不久就没有下文了。知道皇帝想法的宰相去询问情况，宣宗说："永福公主脾气太差，和我一起吃饭时，当着我的面发脾气将手中的筷子都折断了，这样的女人怎么可以做士大夫的妻子呢。"唐宣宗算是个贴心老丈人了，他的女儿尚且有这么多不合格，其他各代的公主们，你们有兴趣自己挑吧。

结婚、离婚，搁在唐朝也不是件容易事

好了，做驸马这档子美梦还是别做了，咱们还是现实一点儿，来看看唐朝人普通的婚姻情况是怎么样的。

唐朝是有婚姻法的，就是《唐律·户婚律》，所有的婚姻必须合法，《户婚律》上有几条规定特别重要。

首先，唐朝婚姻法规定必须"当色为婚"——几个团友在窃笑，一看就知道你们几个是好色之徒！当色为婚不是指美色，而

是要门当户对。唐朝的法律将公民分为三等人：官人、良人和贱人。官人就是做官的，良人是指一般的普通老百姓，贱人就是奴婢、罪犯、妓女和教坊梨园子弟。唐朝的法律严禁“良贱通婚”，违者“徒一年半”或者“杖一百”。所以，大家要乖乖地在自己的圈子里找对象哦！另外还要特别注意，同姓的哥哥美眉不要继续交往了，不是同性是同姓！唐朝的法律倒不禁同性恋，但禁止同姓结婚，否则以通奸罪论处，比良贱通婚处罚得还要严，“徒两年杖一百”，“并离之”——为什么管得这么严？可能是从优生学考虑吧。

其次，唐朝的合法婚姻必须是父母之命，媒妁之言。《唐律》规定：“为婚之法，必有行媒。”——自由恋爱是不被认可的，你必须去找个媒人补上这道程序；至于父母之命嘛，就要看你的父母是否开明了。唐朝也有开明的父母，比如宰相李林甫就是女儿心目中的开明老爸，他有 6 个女儿，《开元天宝遗事》上说：“常日使六女戏于窗下，每有贵族子弟入谒，林甫即使女于窗中自选可意者事之。”书的作者显然是把这当作李林甫家的丑事来揭露，但今天的我们看来，倒觉得李老爸面目可爱。

因为有了上述的规定，唐朝人的婚姻基本上没有爱情的位置。好在唐朝人也相信婚姻命定，一切都是命中注定的，也没爱情啥事儿。著名的“月老红线牵”的故事就是从唐代开始流传，故事的出处是唐朝人李复言的《续玄怪录》一书：

唐朝元和二年，杜陵有个叫韦固的书生去清河访友，途中借宿在宋州宋城县南店客栈。同住客栈的张姓客人听说他还没有娶妻，说要把原清河太守潘昉的女儿介绍给他，约定第二天早晨在龙兴寺门前碰头，告诉他女方的回音。

次日四更天时，韦固就兴冲冲赶往龙兴寺，张姓客人还没有到，倒见一须发银白的老翁坐在台阶上，倚着布袋对月翻书。他踅过去看，却一字不识，便对老翁说："小生熟读经书，但你的书我怎么一字不识呀？"老人笑笑说："此非人间之书，你如何识得？这书上写的全是天下男女匹配的姻缘。"韦固将信将疑，又问布袋里装的是什么东西。老翁说："是一根根的红线，用来系夫妻两人的脚。男女降生之时就已配对拴好了，以后即使贫富悬殊、丑美不等、相隔万里也必成夫妻。"韦固益发惊奇，便向老翁打听自己的婚姻情况，老翁翻了翻书说："宋城南店北面卖菜陈婆的女儿今年才三岁，十六岁时与你结为连理。至于潘昉之女，与你无缘。"

韦固有些生气，心想我乃知书达理之人，岂能娶乡野老婆子家的粗俗女儿？这个小女孩如果夭折了，这事不就不作数了吗？于是，韦固也不等张姓客人的回复了，回到客栈后亲自磨了一把刀，交给仆人，让仆人去杀了那个小女孩。仆人胆小，只刺破了小女孩的眉间，就拔腿逃之夭夭。

以后年复一年，虽有好事之人为韦固提亲说媒，却都未成功。转眼十多年过去了，韦固未成家先立业，在相州刺史王泰手下当了参军。王泰欣赏他的才学，将女儿许配给了他，择定黄道吉日拜堂成亲。新娘王氏年方二八，美若瑶池仙子，韦固非常满意，夫妻相敬如宾。

只是王氏眉目间总贴着一朵彩色纸花，晚上睡觉时也不取下。韦固忍不住询问缘由，回说是小时候被歹徒刺伤，贴纸花以掩饰伤疤。韦固暗暗吃惊，再问妻子身世，原来王氏在襁褓中时父母双亡，跟着靠卖菜为生的奶妈陈氏艰难生活，后来陈婆打听得她的叔叔王泰当了刺史，便送与王泰收养。

听完妻子的叙说，韦固大为诧异，想起当年龙兴寺前遇见老翁对月翻书事，认定这月下老人正是主管人间婚姻的媒神，宋城县的县令知道了这件事情，就把韦固原来住的旅店题名为“定婚店”。

在另一本《玉堂闲话》的书里有一个相类似的故事，叫“灌园婴女”，说是一个秀才不愿娶命定的灌园园丁的女婴，就用细针刺入女婴的头顶囟门中然后逃跑了。若干年后，他娶了一位官员的女儿。婚后，他的妻子每逢天气阴晦就头痛，四处访医都看不好，最后有一位神医从她头顶取出了一枚针！原来，他的妻子仍然是那个灌园婴女，只不过被官员收养罢了。

月下老人或者是灌园婴女的故事其实是对当时人结婚一定要讲求门当户对观念的一种“反动”，从这个意义来说，它已经是一种进步。但这样的命定观跟追求自由爱情、追求婚姻幸福还是不搭边的，反正唐朝人也信命，就这么着吧。

接下来的事就是一些固定程序：纳采、问名、纳吉、纳征、请期、亲迎，谓之“六礼”，也就是从礼婚到完婚一整套过程中的六种礼仪程序，翻译成现代汉语也就是提亲、合八字、过大帖、送彩礼、算日子、接媳妇。这些环节缺一不可，唐朝的婚姻法规定："六礼备，谓之聘；六礼不备，谓之奔。"——什么叫奔？淫奔、私奔呐！

现在该操办婚姻了——

唐朝的婚礼依照古礼都是在黄昏时分举行，所以被称为"昏礼"，后来才逐渐演化为"婚礼"。在唐朝的结婚现场，你会发现新郎一般都穿着一身红色的衣服，而新娘的礼服则是青绿色，后世称"红男绿女"就是从这儿来的。

身为一名唐朝的新郎，你要做好接受考验的准备，就像今天新娘子出嫁姐妹团拦在门口讨要红包一样，唐朝更有一种叫作"下婿"的风俗习惯，专门难为新郎官，其目的是先杀杀男方的威风，让女子嫁入男家后男方不要盛气凌人地欺负女方。这种习俗显然是受了少数民族的"胡风"影响，我们说唐朝是一个胡风很盛的朝代，你就得尝尝下婿的滋味了。

从唐人的记载中我们得知，"下婿"的做法包括"催妆""却扇"、"障车"等。所谓催妆就是催促新娘子化好妆上车，"夫家领百余人挟车，俱呼曰：'新娘子催出来！'，齐声不绝，登车乃止。"众人在旁边呐喊，新郎则要做催妆诗，文采过硬新娘子才能跟你走——真要不会，你就得提前请人"捉刀"，到时候有感情地大声朗读一下也可以。

"却扇"又是什么呢？就是请新娘把遮面的团扇拿掉，让新郎官看一看老婆的容颜。唐朝还不流行红盖头，只用一把团扇遮面，可是怎么让新娘"却扇"呢？——又得作诗了！你看看，做个唐朝人要是不会作诗你简直寸步难行啊！

“障车”嘛，就是挡着车子不让走，这个时候新郎就得给女家亲友一些“利资”，也就是发红包了，然后你还得做一篇“障车文”。刚才是两首诗，现在又是一篇作文，娶个媳妇有这么难嘛！

你别说，这还是文雅的，叫“文玩”，还有“武玩”呢：一帮人拿起棍棒直接把新郎官打一顿，打得你衣斜帽歪，扶正了继续去扮演角色；进了新娘家，你得给岳父岳母行跪拜礼吧？不知哪个小子事先在红毡子下放了一些尖锐的硬物，扎得你老疼你还不能喊出来！

唐朝的婚礼仪式一般都要在帐篷里举行，不管你家多豪华客厅多宽敞，你也得在屋外用青色的布搭起一顶专门供拜堂用的帐篷，称为“青庐”，这恐怕也是受了胡风的影响。在青庐里拜完堂后，男女双方各自剪下一缕头发，用红绳将两个人的头发绑在一起，盛在锦盒里，这就叫“结发夫妻”。整个婚礼这才宣布结束，下面的过程就不接受参观了，儿童不宜。

有团友问到唐朝的离婚，你怎么刚结婚就想着离婚？这是不是当下的普遍思潮呀？

还有几个团友问，在唐朝，男人是不是可以说休妻就休妻？你想得美！大男子主义思想也太严重了。我们在前面说过，唐朝保障女性合法权益，唐朝是个女性的时代，所以在婚姻关系上也注意保护女性。《唐律疏议》规定有“三不去”原则：“三不去者，一经持舅姑之丧，二娶时贱后贵，三有所受无所归。”——你老婆如果操持过公公婆婆的丧礼那么她就不能被休了，意思是她也是家里的长辈了；你娶老婆的时候还很贫贱，不能发达后见异思迁找小三抛弃糟糠之妻；你娶老婆的时候，她是有父母家庭的，当你想离婚时，她的父母已经去世，也就是说她没有了归处，这种情况下不准你休妻。

可见唐代对离婚的规定也是蛮有人性的，唐朝的人如果对老婆无情无义也是要被人指斥为“私德不修”。那个写“昔人已乘黄鹤去，此地空余黄鹤楼”的诗人崔颢，也就是让李白感慨“眼前有景道不得，崔颢题诗在上头”的那位主儿，就被认为“有文无行”。《唐才子传》上说他喜欢赌钱、喝酒，还十分好色，“娶妻择美者，稍有不惬即弃之，凡易三四”，也就是离过三四次婚。

渣男什么时候都有，似乎唐朝的烟花特别多。崔颢、元稹、李益……好几位明星诗人都已经绯闻缠身，焦头烂额了，接下来带大家去看看诗人的生活？

第十三章

唐诗是咱唐朝人的共同语言

各位团友，咱们吃也吃了，穿了穿了，玩也玩了，现在是不是该整点儿有文化的了？既然到了唐朝，咱们能不讲讲唐诗吗？

唐诗是唐朝的一张名片、一面旗帜、一种气质。唐朝最有名的文学体裁当然是唐诗了，说到唐诗，大家或多或少都知道一些，今天的三岁毛孩也会背一首“床前明月光”。但事实上，唐朝的时候哪怕是到后来宋朝，也从来没有人特别关注过这首李白的《静夜思》，早期的选本和诗话几乎没有人提到过它，说实话，这首诗连格律都大有问题，只不过通俗浅显，于是就成了我们接触唐诗的 NO.1。

与《静夜思》一样有名的是孟浩然的《春晓》，但是你知道吗，在唐人最早的版本中，这首诗的题目叫《春晚绝句》——不是咱们中央台那个“春晚”，而是写的作者暮春醒来惜花的感受，所以叫“春晚”；再来看杜牧的《清明》，据说在早几年香港市民调查最喜欢的唐诗中排名第一，但其实，这首诗在唐人编的杜牧文集和《全唐诗》里都没有收入，最早出现还是在宋朝无名氏的诗集里，元代收入《千家诗》后，才正式算到杜牧名下；还有那首陈子昂的《登幽州台歌》，版权问题也十分可疑。

所以，我们既然穿越到了唐朝，就要来看看唐朝人是怎么看待他们的诗人和作品的，绝对颠覆我们的认知哦！

诗人排座次，谁是NO.1？

开元年间的一天，天空中下着小雪。

诗人王之涣、王昌龄、高适到长安一个叫旗亭的地方去喝酒，正好碰到一帮教坊的歌女也在旁边喝酒。文艺工作者聚会当然气氛比较热烈，边喝酒边卡拉 OK，而且唱的恰好都是诗人们写的绝句。可见那个时候的唐诗都是可以唱的，跟今天的流行歌曲一样。王昌龄首先提议："哥几个在大唐诗坛也都有些名气了，但却没有分出高下，今天可以听听歌女们都唱谁的诗。谁的诗唱得多，谁就是第一。"这主意不错，权当行酒令了，另两位也都同意。于是，三个人便围着火炉竖起耳朵偷听人家唱歌。

不一会儿，有歌伎唱道："寒雨连江夜入吴，平明送客楚山孤。洛阳亲友如相问，一片冰心在玉壶。"王昌龄便得意地在墙上画了一道："一绝句！"接着又有个歌女唱了高适的一首绝句，之后又是王昌龄的，王之涣有些坐不住了，指着座中最漂亮的一位歌女说："且听这位神仙姐姐唱谁的诗，要不是我的，我就一辈子不作诗了。"果然檀板一响，婉转的歌声悠然而起："黄河远上白云间，一片孤城万仞山。羌笛何须怨杨柳，春风不度玉门关。"——正是王之涣的得意之作《凉州词》。接着，歌女又唱了两首，也都是王之涣的作品，三个人相视而笑。

这个故事见于唐人薛用弱的《集异记》，在薛的眼光看来，自然是以王之涣为第一的。其实，这些绝句直到后世还有人评比。明代的李于麟以王昌龄的“秦时明月汉时关”为唐人绝句第一，王世贞以王翰的“葡萄美酒夜光杯”为第一；清代的王渔洋以王维的“渭城朝雨浥轻尘”、李白的“朝辞白帝彩云间”、王昌龄的“奉帚平明金殿开”、王之涣的“黄河远上白云间”为唐人七绝最佳作品，而且据说从此以后也没有人能够超过这几首。

乖乖，听了这样的故事，感觉唐诗可以拿来比武了。

金庸的“华山论剑”写得风起云涌，东邪西毒南帝北丐为了争武林至尊大打出手，煞是好看。但所谓“文无第一，武无第二”，拳脚的功夫是一定要争出高低上下的，而诗文却是主观的评判，各有各的爱好。何况，唐诗的排名也不能仅仅以绝句而论，就唐代诗人的整体水平而言，李白、杜甫似乎是无可争议的“王中王”，连韩愈都说：“李杜文章在，光焰万丈长”。但韩愈是中唐时期的人，我们今天穿越来盛唐了，盛唐的人是不是也同意他的观点呢？

说实话，至少李白、杜甫在世的时候，他们在诗坛的地位并没有这么高，也就是说盛唐人并不把李、杜当成神话。早在天宝年间，就有个叫殷璠的人编过一本名叫《河岳英灵集》的唐诗选本，这应该是最早的唐诗选集了，在他的榜单中，排在第一名的诗人是常建，而李白、王维都在其下，杜甫甚至都没有入围。

杜甫没有入围可以理解，相比于李白、王维，他算是后起之秀，出名是在安史之乱后。那么，常建又是谁呢？相信我们的团友很多连这个名字都没有听说过，不过“曲径通幽处，禅房花木深”这两句诗还是有不少人知道的，那就是常建写的。

在唐朝，最受欢迎的诗人其实不是李白、杜甫，而是王维。换句话说，在开元、天宝年间，王维才是当世头号大诗人。

王维是太原人，出身于贵族世家的河东王氏。他深谙佛学，佛教经典中有一部《维摩诘经》，是讲智者维摩诘与弟子讲经说法的，王维钦慕维摩诘的智慧，故拆开他的名字，给自己命名为维，而字摩诘。开元九年（721），王维以状元及第，名动天下，他的诗就已经在长安妇孺皆知。王维后来做了右拾遗的官，后迁给事中，这两份职位都是向皇帝进谏、监察的亲随官。天宝末年，安禄山攻占长安，王维来不及逃出，为安禄山所得，被拘禁于洛阳普施寺，被迫做了伪官。当他听说安禄山在凝碧池召集梨园子弟奏乐开宴的消息，就写了一首诗：

万户伤心生野烟，百官何日再朝天。
秋槐叶落空宫里，凝碧池头奏管弦。

多亏了这首诗，总算表明了他不附逆的心迹，当肃宗重建政权后，对附逆的官员分三等定罪，而对王维则特予赦免。当然了，这其中还有他弟弟、当时已经做到宰相的王缙努力营救的功劳。此后，王维继续当官，他的最后一任官衔是尚书右丞，所以后世又称他王右丞。

王维在文学艺术上的才能是多方面的，诗、文、书、画、音乐，无所不长，还擅长弹琴和琵琶。唐人小说记一个故事：他来长安参加科考，玄宗的妹妹玉真公主特别欣赏他的诗和琵琶，关照主试官一定要将他取为状元。与其他诗人进士及第后多去做“校书郎”不同，王维的第一任官职是“太乐丞”，相当于国家音乐学院院长，可见他在音乐上的造诣了。王维的诗与画，以淳朴清淡见长，他的这种诗风对唐朝及后世的诗人也影响很大，《河岳英灵集》里列名第一的常建走的就是王维的这种路子。宋代的苏东坡则说：“味摩诘之诗，诗中有画；观摩诘之画，画中有诗。”这两句话，至今成为王维的定评。

对于王维来说，李白是个后来者，他从蜀地把夸张的想象力带到了长安，“君不见黄河之水天上来，奔流到海不复回！”“噫吁嚱，危乎高哉！蜀道之难，难于上青天！”此前，从没有人以如此夸张的想象力写作，长安的许多读者和年轻的诗人们立刻为他所倾倒，连唐玄宗、杨贵妃都成了头号粉丝，李白傲然于世的诗人形象得到了空前的塑造。但是，暴得大名的李白是否后来居上却不好说。毕竟“文无第一，武无第二”，诗歌这个东西也是各人各喜欢，王维、李白的诗风截然不同。更何况，李白更像是一阵旋风，来也匆匆，去也匆匆，很快他就离开了长安，而他在唐朝诗坛的声名也就很快沉寂下去，直到韩愈又唤起了人们的记忆。

至于杜甫，又是李白的后来者了。在开元、天宝年间，人们只知道李白而不知道杜甫。殷璠编《河岳英灵集》，收开元二年

（714）至天宝十二载（753）间24位著名诗人的诗234首，其中有李白的13首，却没有杜甫的。可知在开元、天宝间，杜甫虽然身在长安、洛阳，但他的诗还没有出名。回到成都后，诗越写越好，但因为远离文艺中心的长安，也还是不很出名。后来，又有一个叫高仲武的编选《中兴间气集》，收录至德元载（756）到大历末年（779）的26位著名诗人的诗132首，也还是没有选杜甫的作品。由此可见，杜甫与李白在当时也并非齐名。

一直到中唐时期，诗人元稹为杜甫作墓志铭，首次将李、杜并提，并极力推崇杜甫，贬李扬杜；另一位大文豪韩愈则比较中立，作诗称“李杜文章在，光焰万丈长”，从此之后，论诗者才将李、杜并称。而元稹的扬杜抑李，又开启了“李杜优劣”的争论，使得后世的评论家争论不休，比如郭沫若就认为李优杜劣。我们到唐朝来穿越，品评唐诗，当然也要参与一下论战，说说李、杜的长短。

李白、杜甫都写了大量的诗篇，李白存世的诗有1000首，杜甫的有1400首。两个人的风格泾渭分明，李白犹如仙客侠士，属于神来之笔，飘逸绝尘，他的作品尤长于不受格律限制的乐府歌行体；而杜甫作诗也如其人，其功力在于对唐诗格律的精湛把握，尤其是七言律诗上堪称古今第一。大凡我们年轻的时候更喜欢读李白诗，而随着年龄的增长，则越来越钟情于杜甫，从这个意义上说，杜甫犹如幽燕才将，自然笔力纵横，沉郁深刻。

再来说说李白与杜甫的交情。

杜甫与李白不过在短短的三年间有过两次并不算太长的交往，

但杜甫敬佩李的才华，膺服他的诗情，钦慕李的潇洒，悲悯他的遭遇，一直将李白视为自己最好的朋友，在杜甫存世的诗集中，涉及李白的诗篇就有《赠李白》《冬日怀李白》《春日忆李白》《梦李白二首》《天末怀李白》《寄李十二白二十韵》等14首，他对李白的赞美几乎到了崇拜的地步："白也诗无敌，飘然思不群""笔落惊风雨，诗成泣鬼神"都是他洒向李白的"金粉"。所以说，杜甫先生的人品其实是很靠得牢的，你看他对李白的那一份感情，什么是真朋友？这才叫真朋友！

倒是李白，好像对杜甫就不太够意思，他跟杜甫的交情似乎还不如那个"桃花潭水深千尺"的无名之辈汪伦。有一次，在一处叫饭颗山的地方，李白遇到了杜甫，他写了一首《戏赠杜甫》，却是将落魄的杜甫好好奚落了一番：

饭颗山头逢杜甫，头戴笠子日卓午。
借问别来太瘦生，总为从前作诗苦。

对于这首诗，有人力辩非李白所作，但如果不算这首诗，从李白留存到后世的全部作品中，有关杜甫的就只有《沙丘城下寄杜甫》《鲁郡东门送杜二甫》两首。

这也太不对等了！杜甫的拥趸们肯定要抱不平。其实，我们为古人生气，生的是哪门子气？好了，今天的唐诗课就到此为止，下面我们要讨论另一个问题——

唐诗为什么这么牛？因为全民都写诗

盛唐是一个伟大而开放的时代，充满旺盛向上的气息，每个人都像打了鸡血似的自信，都感到自己不平凡，都想充分表现自己的那份不平凡。李白说：“奋其智能，愿为辅弼。”杜甫说：“自谓颇挺出，立登要路津。”虽有些大言，但这正是那个时代的声音。

这是一个情感超过思维的时代，热情、爽朗、天真、乐观、富有幻想和进取精神。然而这一切，恰好是纯粹的诗的品质。这就是诗歌为什么以唐为盛或者说最好的诗歌为什么会出现在唐朝的原因。

下面我们请出本站的地陪导游、中唐时期与白居易齐名的大诗人元稹！刚才说了，元稹先生给杜甫写墓志铭，挑起了李、杜优劣的千古论战，而元稹本人也是一贯风流，一生风流，我们前面讲的“灯影牛肉”就是他的故事，能够请到元稹先生来给大家说说唐诗真是幸甚幸甚！

大家鼓掌，热烈欢迎——

诗歌在唐朝形成一个巅峰是有时代因素的。南北朝时，文人沈约提出了“四声”的概念，完善了诗歌的音律规则，此后隋唐人便喜欢上这个格律的“文字游戏”：朋友聚会，你先写首诗抒发一下感情，我再步你的韵作一首，这叫“唱和”；摆席喝酒，且慢，咱们得行个酒令，以什么字为韵，大家对个对子吧，对不出的罚酒；长亭送别，那就更不能不写诗了，没有诗歌，哪还有远方呢？隐居呢？隐居也得写诗，一则不写诗自己没事干；二则，不写诗谁知道你隐居了？

隋炀帝杨广恰好又是一个雅好文学的帝王，所以，他开创的科举制度就明确提出“文学取士”，也就是说以诗歌写得好不好来取舍你能不能做官。唐朝的科举沿袭隋朝制度，进士考试中很重要的一项仍然是诗赋。有了这样的“导向作用”，唐朝人写诗的风气就十分盛行了，可以说，只要识字的，人人都写诗。诗歌就是唐朝人的日常生活，就是唐朝人的交际语言，诗歌已经成为唐朝人的一种生活方式，考试用它，应酬用它，连追女生都得用它。

贞元年间，湘潭县尉郑德璘家居长沙，有表亲住在江夏（今湖北武昌），郑每年都要去看望一次，每次都是走水路，涉洞庭，历湘潭。有一次，郑德璘从江夏回长沙，泊船于黄鹤楼下。他的船旁边刚好停着一位姓韦的盐商的船。

韦盐商有个女儿住在船的尾部舱中。这天晚上，韦盐商与邻舟朋友告别饮酒，邻舟的女眷也到韦盐商的船上来看望他女儿。两个女孩同处笑语。到了夜半时分，听到江上有秀才高声吟诗：“物触轻舟心自知，风恬浪静月光微，夜深江上解愁思，拾得红蕖香惹衣。”这当然是一首调情诗了：我的船被一样什么东西碰到了，只有我自己知道；这一刻其实风平浪静，月光微弱。在这江上的深夜，你懂得我的愁思吗？因为拾到了一枝红莲，花香把我的衣服都熏染了——两个女孩听到这样赤裸裸的表白，都不敢开口回应。邻舟女孩会写字，看到韦氏妆奁中有红笺一幅，便取过来将听到的那首诗记了下来。两个女孩春心萌动，但却不敢开窗去看一看究竟是谁在吟诗。就这样，当夜无话，各自散去。

说来也巧，郑德璘的船连续两夜都跟韦盐商的船泊靠在一起。到了洞庭之畔，郑德璘终于看到了韦盐商的女儿，她正从船窗里伸出鱼竿垂钓呢！韦氏确实是一个绝色美女，“琼英腻云，莲蕊莹波”。郑德璘也是一个好色之徒，马上用一尺红绡题诗一首：“纤手垂钩对水窗，红蕖秋色艳长江。既能解珮投交甫，更有明珠乞一双。”——你伸出纤手垂钓，像一朵红莲盛开在长江的秋色中。既然你能够像江妃那样解下玉珮交给郑交甫[①]，那我就请求你再赠给我一对明珠作为定情物吧！

郑德璘就把这块题诗红绡硬是挂在女郎的鱼钩上，让韦氏女收了去。

作为一个盐商的女儿，韦氏的文化程度看来是不高的，她读着郑德璘的诗，却不知所云，而且她也不善写字回信，但又耻于无所回报，于是就拿起邻舟女那天题的红笺，将它扔给了郑德璘。

郑德璘一看，以为是韦氏女作的诗，大喜过望：这不一拍即合嘛！

一则古代的爱情故事就这样在《太平广记》里上演了。

---

① 刘向《列仙传》中的典故。

其实，以诗为媒的爱情故事在唐代可谓比比皆是，大家还记得《西厢记》不？张生请红娘给莺莺递纸条，而莺莺的回复就是一首诗："待月西厢下，迎风户半开。拂墙花影动，疑是玉人来。"题目叫《明月三五夜》。这首诗你看懂了吗？反正张生是看懂了，于是他在十五的晚上就去跳了粉墙。

张生的原型就是《西厢记》最早版本《莺莺传》的作者、我们本站的地陪导游元稹。前面我们还讲过李贺因避讳父名而参加不了科举考试的事，这事其实也跟元稹有关。元稹原先是很崇拜李贺的，属于李粉，15 岁考上明经科后，他很想跟李贺结识一下。可是，李贺明星架子十足，一句"明经及第，何事来见李贺"将元稹哥噎个半死，由此也可见，唐朝的人是轻明经重进士，同样是参加科举，明经的文凭却不太吃香——但是没想到，出道早也比不过混得好，年少轻狂时不经意的一句话，却断送了李贺一生的仕途。李贺后来参加进士科考试，考官就是元稹。元稹说李贺的老爸叫李晋肃，这个"晋"字与进士的"进"同音，所以得避讳，李贺就不能参加进士考试了。

大家都会写诗了，诗人们的恩怨情仇当然也就多了。我们还是来看元稹的故事。

元和五年（810），元稹以监察御史的身份来到成都。

按照当时的官场惯例，成都的地方长官在为元稹设宴接风的时候要请官妓侑酒。考虑到元大才子的诗名已经誉满全国，地方官决定派出有"诗妓"之称的薛涛作陪。根据范摅《云溪友议》的说法，其实在此之前，元稹已经久闻薛涛的艳名，"常悄悒于怀抱”，害单相思多时了。这一趟的成都之行，也是他自己请求来的，可谓是醉翁之意不在酒。

那一年，元稹 31 岁，薛涛已经 42 岁了。但 42 岁的薛美人风韵不减当年，尤其是“诗妓”的名声，更为她增添了神秘的光环。

薛涛的出身倒也是官宦家庭。他的父亲是一个小官吏，因仕宦而入蜀，却早早地死在了任上，致使妻女流寓蜀中。后来母亲也死了，孤苦伶仃的小姑娘被迫堕入乐籍，成了一名官妓。据说薛美人 8 岁就能作诗，通晓音律，她还用四川乐山特产的胭脂木即木芙蓉皮做原料，浸泡捣拌成浆，加入云母粉、芙蓉花汁并渗入玉津井的水，制成桃红色的小彩笺，用以写诗。纸面上呈现出不规则的松花纹路，煞是清雅别致，后人仿制，称为“松花笺”或“薛涛笺”。唐人喜欢用彩笺题诗或书写小简，都是学薛涛的样。

薛涛姿容美艳，特别擅长画眉，又兼才艺出众，声名倾动一时，风流天下。历任四川的地方官员都将其视若上宾，从韦皋到李德裕，剑南西川节度使共计换了 11 人，薛涛无不受到封疆大吏的礼遇。一位叫武元衡的节度使入京拜相，还舍不得薛美人，甚至表奏朝廷，要求朝廷授予她秘书省校书郎的官衔，把她带去京城。格于旧例，朝廷当然不会支持这样的提案，但人们还是将薛涛称为“女校书”，后世称歌伎为“校书”也正是从她开始的。

与薛涛交往的风流才子多不胜数，白居易、牛僧孺、令狐楚、裴庆、张籍、杜牧、刘禹锡、张祜等都与薛涛有诗歌酬唱。

元稹也确实是个懂诗的人，尤其是他写给薛涛的情诗更令薛涛心潮起伏。不过薛涛阅人无数，不比那些初堕情网的青楼雏妓，她有自知之明，知道自己已经徐娘半老，比不得那些如花似玉的青春少女，所以也就给元大才子来了个欲擒故纵。但才子元稹更是情场高手，收放自如，他锲而不舍地给美人写诗，他的诗着实给了薛涛很大的刺激和幻想。他写道："风花日将老，佳期犹渺渺。不结同心人，空结同心草。"——我们将会是同心人，因为我们都爱诗。

就这样，在元稹猛烈的诗歌爱情攻势下，薛涛开始飞蛾扑火般地投入了一段刻骨铭心的爱情。两人开始诗文唱和，携手浣花溪畔，相伴于川中各地。薛涛还为元稹主动脱了乐籍，宣布从良，要认认真真地与心爱的人度此一生。

遗憾的是，元稹看来是属于"收集扑克牌"爱好者，所谓"曾经沧海难为水，除却巫山不是云"，薛涛只是他"扑克牌"中的一张，这段轰轰烈烈的姐弟恋随着元稹回京城宣告无疾而终。按照今天的标准，元老师应该属于"渣男"一枚。

最穷的诗人与最富的诗人

唐朝写诗没有稿费这一说，写诗是"纯文学"，诗人没有写诗的专门收入，生计问题你还得去靠一亩三分田。当然了，等你名气大噪的时候，财富也就跟着来了，这就好比我们今天搞自媒体赚流量一样。这么一来，唐朝的诗人就得靠家境的底子好坏了，李白说“千金散尽还复来”，当然有些大话，但他出生于商人家庭，又娶了前宰相的孙女，钱财看来是不差的；杜甫比较苦，“百年多病独登台”，茅屋还要被秋风所破。不过，这两位都不算是唐朝最富或最穷的诗人。

唐朝最穷的寒酸诗人要数孟郊，就是那个写《游子吟》的，你想，他要是有钱，也不用他老母“临行密密缝”了。

孟郊的诗风继承了初唐孟浩然的佛系风格，但他的诗比孟浩然的诗更加古淡清寒。他是浙江湖州武康人，早年随父居洛阳，但父亲早死，孝子孟郊就奉母居。因为不善经营，日子过得很贫寒，考科举也一再失败。但是他却毫不介意，仍旧刻苦吟诗，不趋时尚。后来，总算认识了大文豪韩愈，韩愈倒是很赏识他。46岁那年，老诗人孟郊进士及第，但不知为什么，他却不急于去做官挣钱，而是在洛阳及江南又住了4年，才到长安去应吏部的释褐试，得任溧阳县尉。

孟浩然一辈子没做过官，但他家里肯定不止五斗米，否则，他也不可能隔三岔五地到长安来谈诗论文，开开笔会，还跟贵族出身的王维成了好朋友。现在孟郊终于当上了官，但是这个50岁的县尉只会终日吟诗饮酒，不会办公事。县令无奈，只好另外找了一个人代他办公，称为假尉，分掉他一半的俸禄。你想，一个最末流的从九品县尉，已经是很可怜的那一点儿薪水，还得被平分，这日子能好过吗？生了三个儿子，都不幸夭折，连韩愈都替他痛心不已，在他失去第三个儿子时写了一首《孟东野失子》的诗来安慰他。

所以，孟郊可以算是唐朝穷困诗人的代表，他的诗也都是寒士的悲鸣，后世苏东坡就不太要看这种穷酸相，将他和另一位唐代诗人贾岛并列，称为“郊寒岛瘦”，当然，苏东坡对白居易和元稹的诗风也不太欣赏，称为“元轻白俗”。

写诗不来钱，但在唐朝，有一桩动笔的买卖却是来钱的，那就是替人家写墓志铭。给人撰写碑志或书写碑文可以得到一笔润笔费，越是知名的文人所得到的润笔费就越可观。像颜真卿、柳公权这样的书法家，既能作文又会书写，当然是最受欢迎；而一般的文人，只要会写锦绣文章，将人家的先人往死里捧——哦，不对，反正人家已经死了，爱怎么捧就怎么捧吧，照样是能赚钱致富的。史书记载，唐朝诗人李邕“尤长碑记，前后所制，凡数百首。受纳馈送，亦至钜万，自古鬻文获财，未有邕者”。那位赏识孟郊的大文豪韩愈也是写墓志铭的高手，不知道他为什么不教教孟郊？也许是孟郊的文笔太过清寒，不符合碑志的要求。

其实，对于一个官员的死后评价，朝廷是有专门机构负责的。一定级别的官员死后要由吏部负责考核官员的考功郎中出具一份记录死者生平的行状，再由礼部的太常博士根据这份行状提出一个谥号。谥号上的字在《谥法》上都有专门的规定，比如“忠”“信”“仁”“宣”这些当然是褒义的；“丑”“炀”之类的当然是贬义；而像“谬”（缪）“恭”这些字其实是隐含指责的。这个属于官方结论。但亲属给死者立碑、找人写墓志铭，则属于私人评价了，私人评价当然是要择好的说了，所以这个润笔不能不丰厚。

诗人皇甫湜曾经从白居易手中抢过了一份写碑志的差事，让写碑志的“金主”是宰相裴度。皇甫先生的碑文写得高古逸远，用了很多生僻的字，让同为大知识分子的裴度都不太看得懂。但既然已经让人家写了，照例总得给润笔费，何况自己是宰相，也不能出手太小气。于是，裴度就让人拉了一车价值千余缗的财物送给皇甫湜。没想到，皇甫大才子还嫌少，他让人带话给宰相，说自己虽然不敢称才高八斗，但也是字字珠玑，现在我主动请求给您撰写碑文，稿费标准应该是每个字三匹绢。皇甫湜的碑文一共是 3254 个字，你该付我 9762 匹绢！天，宰相也碰到敲竹杠的了！我们前面说过，唐初一匹绢值 200 钱，到了元和年间，这个价格涨到 800 钱，按这个标准，裴度应该给他 7809.6 贯钱。裴度真的气都要给他气死了！

考虑到请人写墓志铭、碑文这么贵，有的人就想肥水不流外人田了，白居易没有抢到裴度的生意，也不想自己给别人赚了去，于是，他就提前给自己写好了墓志铭，称为《醉吟先生墓志铭》。白居易后来死在洛阳，葬于洛阳城外龙门山上，坟前用的就是这块他自己撰写的《醉吟先生墓志铭》。

当然了，写墓志铭多少有些阿谀他人的嫌疑，所以，韩愈在后世就被很多人批评，因为他写了太多的墓志铭。这样的生财之道，对于家境富裕的诗人来说，还是不屑去干的，而唐朝的诗人中有钱的主儿确实也不少。

话说，唐睿宗文明元年（684），长安的西市上来了一个胡人，抱着一把胡琴高声叫卖。西市多胡商，各种域外的新奇东西层出不穷，那把镶嵌珠宝的胡琴立即吸引了很多人的目光。然而，一问价格，大家都吓坏了。那个胡人漫天要价，居然要以千金出售。

这时候，人群中挤出一个书生来，不讨价不还价，二话不说就以千金买下了这把胡琴。

对于这样土豪的行为，众人都很吃惊，问他为何买下价钱这么高却又不懂如何弹奏的异域乐器。

书生诡秘地一笑，告诉大家他叫陈子昂，来自四川梓州的射洪县，并且说："吾善弹此琴，请明天到敝处来，我将为尔等演奏。"

第二天，陈子昂下榻的旅馆外围满了看热闹的人。陈子昂不紧不慢犹如演奏大师一般手捧胡琴。众人正等着他手挥五弦，目送归鸿，却见他忽地站起，激愤而言："我虽无谢眺、谢灵运那样的才华，但也有屈原、贾谊之志，自蜀入京，携诗文百轴，四处求告，竟无人赏识，此种乐器本低贱乐工所用，吾辈岂能弹之！"说完，用力一摔，千金之琴顿时粉身碎骨。还未等众人回过神，他已拿出诗稿，分赠众人。众人为其举动所惊，再见其诗作才华横溢，争相传看，一日之内，陈子昂便名扬京城。

陈子昂的这番"行为主义"表演确实是"前不见古人，后不见来者"，当然了，千金摔琴，你首先要有千金买琴的实力！

不久，陈子昂就中了进士，那时他才 24 岁。

随便说一下，富贵当然是人人期望的，但钱财有时候也会害人，陈子昂后来被家乡射洪县的一个小小县令害死，据说，那个县令一方面是得了权贵武三思的密令，另一方面就是因为觊觎他们陈家的偌大家产——唐朝的县令也真不得了，居然害死了两位大诗人，另一位大家熟悉的王昌龄也是死于县令之手。看来，唐朝的法制总还是有待提高的。

一首诗引发的凶杀案

说到法制，咱们又要来说一起凶杀案件了。

先来读一首诗：

洛阳城东桃李花，飞来飞去落谁家？
洛阳女儿惜颜色，坐见落花长叹息。
今年花落颜色改，明年花开复谁在？
已见松柏摧为薪，更闻桑田变成海。
古人无复洛城东，今人还对落花风。
年年岁岁花相似，岁岁年年人不同。
寄言全盛红颜子，应怜半死白头翁。
此翁白头真可怜，伊昔红颜美少年。
公子王孙芳树下，清歌妙舞落花前。
光禄池台文锦绣，将军楼阁画神仙。

一朝卧病无相识，三春行乐在谁边？
宛转蛾眉能几时？须臾鹤发乱如丝。
但看古来歌舞地，唯有黄昏鸟雀悲。

这是初唐诗人刘希夷的名作《代悲白头翁》。这首诗的体裁名为“七言歌行”。魏晋以来，这种诗体多用乐府歌词，到了唐代渐渐脱离乐府，成了一种七言古诗的形式，名曰“歌行体”，后来白居易写《长恨歌》《琵琶行》用的都是这种体裁。

刘希夷的作品除了这首诗外已经少有流传，他的生平也几乎湮灭。根据《唐才子传》的记载，刘希夷是上元二年（675）的进士，是大诗人宋之问的外甥。但宋之问也是上元二年进士及第的，可见甥舅年龄应该相差不大。

对于宋之问这个人，我们大凡知道他的“岭外音书断，经冬复历春。近乡情更怯，不敢问来人”。宋之问确实是很有才气的一位大诗人，唐朝七言律诗的格式，就是由他和另一位叫沈佺期的诗人奠定下来的，这两个人可以说是唐诗鼻祖级的人物，后世称为“沈宋”。虽然“沈宋”并列，其实，宋又盖过沈。

据说，唐中宗曾经让宫里的昭容（女官名）上官婉儿评定大臣们诗作的优劣，选择最好的以供谱曲。上官婉儿搭起一座彩楼，自己在楼上选诗，让大臣们都在楼下等候。她没看中的诗稿便会从楼上扔飞下来。这样过了一会儿，一张张诗笺纷纷飘落下来，最后只剩沈佺期和宋之问的诗笺还没有飘落。大家心头都是一阵紧张，想要看看沈宋两人究竟孰高孰下。又过了很长一段时间，终于又从楼上飘下一张诗笺，大家捡起一看，是沈佺期的。这一回，宋之问成了当仁不让的冠军，而上官婉儿的“颁奖词”也说得很公道：“二诗工力悉敌，沈诗落句词气已竭，宋犹健笔。”——你的结尾已经江郎才尽，而人家还很矫健呢！

不过，宋之问的人品大有问题，武则天的时候，趋附献媚于女皇的两个“面首”张易之兄弟，武则天倒台后他被流放，却又逃归洛阳，以告密有功，再度做官，后来又攀附上太平公主、安乐公主，直至唐玄宗即位，将他赐死。

也正因为宋之问的人品不好，所以，在唐人的传奇小说中又留下了他谋杀亲外甥刘希夷的传说。

话说刘希夷写了这首《代悲白头翁》后，还没有正式拿出去发表，先来给舅舅宋之问看。宋之问读到“年年岁岁花相似，岁岁年年人不同”一联，极其喜爱。知道这首诗还没有流传出去，就向刘希夷讨要这一联，想要用到自己的诗中去。刘希夷当时也答应了，但后来却又反悔，因而泄露了这个秘密，让宋之问出了丑。宋之问恼羞成怒，叫人用土袋沙包活活压死了刘希夷，当时刘还不到30岁。

故事的真假已经难辨了，但对于一首诗、一句对联的重视，为了将好的句子据为己有，甚至不惜杀人放火，这样的事情还真的只有唐朝才有。顺便说一句，到了晚唐再到后来的宋朝，有的诗人就是先想好一句联句，先有了得意之笔，然后再铺设成诗，倒也是一种做法。

再顺便说一句，今人读唐诗，总以为初唐、盛唐的才是最好，其实在我看来，唐诗的极盛时代是在中唐，盛唐只是唐代政治、经济的全盛时期，而不是诗或者说文学的全盛时期，中唐诗以及主要产生于中唐时期的唐传奇都是很值得看的。这个话题涉及学术了，有兴趣的团友回去后好好研究，我们再切磋。接下来，我们又要从精神到物质，从“形而上”转到“形而下”，带大家体验一下唐朝“血拼”购物的乐趣——

第十四章

逛完东市西市，再去看一场唐朝的「广交会」

我们的穿越之旅已经接近尾声，各位团友有些着急：除了这一身唐装外，我们都还没买什么东西呢！声明一下，响应国家旅游局号召，我们的团可是“非购物团”。但如果你非要购物不可，我们就把团名改成“非要购物团”。

大唐朝物阜民丰、仓廪俱足，确实有很多东西值得我们买，好在唐朝购物也方便：大唐朝的商业中心集中在长安、洛阳、扬州、广州和益州（今四川成都）五个“一线城市”，而长安城里商业区和居民区严格分开，商业区就是东、西两个大市场，这两个市场里各种商品应有尽有，今天我们请到了大唐朝杰出的理财专家刘晏先生给我们做向导，刘晏先生不仅是一名经济学家，还是一位知名的神童，《三字经》就有“唐刘晏，方七岁。举神童，作正字”之语，等会儿不想购物的朋友也可以向他请教青少年教育问题，我知道这个是大家最关心的了，而想要“血拼”的朋友，就不妨尽情地买、买、买！

现在，让我们跟着唐朝大妈去扫街！

逛了东市西市，等于逛遍全世界

东市位于皇城的东南，靠近兴庆宫；西市在皇城的西南，距离长安西大门金光门很近。两市在同一条水平线上，呈长方形，各占两坊之地，均处于城区的适中位置。这样的设置是为了既方便城北的达官贵人，又照顾到城南的普通居民购物。

东市、西市都是封闭的市场，四周筑有围墙，东西南北每边各有2个门供出入。市场内部又有井字形的4条大街，把整个市场划分为9个交易区，然后各个交易区内的小街小巷唐人就称之为“曲”。一般的行会都会集中在某处交易，比如米行、酒行、衣行、鞋行、饼行、鱼行、药行、瓷器行等，东市内部就有220行，“四方珍奇，皆所积集”，你说还有什么东西买不到？

东市由于靠近兴庆宫，所以地价较贵，尤其是仓库租赁的费用叫人咋舌。通过丝绸之路来到长安的波斯、大食及西域商人大多是从西面入城，首先来到的总是西市，因此，西市里的外国胡商远远比东市多，如西市里有不少波斯商人开的“波斯店”“波斯邸”。总之呢，东市是全国内销商品集中地和高档奢侈品专卖店；西市是全国外贸商品集散中心、长安城里最大的“免税店”，各种海外奇珍异宝，琳琅满目让人目不暇接。

东西两市寸土寸金，店铺的门面都不大，最大的面阔也只 10 米左右，约为 3 开间，最小的只有 4 米左右。所以，大家不要一股脑儿都集中地拥到一家去，我知道我们国人出去购物有这样的习惯，但到唐朝还请大家注意一下。

当然，你也不要小看了他们这小小的店面，当年的世界首富都在这儿呢！你要问唐朝的商人多有钱？唐玄宗也曾经这样问过长安的巨商王元宝，王元宝回答说："臣请用家里的绢来买陛下南山秦岭的树，每棵树估价一匹绢，南山的树卖完了，臣家里的绢还没有用完呢！"唐玄宗听后吓了一跳，拉着王元宝步出含元殿，向南山秦岭方向望去，那里树木葱郁哪里望得到边。突然玄宗发现一条白龙横亘在秦岭上，他问身边的大臣，大臣们却说看不见。于是，他又问王元宝是否看见有一条白龙。王元宝说："我看见一个白色的东西横在山顶，但看不清形状。"唐玄宗笑了："我听说至富可以敌贵，朕是天下最高贵的人，王元宝是天下最富的人，所以我们两个才可以看见那条白龙。"另外一个富商叫任令方，因犯法而被没收家产，你知道他家的钱有多少吗？ 60 多万贯！唐朝最多一年的铸钱量也只有 32.7 万贯，任家的钱财相当于国家两年的货币发行总量！

所以呐，千万别小看了这些唐朝的商人们。对他们，你只能竖起大拇指，赞一声：永远的神！

在东市、西市购物你可以绝对放心。刘晏大人说了，每个市场都有主管市场交易的官吏。这些官吏的职责，一是评抑物价，市场官员每隔 10 天会对市场内的货物估价一次，称为"市估"，对同一种货物分精、次、粗三等价格，所以，你在这里买东西不用担心被“杀猪”；二是严禁出售质量不合格商品，唐朝的计量标准比我们今天还严格，比如一匹绢，长度必须达到40尺才算合格，如果商人出售的绢不到这个长度就要被杖责60下。乖乖，还是蛮厉害的！三是严禁使用私自制作的斛斗秤度，违者笞50下；四是严禁故意哄抬物价，垄断市场，唐朝人把这个称为“参市”，违反这条规定的一律杖80下，严重的还要按盗窃罪论处。有了这样的规定，东市、西市的市场秩序绝对令人放心，你们尽可以大胆购物。

还有一条规矩要跟大家补充讲一下：唐朝规定禁止百官入市，官员是不能逛商场的。我们团友中有没有已经考中进士取得功名的？对不起，那您就不能进东市、西市购物了——为什么？别问我为什么，皇帝定的，其实想想也有道理，穿着官服在市场里跟人讨价还价，有失官员形象。那么官员要买东西怎么办？叫你仆人去呀！朝廷都给你们配备了仆佣的，要不怎么叫官老爷呢？

好了，中进士的团友请主动出列，先找个茶肆去喝几壶，外面等着大家购完物吧。没办法，这叫有得必有失，下一站，就有你们的便宜了！下一站去哪里？暂时保密。

那么，唐朝有哪些东西值得我们购买呢？我来给大家普及一下，反正我也不吃回扣，即使吃了回扣拿回几个开元通宝我也没法用。

首先呢，唐朝的瓷器是很不错的，外国人称我们“CHINA”，CHINA 就是瓷器，所以这瓷器当然是我们的国宝了，而从唐朝开始，中国古代才正式有了“窑”这一专称。唐朝的名窑以浙江绍兴的越窑和河北邢台的邢窑最有名。越窑主要烧制青瓷，其器物明彻如凉，晶莹如玉，其中有一种“秘色瓷”据说是用保密釉料配方烧制的，到了宋朝就已经绝迹，你们如果能淘到一件，那就发了！而邢窑的白瓷在唐代也曾经风靡全国，一般来说，越瓷多做一些酒注、酒盏、茶器之类精巧的小物件，而邢瓷则多做瓶子、盘子之类的大器件，“南青北白”各有差异。唐朝的诗人才子们对青瓷白瓷大加赞美，皮日休说“圆似月魂坠，轻如云魄起”，翻译成现代汉语就是“月亮代表你的心”“你是天边最美的云彩。”

这位朋友说到唐三彩了，唐三彩严格意义上不能算瓷器，它只是一种陶器，在铅釉里掺和少量铁和钴的氧化物，掌握好火候，就可以烧制出一件唐三彩了。这玩意儿确实是唐代的工艺，但我不建议大家买，因为它在唐代大多是作为冥器而生产的，你懂的！你总不想把家里布置得跟墓葬现场一样吧？

说完陶瓷，咱们再来看看丝绸。

白居易有两句诗：“红袖织绫夸柿蒂，青旗沽酒趁梨花。”他在诗旁自注云：“杭州出柿蒂花者尤佳。”因为古文是没有句读标点的，于是就有人把白氏的自注误断为：“杭州出柿，蒂花者尤佳。”杭州确实出柿子，西溪边上的蒋村出产的柿子就很有名，但白居易诗里夸的却是一种叫“柿蒂绫”的丝织物。

杭州的丝绸在唐代是很出名的，杭州栽桑养蚕的历史可上溯到 4000 多年前的良渚文化时期，自古就有“日出万绸，衣被天下”的说法。据日本人佐藤真写的《杭州之丝织业》记载，在日本机制业未发达之前，所称的吴国的服地，就是由杭州输入的丝织物。现今日本还有“吴服店”的名称，其起源就在于此。

根据唐代文献《唐会典》的记载，杭州在盛唐开元年间就已经上贡白编绫、绯绫和纹纱等丝织产品。按照惯例，每个州都有把本地的土特产上贡给朝廷的义务，称为土贡。唐朝政府对各州贡品的数量要求并不多，以绢价而论，无过50匹，折成绫，则更少。史料记载，杭州年贡的白编绫在10匹到12匹之间。如此的数量，可能是由官府专门指定织工数人生产的。白居易有一次宴请两位穷朋友，席间突然对他们的衣着寒酸大发感慨，“因命染人与针女，先制二裘赠二君”。(《醉后狂言酬赠萧殷二协律》)——刺史府中有可供差遣的染工与针织女工，可见唐时的杭州丝织从业人员已成规模，丝织品也已经成了地方上的拳头产品。

在互联网时代的今天，大家对丝绸的感觉或许有些淡漠，但在古代，绫罗绸缎绝对是财富与华贵的象征。讲一个故事：罗马帝国大军东征，与波斯大军在沙漠相遇，波斯军的战旗均是丝绸制作的，猎猎旗帜在烈日下闪着耀眼的光芒。罗马士兵看得目瞪口呆、目眩神迷，在罗马，每磅生丝要卖到12两黄金！这仗还怎么打？战争的结果可想而知。

这是丝绸的力量！

好了，大家去找找看，有没有白居易夸赞的杭产“柿蒂绫”，如果有替我也买些来，让我回老家杭州也可以去夸一夸。

对了，有没有喜欢书法的朋友？唐朝的造纸业很发达，官府设置了很多造纸作坊，生产麻纸、藤纸、绫纸等各种纸张。比如有一种专供写经、刻书用的黄白经笺，都是以大麻为原料，调和纸浆时加入黄檗汁而成。这种纸张不怕虫蛀、不受水浸、不易霉烂、不透墨水，简直是神品啊！唐朝造纸业的著名产地也多集中在江南地区，著名的纸有宣州的宣纸、益州的麻纸、越州的剡藤苔笺、扬州的六合笺等。还有一种颇具浪漫色彩的纸笺叫薛涛笺，据说是成都的“女校书”薛涛发明的。薛美人用四川乐山特产的胭脂木，也就是木芙蓉皮做原料，浸泡捣拌成浆，加入云母粉、芙蓉花汁并渗入玉津井的水，制成桃红色的小彩笺，用以写诗。纸面上呈现出不规则的松花纹路，煞是清雅别致，后人仿制，称为“松花笺”或“薛涛笺”。喜欢搞情调的朋友可以买些回去，哄哄女朋友最实惠了。

有人想买唐朝的铜镜，你一定是看过电影《聂隐娘》的，那个磨镜少年给你留下了深刻的印象吧？唐朝的金银器、青铜器及各种金属用具的锻造方法都很精密，每件器物都是用手工打制，绝对有投资和收藏价值。大家记住，唐朝的好东西都有著名的产地，例如金银器产于绵州、银器产于宣州、桂州，铜器产于扬州、越州，青铜镜则要产于并州、扬州和桂州的，而铁镜则要认准并州产。

还有几位朋友想买烟、茶、酒，“老三篇”了，告诉你们，烟是肯定没有，印第安人还没有发明出来，至于茶和酒嘛，我在前面也告诉大家了，哪些是唐朝的名优品牌，茶叶中有长兴顾渚的“紫笋”、剑南的“蒙顶石花”“神泉小团”、福州的“方山露芽”；酒嘛，有郢州的“富水”、乌程的“若下”、剑南道的“烧春”、富平的“石冻春”、河东道的“乾和葡萄”、长安的“西市腔”、虾蟆陵的“郎官清”“阿婆清”，还有波斯的“三勒浆”等，但我还是不建议你们买，你说，你带一瓶唐朝的酒回去，有人敢跟你喝吗？

还有一件东西倒可以向大家推荐，那就是扬州毡帽。今天的人只知道浙江绍兴的毡帽出名，而在唐朝，扬州毡帽曾经风靡一时，因为这项毡帽还曾救过著名的宰相裴度一命！

来说一个故事：公元 815 年六月初三的黎明，时任翰林学士、左赞善大夫的白居易像往常一样沿着朱雀大街前往大明宫去参加早朝例会。走着走着，突然有几个黑影从排水沟里蹿出来，紧接着前方传来凄厉的惨叫和急促的呼救声。白居易赶紧向前跑去，恐怖的一幕出现了：只见一个人躺在血泊中，身穿紫色官服，腰佩紫金鱼袋，更惊悚的是这个人的头颅被人割走不见了。被害人很快被辨认出来，此人竟是当朝宰相武元衡！刺客就是从道旁的排水沟里发动的攻击！

这桩血案的起因是跋扈的藩镇雇用刺客向中央朝廷示威，就是公元 9 世纪唐宪宗朝的事，当时遇刺的还有另一位主张削藩的大臣裴度。据他说，他走出通化坊自己家里不久，就被埋伏着的刺客连击三剑，第一剑砍断了他的靴带；第二剑刺中了他的背部，所幸只是划破内衣；第三剑直奔头部而来，而当时他正好戴着扬州出产的毡帽，这种毡帽很结实，所以砍得并不深，刺客以为他已死，便罢手离去。唐宪宗对此十分震惊和愤怒，任命裴度继任宰相，继续平定藩镇叛乱。然而扬州毡帽救了宰相一命的广告也越传越响亮，唐朝官员为了保住脑袋几乎人手一顶当安全帽用了。

我们买了回去倒不是防刺客，但因为有这么个故事，或者还可以叫扬州毡帽的代言人裴度先生签个名，总还是不错的旅游纪念品。

好了，介绍到这里，就此分散行动，逛完东市、西市之后，我们还要带大家参观唐朝的“广交会”。

广交会就是广运潭上的交易会

韦坚是玄宗时期的红人，他的姐姐嫁给了玄宗的弟弟、薛王李业，开元二十二载（734），李业死后被追封册赠为惠宣太子，他的姐姐便成了惠宣太子妃；他的妹妹又是玄宗的儿媳妇、唐肃宗的第一任太子妃，所以韦坚是两个太子妃的兄弟。韦坚自己的妻子则是楚国公姜皎的女儿，这般左右逢源，想不富贵都难。

开元二十五年，韦坚任长安县令。天子眼皮底下，正好表现。很快，他因才干出众、办事精明而受到玄宗的赏识。天宝元年（742），这位皇亲国戚就被提拔为陕郡太守、水陆转运使。这是一个负责从江淮调入京兆的粮食财帛等物资转运的官职，油水自然很足。不过平心而论，韦坚确实是个很有想法、很有能力的官员。

当时江淮的粮食由水路运抵陕西华阴的永丰仓后，再要经渭河水运或陆路转运到长安。陆路转运当然没有水路来得方便，一船粮食不知要由多少匹骡马来拉；但水路却也有问题，问题就出在渭河水浅滩多，容易搁浅，到了陕西华阴后，船就行不动了。

韦坚上任后决定搞科技创新，经过一番缜密的调查后，他上奏建议要攻坚克难，引灞河、浐河的水与渭河水汇流，在咸阳将渭河水位抬高，然后在长安城东九里的长乐坡下开凿一个人工湖"广运潭"，与漕渠相沟通。这样，从永丰仓来的船只就可以直接开到长安城下了，也就是说从江淮来的财帛货物可以直抵长安。

这当然是个大胆的想法！渭河水位能不能提高？提高后会不会引起洪涝灾害？这可是在天子脚底下，容不得开玩笑。好在唐玄宗也是一个充满想象力的皇帝，当即拍板支持韦坚。

天宝二年，广运潭修成。

为了向玄宗皇帝献礼，同时也是给当初反对自己的政敌们一记响亮的耳光，韦坚决定在广运潭里搞一场"广交会"。

韦坚组织了一个声势浩大的船运队，船队的船只多达二三百艘，这些船里装满了来自南方各地的各种特产和各种进贡的物品。每艘船上都挂一面巨大的旗幡，远远望去就可以知道是哪个州郡的物资。为了让这个政绩工程得到更多的瞩目，他在广运潭的东岸修建了一座高大的望春楼，以便玄宗和文武大臣们检阅船队进京的盛况。

这一天，应该是个风和日丽的好日子。

玄宗带着后宫的亲随和一班大臣坐在新近落成的望春楼上神情自若地四处张望。总导演韦坚跑进跑出，忙得不亦乐乎。吉时良辰一到，只见他将手中大旗左右一挥，河道上便蜿蜒驰来望不到边际的船队。

扬州广陵郡是南方一等一的富裕之地，广陵的大船就成了打头的第一艘，栿背上堆积着广陵所出的绵、镜、铜器、海味；丹阳郡（今江苏镇江）的贡船紧跟其后，满载着京口绫衫段；晋陵郡（今江苏常州）的船，装满了折造官端绫绣；会稽郡（今浙江绍兴）船，带来的是铜器、罗、吴绫、绛纱；南海郡（今广东广州）船，运来的是玳瑁、珍珠、象牙、沉香；豫章郡（今江西南昌）船，装满的是名瓷、酒器、茶釜、茶铛、茶碗；宣城郡（今安徽宣城）船，即空青石、纸笔、黄连；始安郡（今广西桂林）船，即蕉葛、蚺蛇胆、翡翠；吴郡（今江苏苏州）号称鱼米之乡，进贡的也是白得耀眼的糯米，还有方丈绫。

数十郡组成的船队浩浩荡荡，横无际涯。

船夫们都戴着大笠帽，穿着统一的宽袖衫、芒屦，如吴、楚之地农民的打扮。

唯一遗憾的是船队开来的时候没有办法奏《运动员进行曲》，韦坚的部下、陕县县尉崔成甫也很会给领导“戴大红花”，亲自创作了一首《得宝歌》，并召集县里的官员和一帮妇女，在望春楼下高唱《得宝歌》：“得宝弘农野，弘农得宝耶！潭里船车闹，扬州铜器多。三郎当殿坐，看唱《得宝歌》！”

崔成甫身穿白衣绿衫，臂上缠着锦，头上缠着红罗，打扮得像个喜剧演员，坐在第一艘船上卖力地带头歌唱，跟着他唱和的妇女有100多人。这个临时组成的合唱团喜感十足，让唐玄宗笑得合不拢口，而闻讯前来长乐坡上看热闹的京城百姓也都被这样盛大的场景所震撼。据说那天，帽子鞋子被挤掉、头上的钗簪掉落丢掉的观众不计其数，长安的小偷们好好地发了一笔小财。

这个时候，满面春风的韦坚兴冲冲地跑上望春楼，向玄宗奏报，呈上各地进贡物品的清单。随后，教坊的乐队也奏起欢快的乐曲——当然不是《运动员进行曲》了。

玄宗对这次广运潭“广交会”的成功举办十分满意，当即下诏对韦坚进行表彰，授银青光禄大夫、左散骑常侍，并兼任江南和淮南租庸转运处置等使。各郡押运财帛进京的官员也都各有奖赏，玄宗还下令赏赐给船夫们200万钱。至于那个卖力歌唱的崔成甫，他的官实在太小，轮不到由玄宗亲自嘉奖，只好事后由韦坚来嘉奖了。

就在众人如沐春风、皆大欢喜的时候，有一张脸却笑得很不自然，那就是宰相李林甫的猴子脸。

很快，大唐“广交会”的功臣韦坚因得罪宰相李林甫而失势，先是被免官流放岭南，然后又被坐罪赐死了。崔成甫的歌算是白唱了。

顺便说一句，我们的地陪刘晏大人后来也是因为得罪了宰相杨炎而被赐自尽，而杨炎呢，流放海南岛，也是旋即坐罪赐死。看来在唐朝当官也是一个高风险行业，但没有办法，只有这个职业最好了。

杨贵妃吃的荔枝究竟产自何地?

说到唐朝的贡品，大家首先想到的是荔枝。

长安回望绣成堆，山顶千门次第开。
一骑红尘妃子笑，无人知是荔枝来。

杜牧的这首《过华清宫》实在是太有名了，以至于杨贵妃喜食荔枝也成了众所周知的事情。“一骑红尘妃子笑”，那么，“一骑红尘”究竟从何而来？杨贵妃吃的荔枝究竟产自何地呢？杜牧没有交代，说是“无人知道”。其实，比小杜（杜牧）更早的老杜（杜甫）倒是在诗里提到过：“忆昔南海使，奔腾献荔枝”，根据杜甫的说法，一骑红尘应该来自南海。两百多年后，苏轼被贬官到岭南，这位“老饕”吃到了南国的荔枝，以为跟杨贵妃有了神交，也赋诗一首：

罗浮山下四时春，卢橘杨梅次第新，
日啖荔枝三百颗，不辞长作岭南人。

苏东坡还在家书中跟儿子开玩笑说，千万别让自己的政敌知道岭南有荔枝，否则他们都会跑到岭南来跟自己抢荔枝吃。

由于这样的缘故，岭南产荔枝也便家喻户晓，大家也就想当然地认为杨贵妃当年吃的荔枝也必是岭南进贡的了。连司马光在《资治通鉴》天宝五载条里都说：“妃欲得生荔支（枝），岁命岭南驰驿致之。”《新唐书》里也记载：“岭南道广州南海郡，土贡：荔枝。”这本书里还讲了一个小故事：说是唐玄宗在骊山上为杨贵妃过生日，让人在长生殿上奏乐，乐师演奏了一首新创作还没有命名的曲子，正巧南方的荔枝送到了，于是，这首曲子就被唐玄宗钦定为《荔枝香》——那个时候还没有杜牧的诗，否则叫《妃子笑》应该更好。

《杨太真外传》里说，马嵬驿前杨贵妃刚刚被缢死，恰好广州进贡的荔枝送到了，唐玄宗睹物伤情，便让高力士拿去祭奠已经死去的杨贵妃。清朝时曾任两广总督的阮元在《岭南荔枝词》中写道：“新歌初谱荔枝香，岂独杨妃带笑尝。应是殿前高力士，最将风味念家乡。”——高力士是广东高要县人，阮元的意思是唐玄宗命岭南进贡荔枝，不仅是为了讨杨贵妃的欢心，也是为了解高力士的思乡之情。

然而，荔枝这个东西保鲜是很困难的，白居易说它采摘后“一日色变，二日香变，三日味变，四五日外香味尽去矣。”这样说来，杨贵妃吃的荔枝必须在采摘后的几天内送到，如果超出了四五天，那也就“香味尽去”不能引得“妃子一笑”了。岭南广州距离京师长安5400多里，其中还有许多崇山峻岭、江河恶水，道路险阻，要想飞驰到达，恐怕是做不到的。明末顾炎武在《日知录》卷十《驿传》中记录了唐代的驿传制度："其行或一日而驰十驿[①]"。正常的驿递速度是每天300里，那么，从岭南到长安就要18天；即使日夜兼程算它一天跑600里，也得9天才能送到。所以，杨贵妃吃的荔枝恐怕不会是岭南进贡的。

有人认为杨贵妃吃的荔枝产自福建，从宋朝到清朝一直都有福建上贡荔枝的记载，虽然没有唐朝的记载，但相传唐玄宗每年正月十五晚上都要在宫中抛撒闽江红锦荔枝和洞庭金橘，让宫人争相拾取来取乐。唐朝诗人王建在《宫词》里有生动的描写："众里遥抛金橘子，在前收得便承恩。"说的是宫女们抢荔枝、金橘，情景有点儿像今天的主持人往台下抛小礼品，谁接到就归谁。李德裕的诗里则写道："荔枝来自远，卢橘赐仍叨"，说明抛的是两样东西：一是荔枝，一是柑橘。

柑橘的产地比较多，像我的家乡杭州一带每年就要进贡橘子两千个，白居易担任苏州刺史时也作过一首诗《拣贡橘书情》："洞庭贡橘拣宜精，太守勤王请自行。"内容描写的是自己作为地方官登上苏州太湖的洞庭山，为皇上精心挑选贡橘的情景。而荔枝嘛，既然已经说明是闽江红锦荔枝，自然是福建的贡品了，李德裕也说"荔枝来自远"，可见要比柑橘的产地远些。然而细想也不对，福建跟长安的距离恐怕也不比广州近多少，以当时的保鲜技术要想在十天半月内送到都是很成问题的，看来此说也不可靠。

① 据《新唐书·百官志》，唐代以三十里为一驿。

其实，前文所引阮元的诗里既然讲到了高力士的思乡之情，为什么就没人考虑到杨贵妃的思乡之情呢？在我看来，一骑红尘可能还是来自杨贵妃的家乡蜀地四川。四川的涪州、泸州、嘉州和忠州诸地历来盛产荔枝，在唐朝都曾向朝廷上贡，而成都离长安2300多里，比岭南的距离缩短了几乎一半。作为四川人的苏东坡其实早就知道这一事实，在他的《荔枝叹》里写道："永元荔枝来交州，天宝岁贡取之涪。"意思是四川的荔枝品种是从越南引进的，唐朝天宝年间涪州（今涪陵）每岁进贡朝廷。他还在自己的诗里注解了运输路线："唐天宝中盖取涪州荔枝，自子午谷路进之。"——三国时蜀汉大将魏延想要奇袭魏国首都长安的子午谷竟被用来运送荔枝！取道这条谷道，快马二十个小时即可到达长安。南宋末年的诗人谢枋得也提到："涪州贡荔枝到长安，色香不变，贵妃乃喜。"

当然了，我们说杨贵妃吃的荔枝产自四川涪陵，其他荔枝产地的人恐怕不服，连四川泸州、宜宾、乐山、忠县乃至重庆的人也都不服，大家各自可以举出许多例证来。这年头，连孙悟空的老家都要争了，何况国色天香的杨贵妃呢，关系到经济利益啊！我们的穿越之行虽然可以更近距离地看唐朝，但也没法去采访到唐朝的国母，所以就到此为止吧。各位团友看看，除了荔枝外，东市、西市还有各种水果，大家尽可以选购，不必跟杨贵妃抢食了。

第十五章

游仙窟，平康里就是荷尔蒙

怎么样，逛了东市西市大家都收获满满吧？看看你们都买了什么东西？哦，你买了鸳鸯莲瓣金碗，这个好，唐朝的金器制作工艺了得，拿回去还保值；你买了一个白瓷皮囊式壶，嗯，不错，邢窑的，回去喝凉水不塞牙……唷，这里还有一本《游仙窟》的手本，这位先生一定是个有文化的人，这东西放在今天是个宝贝了，不过在唐朝，它就是个大众通俗读物。

什么？我吊你们胃口？没有啦！《游仙窟》就是一本唐代的传奇小说，当然是3A限制级的，是一个叫张鷟的人写的，采用的是自叙体的形式，描写作者奉使河源，在金城附近的积石山探访了当地人口中的神仙窟。这位张先生夜宿大宅，与两名妖冶女子调笑戏谑，宴饮歌舞，无所不至。小说是用四六骈文形式所写，文辞华艳浅俗，把唐初文人放荡、轻佻的狎妓生活第一次写进了传奇小说，很快成了畅销书。所以说在唐朝，这玩意儿到处都有，还被日本的遣唐使当作宝贝引进到了日本。只是到了后来，不知怎么的，这本书在咱们中国就绝迹了，还得从日本去“出口转内销”。

我们这趟穿越之旅答应过大家，要去考察一下唐代的青楼文化，好在唐朝的青楼一条街“平康里”也就在东市的旁边，今天我们就去平康里做一个深度考察。记往，是考察青楼文化，重点是文化！

大家都同意是吧？请大家一定要抱着严肃的态度，以文化的视角对待哦。好，咱们走吧！

哦，对了，我们这一站的地陪导游是“十年一觉扬州梦，赢得青楼薄幸名”的杜牧杜大才子，有人青史留名，有人青楼留名，杜先生是老司机了，青史和青楼都留名，大家跟着他，你懂的！

新科状元的拜师宴居然摆在妓院里

今天这一站，要从一场科举考试说起。

唐文宗开成三年（公元838）戊午科开榜。

这一科的进士共取四十人，考官是以“励精取士”闻名的礼部侍郎高锴，试题是《太学创置石经诗》。

所谓太学创置石经，就是在国家最高学府太学的门前树碑镌石刻写经文，这里有一个典故，说的是东汉的蔡邕“应征入朝，校书东观”，也就是替国家图书馆校订馆藏图书，完成了这桩浩大的文化工程后，蔡先生亲自书部分经籍于碑，镌刻后树立在太学之外，供人拓片，给社会提供一个范本，这就是著名的“熹平石经”——你看看，唐朝的科举考试出题往往用到典故，可见学好历史是多么重要！大家有空还得多买我的书来看。

熹平石经刚刚展出时，每天前往观摩者，车辆有千余乘，填街塞巷——哎！如今这种盛况，只能在流行歌手开演唱会时才能碰到，可见文化的地位日渐式微，而娱乐终至日益猖獗。我们之所以推出时光旅行，也是对古代文明的无奈缅怀。

好了，扯远了，扯远了，这跟青楼有什么关系？性急的朋友已经在嘀嘀咕咕了，别急，咱们是从文化入手，我刚才不是说过吗，还是听我说下去——

还来说这一科考试。应该说这样的考试题目倒也是常规性的，说不上特别容易也说不上特别难，符合今天中考、高考出题的中庸原则。但是，令人大跌眼镜的是头名状元的名字赫然写着：裴思谦。然而这位山西绛州的秀才此前早已放出风声：这一科的状元非他莫属！

裴思谦是哪一路狂人？敢如此高调？倒不是因为才高八斗，技压群雄，而是因为他的背景权倾一时，无人可比。

早在一年前，投在大宦官仇士良门下的裴思谦裴秀才就拿了仇的帖子去找当年的主考官高锴，想要换取进士及第的身份。

唐代的科举制度要求举子们在参加礼部的考试前，将平日所作的诗文投献给主司考官及权臣名宿以作为参考，谓之“省卷”“行卷”。莘莘学子十年寒窗浸淫科目，殚精竭虑为搏一第之外，还得到处奔走投托，求人品评，钻营援引，像裴思谦那样拿着仇士良的帖子去找考官，也不算怎么违规的。

但问题是高锴为官清正，不吃这一套，当场将他轰了出去。裴秀才碰了钉子恼羞成怒，扬言进士不稀罕了，明年非中状元不可。

戊午科开榜前，裴思谦又拿着仇士良的帖子去找主考官高锴，趾高气扬地说："仇大人有信，荐裴思谦为状元。"

主持贡部多年、阅人无数的高锴高大人早已把去年那位酸秀才裴思谦忘掉了，对他说："状元已有人选，状元以外的可以按仇大人的意思办。"

裴思谦却继续厚着脸皮说："裴秀才非状元不放！"

此时的仇士良已经气焰熏天，连皇帝老儿都忌他三分，高锴知道，这次再得罪仇士良不会有好果子吃，就说："既然如此，我要见见裴秀才。"裴思谦微笑着说："卑吏便是。"——碰到这么厚脸皮的人还有什么话好说！不得已，高锴只好让他当了状元。

这个故事告诉我们，状元内定的做法由来已久。

当然了，这是中国科举史上最嚣张的一位状元郎，而更富戏剧性的是，这位新科状元及第后所做的第一桩事不是按惯例向恩师递上门生帖，而是"作红牋名纸十数诣平康里"。（宋尤袤《全唐诗话·裴思谦》）

平康里是什么地方？住着什么重要人物？以至于新科状元不去拜恩师倒要先去平康里投帖？

说来不怕你笑话！平康里是长安城内朱雀街东面丹凤街上的一条里弄，又称平康坊，这里就跟民国初年北京的八大胡同一样，是青楼妓院的集中所在，是妓女们的聚居之地。平康里在长安城的北边，所以又称"北里"。

唐孙棨《北里志·海论三曲中事》："平康入北门，东回三曲，即诸妓所居。"元李好文《长安志图》："平康为朱雀街东第三街之第八坊。”在后世的文学作品中，平康里就成了妓女所居的泛称。

中状元后的裴思谦选择了将他人生中的“金榜题名时”与平康里的妓女们共同度过，就像2001年度诺贝尔文学奖得主、英国作家奈保尔在获奖感言中，对他经常光顾的妓女们表示“感谢”一样。

以文笔犀利而富于争议著称的奈保尔是因为忙于写作，无暇去追求更体面的情妇，只有常常在妓女的怀中寻求慰藉。他坦言：“她们给予我安慰，我知道，当我需要时她们乐意效劳。我无法去追求其他的女人，因为这耗费时间。如果你想引诱一个女人，如果你的婚姻在各方面都不如意，你就无法决定这样去追求，这需要很多天，很多星期的时间，这等于是放弃事业。”同时他又承认，这种经历并未教会他什么。

不过，与奈保尔相比，裴思谦在金榜题名之时作红牋名纸诣平康里，显然已经超出了仅仅是满足肉欲这样的低层次生理需求，如果从精神层面来分析，它更多地带有一种得意的宣泄，也是对考官高锴的一次羞辱。

从一个现代人的理解来看，裴思谦的行为似乎带着一种离经背道的反叛意味，然而事实上，狎妓在当时并不违禁，而文人狎妓更是一种流行的时尚，甚至是一桩可以称道的风流雅事，所以这种宣泄与反叛无关。一个人品低下的人很少会同时具有高尚的反叛精神。裴思谦也毫不隐讳他的轻狂作为，《全唐诗》里还存录了他为这次疯狂主题派对所写的一首诗《及第后宿平康里》：

银釭斜背解鸣珰，小语偷声贺玉郎。

从此不知兰麝贵，夜来新惹桂枝香。

“银釭”是银白色的灯盏烛台，“鸣珰”是指金玉质地、晃动有声的首饰。一边是浪漫掩映的摇曳烛光，一边是鸣珰暗褪、罗裙轻解，还不忘低眉娇羞、柔声细语地祝贺，平康里此时正是良辰美景对美人，使得我们的主人公大有月中折桂、独占花魁的感觉，于是一夜轻狂，“从此不知兰麝贵，夜来新惹桂枝香”。一副“子系中山狼，得志便猖狂”的嘴脸就露了出来——这首诗的唯一好处是为后世分析一位科场得意男子的性心理提供了样本。

新科状元在妓院里搞私人派对，那么其他新科进士们呢？

进士们也不闲着。记得我们在“新科进士的光明虾”里讲到的“曲江宴”“探花宴”吗？据说，曲江宴原本是为了安慰落第的举子而设立的，铺陈也十分简单。不过，从来只有胜利者的欢庆，哪有失败者的节日？所以，这个失败者的节日很快被改造成了新科及第进士的狂欢节。这一改，果然大不一样：一时间，万人空巷，长安百姓都赶来一睹新进士们的风采，文献上的记载说是“长安几于半空”！

唐朝的科举竞争很激烈，很多外地的学子平时在家长和塾师的高压监督下两耳不闻窗外事，一心只读圣贤书，过着类似苦行僧的日子，初到长安，繁华的都市，声色犬马对他们都是不小的诱惑。从心理学的角度来说，各种本能及心理的压力愈重，宣泄的欲望也就愈强烈。而一旦金榜题名，立刻成了万人仰慕的社会精英，“人生得意须尽欢”，当捷报飞至，“漫卷诗书喜欲狂”。于是，紧绷的神经一下子松弛下来，各种平时积压的渴望喷涌而出。满足这种种欲望的最佳场所，当然无过于青楼，正所谓“春风得意马蹄疾，一日看尽长安花”。

唐人性情开放，行为也较多放纵。谈到中国古代史，有一个流行的说法，叫“脏唐烂汉”。这个说法由来已久，其由来就是因为这两个朝代，从宫廷到民间，性关系、伦理关系普遍比较混乱。唐朝的“性解放”运动，甚至上升到理论高度。白居易的弟弟、唐朝诗人白行简甚至认为男欢女爱才是人世的快乐原型，对功名利禄的追求只是性快乐的“替代性满足”——这种说法，比弗洛伊德的“性源说”早了整整一千年！

玩得比裴思谦疯狂的还大有人在。比如进士郑愚、刘参、郭宝衡、王冲、张道隐等十几人，就以“不拘礼节”为旗号，大搞行为艺术。每当草长莺飞的春天到来，这批大唐朝的“垮掉的进士们”便带着妖冶的妓女三五个，乘坐着小黄牛拉的敞篷车，招摇过市，来到名园曲沼的国家公园，男男女女在草地大跳脱衣舞，叫嚣喧呼，一派颓废。他们还为自己的行为美其名曰“颠隐”——就是疯癫状态的隐逸。

当然了，裴思谦也好，颠隐们也好，这里面有一个重要的前提，那就是狎妓在唐朝是合法的，甚至是被视为一桩风流雅事。

妓院还分官办与民营?

既然烟花行业被视为合法，那么，唐朝政府对于青楼也就有一整套的管理办法。说来叫人大跌眼镜，唐朝的青楼分为官办与民营两种，按照中国著名性学专家刘达临教授的说法，妓女也分为宫妓、官妓、营妓、家妓和私妓五种。

所谓宫妓就是居于禁宫，专门为帝王提供服务的，主要是教坊女乐。据《开元遗事》记载，唐玄宗与杨贵妃每到酒酣之时，便让贵妃统宫妓百余人，玄宗自将太监百余人，在掖庭之中排开对立的两阵，互相射门，号为“风流阵”。这个“射门”的动作无论在今天还是当时都具有强烈的性暗示。

由于是服务皇帝和宫廷这样一种特殊性，不少良家妇女甚至官宦家庭的适龄女孩也多有被征入宫的，如《旧唐书·李绛传》记载，元和七年，“教坊忽称密旨，即良家士女及衣冠别第妓人，京师嚣然”。由此可见，宫中招聘是良家妇女和“专业文艺工作者”兼容并蓄，所以从严格意义上讲，刘教授的说法还是有问题的，宫妓不能与青楼妓女混为一谈。

官妓、营妓跟宫妓一样，都属于国家、政府所有，区别只是宫妓只为皇帝及其家属服务，而官妓嘛，顾名思义就是为各级官吏服务，营妓则是属于部队编制了，像前文讲到的薛涛等人就是属于这种类型。

唐朝的官吏狎妓成风，上自宰辅、节度使，下至州县庶僚，几乎无人不好此道。当时，为了管理官妓，还专门设立了叫“宜春院”的官署。对于官妓，官员们可以共享，官大了自然也可以独占；可以拿官妓做人情：有贵宾过境，可以派官妓侍寝，如有朋友看上了某个官妓，也可以慷慨相送；官员离任了，一般情况下当地的官妓是不可以带走的，因为官妓是属于地方政府编制，但也有例外，只要你官大到足以做得了主。

例如歌妓张好好原在江西沈公辖下，沈原是吏部的京官，后来又移镇安徽宣城，将张好好也带了过去，置于宣城的乐籍中。诗人杜牧正在沈公幕下作幕僚，他手书的《张好好诗并序》记录了官妓张好好的这一次“非正常工作调动”。顺便说一声，杜牧所书的这一张泛黄的麻纸，被后世的风流皇帝宋徽宗视为珍宝，亲自在卷前用漂亮的瘦金体写上“唐杜牧张好好诗”，尔后仔细装裱，小心地盖上玉玺，连盖圣旨都没那么在意。这份珍宝在民间几经流离，又被乾隆皇帝锁进了内务府，末代皇帝溥仪携着它逃出宫廷，后来又到了大收藏家张伯驹手中。1956 年，张伯驹将《张好好诗并序》捐赠给了故宫博物院，至今仍是故宫的镇馆之宝。如果你有兴趣调查唐朝官妓张好好的工作调动情况，可以到故宫去查证。

官妓是拿国家薪酬的，她们向官员献身是一种义务，一般不收费，当然，狎玩的官员也可能会赠送她们一些钱财礼物，类似于今天的小费，当然，你愿意高尚一点儿，也可以把它看作是定情物。官员在离任的时候，除了对钱粮账目等一干公务进行交接之外，甚至还要对官妓进行交割。离任的因为带不走心爱的女人总会恋恋不舍，而新任的又往往感叹没有接收到更好的。

晚唐帅哥诗人杜牧曾到湖州游玩。湖州刺史是老朋友了，知道这位探花使者的来意，便为他安排了各种宴会和游览活动，凡是当地出名的倡优歌女，都请他过了一遍。杜帅哥的眼角确实很高，评价说："漂亮倒是漂亮，还不够尽善尽美。"刺史问他究竟想怎样，帅哥说："希望能搞个盛大的水上嘉年华，让全湖州的人都来观看，然后让我漫步其中，或许能找到满意的美女。"

湖州刺史一直重视文化创意产业，对杜帅哥的创意很感兴趣，立即依言照办。到了那天，两岸观众密密麻麻——"你在岸上看风景，看风景的人在船上看你"，套用一句卞之琳的诗，就是这么一回事。

但是，到了日暮黄昏，杜牧竟然还是没有搜索到任何目标。刺史都有点儿觉得脸上无光，仿佛自己这儿的投资环境太差。就在划船靠岸准备兴尽而返之际，透过人丛中，杜帅哥突然看到一个村妇领着一个十多岁的女孩。帅哥目不转睛地盯着那女孩看："真是倾国倾城啊！别的女人跟她一比都形同虚设了。"刺史见状急了："朋友帮帮忙哦！我要保护妇女儿童合法权益的。"杜牧倒不急："不是现在就娶，而是今后几年再定个日期。期货你懂不懂？"

追女生要有耐心，刺史算是服了，将那母女接到船上。女孩的母亲还怕杜牧失约："到那时失信，怎么办？"杜牧说："不出十年，我必定做此地的刺史，让你做刺史的丈母娘！如果十年不来，就任你自行嫁女。"于是双方签订合同，杜牧给了她们很多礼金作首付，然后分手告别。女孩还少不更事，挥挥手不带走一片云彩。

一晃怎么就十四年过去了。幸亏集贤殿学士、相国周墀还是很够哥们儿的，准了他的调动工作报告，将他调为湖州刺史。十四年的时间确实太长了，女孩一定以为是一个醉醺醺的书生酒后的胡言乱语而已，三年前她就嫁了人，而且还生了三个孩子。她的母亲怕杜牧仗势欺人强夺民妇，就将三个孩子也一起带来了。杜牧有点儿失望，责问"丈母娘"，约好的事你怎么就变卦了呢？对方倒也寸步不让："当时约定是十年，你已逾期，合同作废，定金没收。"

一个曾经想娶的女人已经嫁作他人妇，强抢民妇那是王老虎当然不是杜帅哥的作为，罢了罢了，且为她写一首诗，为了忘却的纪念吧：

> 自是寻春去较迟，不须惆怅怨芳时。
> 狂风落尽深红色，绿叶成阴子满枝。
>
> ——《叹花》

杜牧说要娶这个小姑娘当然不是去做正房夫人，更确切地说是小妾或者说家妓，家妓的地位应该是介乎"妾"与"婢"之间的。唐朝允许官员蓄养家妓，但对家妓的规模有明文规定。唐中宗神龙二年（706年），朝廷下诏书："准三品以上所有女乐一部（共五人），五品以上女乐不过三人。"也就是说，国家发下来一个通知，说允许省部级以上干部可以蓄养五个家妓，市厅级干部蓄养不超过三个家妓。不过这个通知没什么作用，唐朝的领导干部往往超标蓄妓。像白居易家里就养了一大群歌舞家妓，"樱桃樊素口，杨柳小蛮腰"，樊素和小蛮都是其中的佼佼者。唐文宗开成四年（839），68岁的老白患了中风，决定尽数遣散家里的100多名家妓，还她们自由身。据白居易的《不能忘情吟》记载，樊素不知是出于真心还是临别作秀，硬不肯走。

白居易的一生几乎是与妓女声色相始终的。他与元稹从青年登科起，就有了偕游曲巷、征伶选妓的经历，"征伶皆绝艺，选妓悉名姬"，两人品位相同，甚至还经常互换女人，互相狎昵，有确切记载的就是余杭的歌妓商玲珑：当时白居易正在杭州刺史任上，是玲珑的父母官兼相好；元稹在旁边的越州（绍兴）做官，出重金将玲珑邀去越州过了一个多月，还写了一首诗兼寄"连襟"白乐天："休遣玲珑唱我诗，我诗多是寄君词。明朝又向江头别，月落潮平是去时。"由于妓女是大家可以自由追逐的对象，按当时社会的男女关系而言，这也并不有违道德。

随着宦游处所的不断迁徙，白先生更是结识了数以百计的各地的青楼女子。闻香识美人。可以说，他听到琵琶声，就已经猜测到对方的身份，于是"移船相近邀相见"。我们不妨做一假设：如果对方是寻常的良家妇人，那么在男女大防的古代，这个举动就略显唐突了。正因为白某人是此中老手，心中有数，所以才有了千古传颂的著名诗篇《琵琶行》。

《琵琶行》中，白居易借琵琶女的自述身世，把一位京城名妓昔日的光华荣耀与今夕的凄凉落寞渲染得淋漓尽致，其实也是浓缩了妓女生涯的一部荣枯历史。灵心善感、多愁难解是诗人的本性，没有一颗敏感而忧郁的心灵，又何以为诗？与好朋友元稹的轻佻矫情不同的是，白居易毕竟是一位伟大的人道主义的诗人。在诗的结尾，他以沉郁真挚的感情，向受欺凌受遗弃的琵琶女寄予无限的同情，并把自己受压抑的此生遭遇同这位琵琶女的抚今追昔之痛联系起来，发出了“同是天涯沦落人，相逢何必曾相识”的深沉感慨。

士大夫们在人生不得意时与青楼女子产生惺惺相惜的共鸣，这在中国的文学史上成为一种现象。说到底，两者的命运又有了一份共通之处：前者是“学成文武艺，货与帝王家”，“士为知己者死”；后者是“柔情似水，佳期如梦”“女为悦己者容”——谁也无法成为自己命运的主人，而作为社会栋梁的知识阶层，内心的自主意识又远较引车卖浆的凡夫俗子来得强烈。在这样的人格分裂状态下，在宣泄这份不自主的苦闷时，有人百转千回，如白居易的“江州司马青衫湿”；有人佯狂傲世，如李太白的“笑入胡姬酒肆中”。于是，青楼成了失意士子们心灵的最好归宿，毕竟大家“同是天涯沦落人，相逢何必曾相识”！

与有组织的官妓相对应的是那些不隶属于乐籍而以卖笑为生的个体经营的妓女，俗称“私妓”或“市妓”，也就是私家娼妓。

私娼其实也是古已有之，《史记·货殖列传》记载："赵女郑姬，设形容，揳鸣琴，揄长袂，蹑利屣，目挑心招，出不远千里，不择老少者，奔富厚也。"《诗经》上也有"汉有游女，不可求思"的记载，可见这些赵女郑姬都特别会打扮，工于媚术，所谓"目挑心招"。她们为了金钱"奔富厚"，就像今天的"傍大款"，不择老少，也不惜出卖自己的色相和肉体，甚至不辞辛苦，长途跋涉。从她们的经营方式来看，主要是上门服务，所谓的"游女"就说明了当时私妓的经营特点。

至于"坐台服务"，大致到汉朝就已经有了。东汉末年刘表治下的襄阳，城东北有个名为"大堤"的地方就聚集起一批私娼。古时汉水经常泛滥，所谓大堤并非建在河边，而是稍有隔离、在汉水两岸筑有的城壁般的堤防，这些堤防的周边一带不知从何时起就形成了风花雪月的烟花区，酒肆妓院林立。"南国佳人多，莫若大堤女"，汉代乐府中就有所谓的《大堤曲》专门记载当时大堤的烟花故事。到了唐朝，诗人们仍喜欢用乐府旧题《襄阳乐》《大堤曲》来表现妓女生活。

私妓的大量出现当然应该是与城市经济的发展和市民队伍的壮大相关联，唐代的私妓还处于萌芽状态，但在长安、扬州等一些城市已经显现出兴盛的景象。唐孙棨在《北里志》中记载的妓女就有两类：一是"隶属教坊"的市妓（官妓），一类就是不入籍的私妓。"妓之母，多假母也，亦妓之衰退者为之。诸女自幼丐育，或佣其下里贫家，常有不调之徒潜为渔猎。亦有良家子，为其家聘之，以转求厚赂，误陷其中，则无以自脱"。

根据孙棨的记载，当时的私妓与入籍的官妓混居在一起，从事着倚门卖笑的营生。北曲自西第一家的福娘就是一名私妓，她的假母叫王团儿。孙棨到长安赶考应试曾游北曲，认识了福娘，福娘对他说："某幸未系教坊籍，君子倘有意，一二百金之费尔。"也就是说，私妓从良，不必经教坊司批准脱籍，只要付给假母一笔钱就可以了。所以，私妓较之官妓相对自由。但由于私妓缺乏像教坊这样的组织的系统培训，所以刚一开始出现的私妓在才艺方面往往较官妓为逊色，大多以出卖肉体为直接诉求。只是到了后来，出于行业竞争的需要，私妓或者说市妓也开始进行广泛的职业技能教育与培训，才艺方面直追官妓。安史之乱后，大量教坊乐籍的宫妓失去了国家豢养，流落民间，开始自谋生路，充实到市妓的行列中。

霍小玉：史上出身最高贵的妓女

说到这里，有团友要问，唐代的妓女都是什么人在充当呢？

唐传奇中有一则著名的《霍小玉传》，明代戏曲家汤显祖将霍小玉的故事改编成戏曲，取名《紫钗记》，与《牡丹亭》《邯郸记》《南柯记》并称"玉茗堂四梦"，又叫"临川四梦"，使得霍小玉故事的影响力又扩大了十倍。

霍小玉这个人也确实是个传奇。她是有记载以来妓女当中出身最高贵的一个。按照《霍小玉传》作者蒋防的说法，霍小玉居然是李唐宗室霍王的小女儿！

金枝玉叶怎么就沦落风尘了呢？我们看清宫戏，知道有一个叫“宗人府”的机构，是专门负责龙子龙孙“皇二代”以及隔代的龙凤子孙们生活、学习、工作和特权的。让娇贵无比的皇室宗亲沦入青楼行当，皇帝的脸面都给丢尽了，这唐代的宗人府也太失职了吧？

当然，我们知道唐朝是没有宗人府的，这个“皇室特权工作委员会”是明清时期才设置的，唐朝那时候，这类事情归礼部的主客司管。我们又查找了相关资料，唐高祖李渊有22个儿子，李建成和李元吉被李世民“结果”了，其余的都封了王，第14个儿子李元轨被封为霍王，封地在山西、河北一带。李元轨娶的老婆是唐初名臣魏征的女儿。

这么显赫的家世，后人怎么会流落风尘，弄得连寻常百姓都不如呢？蒋防在《霍小玉传》里解释说，霍小玉的母亲本是霍王的侍婢，霍王死后，诸弟兄因为她“出自贱庶”，就分了些钱财给她，将她清理门户“遣居于外”了。

但是，古时候的王公贵族中庶出的子弟也不在少数，像三国时的袁绍袁本初也系庶出，他的母亲也是侍婢出身。最不济，像《红楼梦》里的贾环，虽说是赵姨娘生的，好歹总也能在大观园里立个脚，何以霍小玉就要被“遣居于外”？遣居于外，而且又从事了风尘行业，那就一定是因为金钱财务的问题了。考诸蒋防的原著，霍小玉“不邀财货，但慕风流”，似乎又不缺钱。那究竟是怎么一回事呢？

再查《新唐书》，才发现霍小玉的家世大有讲究，原来她是罪臣之后！

武则天的时候，诏令所有李唐皇室成员限期“入洛阳、会明堂、行大典”，但李姓宗亲们都担心这是武则天设下的巨型陷阱，于是人心惶惶，人人自危，去也不是，不去也不是。作为对策，有人便假造庐陵王李显的书信串通李唐子孙起兵伐武。唐太宗的第八个儿子、时为越王领豫州刺史的李贞性子最急，按捺不住，率先起兵造反，史称“越王之乱”。镇压动乱的国家机器早已启动，武则天自然不会手软，当即命令宰相张光辅为诸军节使，左金吾大将军丘神绩为行军主管，率十万大军迅速扑灭了动乱，斩杀李贞，灭其九族。同时，大搞株连，乘机杀了很多其实并没有起兵的李唐后裔，以绝后患。

霍王李元轨是越王的叔叔辈，被作为谋反连坐，戴上手铐脚镣囚于槛车，流放贵州。李元轨出身娇贵，哪受得了这般折磨，还没到目的地，在途经陈仓的时候就死了。武则天想必还不解气，将李元轨的姓氏改为虺氏，也就是“毒蛇氏”。李元轨的长子李绪后来又牵涉到裴承光的叛乱而被杀，所以说霍小玉出身的家庭可能是“双重反革命”。

《霍小玉传》的作者蒋防是唐宪宗元和年间的诗人，距离武则天的时代已经过去了一百多年，不过，由于后来继任的皇帝也是武则天的子孙，所以，武则天时期的一些冤假错案也就只好不了了之，没有形成一个若干问题的历史决议。因为牵涉到本朝政治斗争和政治迫害这样的敏感话题，蒋防也不敢太直言，所以就掩掩饰饰地交代了一句“霍王小女”。

对了，霍小玉碰上的负心渣男就是写那个“早知潮有信，嫁与弄潮儿”的诗人李益。霍小云并没有相伴终身的奢望，只是与他约定过几年好日子，结果，这位老兄却比潮水还要“抛天”。故事不展开了，这么有名的传奇，大家可以自己去找来看。

“霍王小女”这一篇考据文章正好表明了唐代以前青楼妓女的两个主要来源：一是罪人家小籍没，二是家贫落入乐籍。前文已经说过，尽管“妓”在后世专指卖淫女子，而此字原是从“伎”字演化而来。“伎”是指专习歌舞等技艺的女艺人。做歌舞伎，这跟现在报考艺术生可不一样，现在花钱都难考，古时候是家中穷得养不起的孩子才卖给人家干这种下贱的职业。下贱到什么程度呢？跟卖淫的妓女毫无区别，有的干的就是兼职。在唐代，“妓”既指卖身的女子，也指音乐歌舞、绳竿球马乃至击剑如公孙大娘之类的女艺人，是这二者的统称。二者有区别，但有时也很近似，卖身者兼能卖艺，而卖艺者有时也要卖身。

大户人家遭遇变故，家小籍没，沦落红尘；或者是小户人家家贫无依，生存成问题，就去学歌舞卖艺，充入乐籍。唐朝的青楼从业人员主要是这两种情况，但也有例外的——

李季兰、鱼玄机们的爱情

唐朝末年，大军阀朱温独霸朝纲，被李商隐称赞为“雏凤清于老凤声”的诗人韩偓跟大字不识几个的武夫自然合不来，所以举家迁往福建，去投靠另一个看起来斯文一点儿的军阀王审知。

韩偓搬家过来的时候，王审知就看到搬家公司的人扛着许许多多只箱子，而且那些箱子都锁得严严实实。王审知暗暗搓手：“宝贝啊！一定都是珍玩宝贝！”等到韩雏凤客死福建，王军阀借吊孝之名带着丘八们赶来韩府就要强行打开那些箱子。等到打开了一看，每只箱子里装的都是烧剩了的龙凤红烛和几百条金缕红巾。烛泪保存得还很新鲜，红巾也依然散发着芬芳。王审知傻眼了，这是什么现象？

韩诗人的一个老仆却流着眼泪说：“我家老爷当年当翰林学士的时候，经常在金銮殿里为皇上起草诏令，加班到深夜才回家，日子长了就与宫中的艺妓们关系密切，常有宫妓手持龙凤蜡烛送他出宫，老爷把那些蜡烛都收藏起来，那些红巾也是相好的宫妓们所赠。”王审知险些当场晕倒！皇帝的女人你也敢搞？还这么变态！

韩偓还出版过一本诗集，叫《香奁集》——听听这名字就够

"颜色"的了——曾经送给王审知过，现在王审知算是领教了。王审知的儿子王延平家中有一个老尼姑，这个老尼姑也证明韩偓有收集定情物的嗜好，老尼姑还交代，她自己年轻时也曾被韩偓"收藏"过，与韩大人有过几夜风流。

尼姑怎么还偷情？这不败坏佛门清净吗？

其实，唐代的妓女还有一种特殊的形式，就是所谓的"女冠"。

唐代风气开放，性观念也比较自由。尼姑、女道士在唐代都是不大安分的职业，其中不少做的就是暗娼行当。唐朝的女冠之风盛行，连后妃公主、名门闺媛都争相出家。武则天在唐太宗死后就出家做了一段时间的尼姑，很快就被唐高宗接回宫去，摇身一变成了高宗的皇后；杨贵妃也有过当女道士的经历，所以又称杨太真。当然了，古代名媛"伪出家"与现代人喜欢找了清净的名山大刹、跟个大德高僧或者骗子气功师一起闭关修行还是不同，后者是故作高深、故弄玄虚，前者是以修行为名，贪图的却是交际自由。

当时，"女冠"几乎成了高级妓女的代名词，区别在于妓女多少惦记的是客人的荷包，而女冠看中的却是对方的才华风姿。所谓"不邀财货，但慕风流"，像《全唐诗》上占有一席之地的李季兰、鱼玄机都是女道士。李季兰傍的是"茶圣"陆羽哥哥，鱼玄机的情人那就更多了去了，简直就是唐代的茶花女、陈白露。正是因为有这样一种香艳的风气，大唐朝的一些风流少年都争相去寺院道观寻找桃花运。漂亮的女尼女道们以招蜂引蝶为己任，偶尔流露出"回眸虽欲语，阿母在旁边"的神情，总还是欲推还就，

“最是那一低头的温柔，像一朵水莲花不胜凉风的娇羞”——两相情愿，好事就做成了！

晚唐扛鼎的桂冠诗人李商隐年轻时就跑到玉阳山去学道。不知是《素女经》《黄帝内经》看多了，还是春天到了的缘故，李大才子居然与陪同当朝公主一起在玉阳山修道的宫女宋华阳好上了。两人一个在东山一个在西山，也不辞辛苦，每天走四五里的山路，到两山之间的玉溪山谷幽会，切磋道家的房中秘术，全然不顾狼虫蛇蝎。李大才子学道没学成，却很快把人家的肚子搞大了。公主自己都没有“自由交际”上，倒是手下的宫女先尝到了甜头，当然很不爽，一纸诏书下来：男流氓赶出山去，女阿飞遣返回宫！这一回宫，从此宫门深似海，李大才子再也见不到心爱的女道士了。才子倒很多情，一直记挂着这一段感情，写了三首诗，取名为《碧城三首》，作为纪念。不知是不是出于怀念那段玉溪山谷的好时光，他还给自己取了一个号，叫“玉溪生”。

韩愈曾写过一首长诗，名叫《华山女》，专门讽刺这种“女冠现象”：

街东街西讲佛经，撞钟吹螺闹宫廷。
广张罪福资诱胁，听众狎恰排浮萍。
黄衣道士亦讲说，座下寥落如明星。
华山女儿家奉道，欲驱异教归仙灵。
洗妆拭面著冠帔，白咽红颊长眉青。
遂来升座演真诀，观门不许人开扃。

不知谁人暗相报，訇然振动如雷霆。
扫除众寺人迹绝，骅骝塞路连辎軿。
观中人满坐观外，后至无地无由听。
抽簪脱钏解环佩，堆金叠玉光青荧。
天门贵人传诏召，六宫愿识师颜形。
玉皇颔首许归去，乘龙驾鹤来青冥。
豪家少年岂知道，来绕百匝脚不停。
云窗雾阁事恍惚，重重翠幕深金屏。
仙梯难攀俗缘重，浪凭青鸟通丁宁。

“华山女儿家奉道，欲驱异教归仙灵。洗妆拭面著冠帔，白咽红颊长眉青。”“豪家少年岂知道，来绕百匝脚不停。云窗雾阁事恍惚，重重翠幕深金屏。”那些富家子弟哪里晓得什么道不道的，全是冲着看美女去的；而华山女讲道讲到“重重翠幕深金屏”里去了，不是卖弄色相还是什么？华山女道士的搔首弄姿，出卖肉体，实际上和那些倚门卖笑的娼妓并无二致。后世道学家朱熹读不下去了，指责说：“亵慢甚矣！”

亵慢是亵慢了，当时的女冠也确实是这副德行！

前面已经说过，唐代“女冠”的代表人物当推李季兰和鱼玄机。

从史书记载上看，李季兰这个女孩从小就是一个问题少年，五六岁就晓得怀春了。那时候没有少教所，李老爸就把她送进了道观，希望借助青灯黄卷收收女儿的性子，对男欢女爱之事断了念想。但李老爸实在是太不灵市面，哪晓得大唐朝的女道士个个都是前卫先锋。李季兰去了玉真观，“小荷才露尖尖角”“早有蜻蜓立上头”那是迟早的事。

据《唐才子传》描绘，李季兰的形象是：“美姿容，神情萧散。专心翰墨，善弹琴，尤工格律。”这样一位风姿绰约、才色双绝的女冠子怎么也得让登徒子们口涎直流叫一声“神仙姐姐”吧！不过，蜻蜓还没飞来，小荷倒先迎将上去。李季兰20岁的时候，遇到了35岁的高僧皎然。

皎然俗姓谢，是旧日堂前燕的谢家后代，这只世家燕没有飞入寻常百姓家，却飞进了寺庙丛林。皎然是位学者型的和尚，诗写得很好，人也跟他的名字一样长得皎然。这个和尚在那时候名气很大，跟今天的人谈苏曼殊一样。

在一次文学沙龙上，李季兰碰到了皎然，立即春心荡漾，主动写了一首情诗给和尚哥哥。诗的题目叫《结素鱼贻友人》：“尺素如残雪，结为双鲤鱼。欲知心里事，看取腹中书。”

李姑娘要将“心里事”假“腹中书”来和盘托出，并以鲤鱼之“双”暗示成双成对。翻译成大白话那不就是“爱老虎油”了。可惜皎然是个志虑忠纯的佛门弟子，心如止水，当即写诗回绝，《答李季兰》：“天女来相试，将花欲染衣。禅心竟不起，还捧旧花归。”态度很明确了——不玩暧昧。

女道士的爱情故事第一回以挫折而告终——“我本将心照明月，奈何明月照沟渠”，想起了《天下无贼》里葛优吟诗的样子——不过，女道士的爱情观和性观念都是追求自由，不会在一棵树上吊死。在这以后，李季兰很快又跟名士阎士和、朱放好上了，只不过两位名士都是飞来飞去的“蜻蜓”，飞过来又飞过去了。《全唐诗》里倒是添了好几首李季兰哀怨的情诗。

李季兰有没有被“柴门闻犬吠，风雪夜归人”的诗人刘长卿这只蜻蜓停过，没法考证。不过，两人的关系应当是很亲密的，因为刘诗人很隐私的疾病——疝气她都晓得。《唐才子传》上记载了这样一个故事：“（李季兰）尝会诸贤于乌程开元寺，知河间刘长卿有阴重之疾，诮曰：‘山气日夕佳。’刘应声曰：‘众鸟欣有托。’举座大笑，论者两美之。”[①]李季兰连刘长卿的难言之隐都晓得，用陶渊明的诗“山气日夕佳”来笑话他，“山”“疝”同音。刘长卿也用了一句陶渊明的诗“众鸟欣有托”来回答，幸亏有“托”啊！

故事到此为止，进一步没法考证。不过，李季兰也不寂寞，陆羽的到来弥补了李季兰的失落情绪。一个道姑，一个茶圣，煮雪品茗，对坐清谈，琴瑟和谐。陆羽这个人长得不大好看，跟前面几位看来是没法比，但却是个懂得伺候女人的人，在李季兰重病之时，一直在她身边照料，两人的恋爱关系保持了数十年，未曾间断。

好了，这是李季兰的故事。

鱼玄机这个人可以用四个词来形容她的身份：女诗人、女道士、娼妓交际花、杀人犯。

---

① 得疝气的人会肠子下垂，使睾丸肿胀。当时患者没有手术治疗这样的途径，经常要用布兜托起睾丸，以减少痛楚。

鱼玄机原名叫鱼幼薇，这个名字跟她后来的道名一样充满诗情与幻想。一个美丽的女人总得有一个美丽的名字才相称。

鱼玄机的老公曾经中过状元，名叫李亿。戏文里的状元摇身一变就是七省巡按，牛得一塌糊涂；现实中状元也不是一帆风顺，状元只是个学历，工作不一定跟学历挂钩。李亿混到后来只做了一个名叫“补阙”的七品小官，拾遗补阙，这个词语今天还在用，有多重要，你懂的。更要命的是，鱼玄机还不是他的正妻，只是一个小妾。看来美人的出身不会太好。小妾不容于正妻，美貌的小妾更要受迫害，就好比能力强的二把手尤难混于职场。鱼美人心比天高，命比纸薄，很快就被李家大奶扫地出门，去长安咸宜观出家当了女道士，那个时候她才 22 岁。

女道士倒还记挂着他的状元郎，一往情深，多次从道观给李亿寄去情诗，不过李亿这个状元看来确实有点儿怂，怕老婆怕到连回个短信都不敢。哎！女人第一笔没有落好，总不太会有好的结局。到后来，鱼玄机也迷失了。

为了忘记过去，或者是开创未来，这位风流的女道士从此身披道袍，玩赏风月，交游异性——我是才女我怕谁！她在道观门口贴出了以文会友的征友启事：“鱼玄机诗文候教”。于是风流之士争相修饰自己，前来观中与她幽会。她与温庭筠、李郢等诗人都过从甚密，“咸宜观”这个名字也真取对了，诗文往来，老少咸宜，鱼玄机可谓如鱼得水。

英年早逝的文坛怪才王小波对鱼玄机也很感兴趣。他在小说《寻找无双》里将鱼玄机作了现代的描写——

罗老板见过的鱼玄机是这样的：不分春夏秋冬，总穿着一身黑。上身是一件紧袖口的蝙蝠衫，拦腰系一条黑皮带。下身是一条瘦腿裤子，足蹬高跟马靴；那身装束，不管谁穿上都难看。只有鱼玄机穿上不同，因为她穿什么都好看。她的腰带上总是拴着一条皮鞭子，脖子上戴个皮项圈。有人说，就是因为她老戴个皮项圈，所以最后被绞死了，那个项圈就是个不吉之兆。她总穿这样的衣服，只有一次例外，就是被送上法场那次。那一天她穿着白缎子的亵衣，拦腰束一条红色的丝绦，简直妩媚之极。

这么一个“妩媚之极”的鱼美人当然可以颠倒众生，拜倒在鱼玄机石榴裙下的男人不计其数。先是一个叫左名扬的落第书生，鱼玄机让他吃了“软饭”；再是一个叫李近仁的丝绸商，这么一个脑满肠肥的商人当然不会入她的眼，但鱼玄机此时经济上出现了一些问题，权且把他拿来当作钱袋子，好在这个商人时常要去苏杭采办货物，留下大段时间空白；还有一个叫裴澄的官员，他对鱼玄机也是垂涎三尺。不过，鱼玄机前夫李亿的原配夫人也姓裴，她对姓裴的仇恨太深，所以没有让裴澄得逞，而这竟也埋下了后来的祸根；鱼玄机后来深爱的是一个叫陈韪的小白脸乐师。因为太在乎这人，使得鱼美人总是疑心重重，最后因为醋意大发而酿成大祸。

鱼玄机被处死的罪名是杀人，因为她牵涉到了一桩杀人案。

鱼玄机有个女僮叫绿翘，名字很好听，人也很聪明漂亮。咸通九年（868）正月的某一天，鱼玄机应邀去邻院做客，临出门时关照绿翘："不要出门，若有熟人来访，只说我在某处。"这一天，鱼玄机被邻院女友久留，到傍晚时分才姗姗回家，绿翘开门迎接，向她汇报说："刚才有位客人来，知道您不在，没停就走了。"来客正是鱼玄机最心爱的情人陈韪，平时来到观里总要极尽缠绵快乐至死，今天怎么会"没停就走"呢？不是让你转告我在哪里了吗？他怎么会不去那里找我呢？

鱼玄机心生疑窦。看着绿翘日益长成的婀娜体形，想到那天客人跟她调笑打俏的情形，她甚至看到绿翘的脸红了起来，那是说谎的人害怕谎言被识破才会有的生理反应。鱼玄机怀疑绿翘"偷食"了。于是，女道士关起门来将绿翘扒光了衣服拷打。鞭打数百，绿翘还是不承认与那人有私情。鱼玄机却是个疑心很重的主儿，继续毒打，不问出一个结果誓不罢休。

终于，绿翘瘫倒在地，小美人儿将一杯水泼洒在地，愤恨地指责女主人："你想求三清长生之道，却又贪图男女同床共衾的欢娱，还要妄加猜忌，厚诬贞良。我今天必定要死在你手里，如果没有老天爷，我也就无处申诉了；如果有，谁能抑制我的冤魂，让我不在阴间诅咒你这个淫荡歹毒的女人！"说完，气绝而死。

当然，鱼玄机杀死绿翘的故事还有其他版本，不管怎样，一不小心弄出人命来了，鱼玄机很害怕，跟所有恐怖电影里的情节一样，凶手都要掩埋尸体消灭证据，鱼玄机好不容易把尸体拖到后院，挖了个坑掩埋了。作为一个万人迷的柔弱女子，她没有那么大的力气，所以坑挖得很浅，勉强总算埋起来了，总以为无人知道。有人问起，也只说绿翘趁雨天私自逃跑了。

鱼玄机自己认为做得很机密，无人知晓。然而，也许真是绿翘在阴间诅咒的缘故，某一天，凑巧有位客人在鱼玄机家里喝多了，这个客人素质也不好，酒后跑到后院随地小便，正站在埋绿翘尸体的地方，几十只绿头苍蝇聚在那里，赶也赶不走，这位客人觉得奇怪，这么香艳的处所怎么会有这么肮脏的苍蝇，再仔细一看，似有血迹，且有腥味。客人的酒也被吓醒了一半。这位客人出来后，告诉了自己的仆人。仆人回家又告诉了他的哥哥。他哥哥恰好是治安保卫人员，曾向鱼玄机借钱敲竹杠，鱼玄机不搭理他，因此他一直怀恨在心。听到这桩秘密后，正好公报私仇，于是兴冲冲地带着一帮侦探扛着铁锹锄头闯入鱼玄机家，在后院果然挖出了尸体，随即把鱼玄机押解京兆府。

恰巧审理此案的正是曾被鱼美人拒绝的裴澄。大法官以一种变态心理搬来了大刑伺候，娇滴滴的鱼美人哪里受得了，立马供认不讳，于是被戴上《苏三起解》里那种长枷，打入死牢。她在狱中闲着无事，就靠写诗打发时间，其中有一句“易求无价宝，难得有心郎”，至今还被许多痴心的女子一再引用。

交际花进了监牢，对长安的时尚社交圈和前卫艺术圈都是一个无法弥补的重大损失。社交界的时尚人士都很着急，朝中很多人都为鱼玄机求情，但京兆尹温璋偏偏是个不热衷社交也不懂前卫艺术的人，铁面无私。当年秋天，鱼玄机就被处死，结束了飞短流长的一生。

这位女死囚犯当时26岁，行刑那天，无数人围观。还是引王小波的描述——

> 那辆车是一队白羊拉的小四轮车，车上铺了一块鲜红的猩猩毡。鱼玄机斜躺在毡上，衣着如前所述，披散着万缕青丝，一手托腮，嘴角叼了一朵山茶花，一副若有所思的模样。脸上虽然没有血色，却更显得人如粉雕玉琢，楚楚可怜。鱼玄机上法场时就是这个模样。
>
> 一代才女加美女，香消玉殒。

唐朝青楼为什么称得上是文化?

没有了鱼玄机的咸宜观从此颓败破落下去。

当年鱼玄机在的时候，这里可真是“谈笑有鸿儒，往来无白丁”。今天的人，也许只把兴趣点放在了香艳的传说上，然而，真正能够欣赏烟花之美的，必须是有着几分真学识、真感情、真性情的真男儿。

对于文人墨客、缙绅士子来说，接近霍小玉、鱼玄机们，与其说是纯粹生理的动因想一亲芳泽，不如说是想要接近一种叫作“浪漫”或者是“爱情”的东西，而这种东西正是封建时代的士大夫们所稀缺而又期盼的。与有一定身份的大家闺秀恋爱，自然令人向往，但在封建体制下父母之命、媒妁之言的家庭生活几乎没有多少爱情的位置，因此，青楼反倒成了这样的一种补偿。

中国的青楼不同于古希腊、罗马的妓院，性交易似乎不是它的主要内容。这一点，荷兰的汉学家高罗佩在《中国古代房内考》一书中也得出相同的结论，按照这位洋人汉学家的分析，原因在于中国的文人士大夫渴望与女人建立一种无拘无束、朋友般的关系，而不一定非得发生性关系。应该说，青楼的这种特殊性质和独特格局，正是在唐代开始定型。

好了，我们说唐代的青楼文化，着眼点还是文化。那么，唐朝的青楼为什么称得上文化呢?

青楼，这是一个充满了氤氲和奢靡、充满了暧昧与遐想的名词。

英文中的“青楼”可能只好直译为“妓院 brothel”一词——与“兄弟 brother”这个词只有一个字母的差别，似乎暗示着这是专门为男人而设的场所。然而，中国文化中的“青楼”决不仅仅等同于两性交易的妓院那么简单、直接、肤浅和俗艳，在漫长的中国古代历史中，这个词承载了太多的文化附着。它的存在，并不是为引车卖浆者之流宣泄，事实上，那些下三烂的卖肉场所从来也没有被冠之以“青楼”这样的雅号。

青楼，它是性感的，也是风情的；它是腐朽的，却也是雅致的。它代表的甚至不是肉欲，更多地反而属于精神层面的东西。它与音乐、舞蹈、诗词、绘画等艺术形式相伴而生、相扶而成，在两千年的历史存在中，它是专属于文人士大夫们的一个温柔江湖，也是中国历史文化地图中的一座特殊地标。

在中国的历史文化地图中寻找那些走过者的足迹，那就只有两条道路：庙堂与江湖。占据中国历史文化主体地位的文人士大夫们永远在庙堂与江湖之间徘徊，不是居庙堂之高就是处江湖之远，而江湖里永远耸立着一座青楼。红袖楼头、银鞍白马、狎妓冶游、浅斟低唱是古代士大夫生活的重要组成部分。南宫高捷、庙堂得意则官伎侑酒、举觞唱和是官场应酬必不可少的场景，也是一抒胸襟的人生快事；仕途偃蹇、怫郁不舒则醉卧歌台、红袖揾泪是无法替代的心灵慰藉也是人生失意的一种排遣。从某种意义上说，一座青楼贯穿了一部另类的中国历史。

青楼的主人，也就是我们所说的青楼女子们，在那个“女子无才便是德”的漫长时代，相应地来说倒是一批最具知识、最有文才、最富性情的女性。士大夫主宰的传统道德与价值体系一方面剥夺了广大女性求知及参与的机会，另一方面却对一小部分女性提出了更高的知性要求，琴棋书画、才色双全，以备男人的特殊需求和心理补偿，在不平等的地位下寻找一份平等的交流。这一小部分女性就是青楼女子。她们的名字在中国历史上留下的不多的女性名讳中占据了大半壁的江山。青楼里那种红袖添香、间关莺语的审美氛围与风情，是中国文学不可或缺的元素。四万九千四百零三首《全唐诗》中，有关妓女的就有两千多首，其中还收录了妓女作者二十一人的诗篇共一百三十六首。教坊倡优所搭建的青楼舞台，更是为音乐、舞蹈的发展提供了不可或缺的养分。所以，今天带你们考察唐朝的青楼，也是仁者见仁，淫者见淫，非为好色哦！

好了，到此为止。同样到此为止的，还有我们这一段愉快的穿越旅程。天黑请闭眼，等一觉醒来，你会发现又回到了五彩斑斓的二十一世纪。临行之际，请允许我为大家送上一首歌——《梦醒时分》！

参考文献

1. 王汝涛主编，《太平广记选》(上，下)，齐鲁书社，1981 年。

2. 王汝涛主编，《太平广记选》(续)，齐鲁书社，1982 年。

3. 周勋初主编，《唐人轶事汇编》，上海古籍出版社，2015 年。

4. 付婷，《物阜民丰》(“开放的大唐”系列丛书)，西安出版社，2017 年。

5. 薛平拴，《仓丰廪实》(“开放的大唐”系列丛书)，西安出版社，2017 年。

6. 陈炎，《万国衣冠朝冕旒》(“大美中国”之唐代卷)，上海古籍出版社，2017 年。

7. 葛承雍，《大唐之国：1400 年的记忆遗产》，三联书店，2018 年。

8. 蒲实，丘濂编著，《唐朝的想象力》，中信出版社，2020 年。

9. 陈尚君，《行走大唐》，广西师范大学出版社，2018 年。

10. 施蛰存，《唐诗百话》，上海古籍出版社，1988 年。

11. 侯悦，《活在大唐》，四川人民出版社，2019 年。

12. 王永生,《三千年来谁铸币》，中信出版集团，2019 年。
13. 孙仲汇,《古钱》，上海古籍出版社，1990 年。
14. 沈从文,《中国古代服饰研究》，商务印书馆，2020 年。
15. 陈华胜,《吃货简史》，江苏凤凰文艺出版社，2019 年。
16. 陈华胜,《贵胄》，浙江大学出版社，2017 年。
17. 伊永文,《古代中国札记》，中国社会出版社，1999 年。
18. 冯尔康,《古人生活剪影》，中国社会出版社，1999 年。
19. 陈伯海主编,《唐诗汇评》，浙江教育出版社，1992 年。